Perkembangan Sistematis Pengajaran Al-Qur'an di Indonesia:
Sejarah Buku Iqro' dan Penyebarannya

インドネシアのイスラーム
基礎学習の組織的展開

学習テキストの創案と普及

中田有紀 著

東信堂

はしがき

　インドネシアは、世界で最も多くのムスリム（イスラーム教徒）人口を抱える国である。2億7000万人を超える人口（2020年）のうち、ムスリムは、国民の約90%であり、2億人を超えている。2000年以降の経済的な発展と社会的な安定によって、近年では新興国と位置付けられるようになり、多くの日系企業が進出するようになった国のひとつといえる。

　このように急速に発展していくインドネシア社会において、ムスリムの宗教学習への関心は非常に高く、その取り組みはきわめて熱心である。日本に目を向ければ、留学や就労の目的で日本に滞在するインドネシア人は年々増加しており、インドネシアに限らずとも、さまざまな国や地域にルーツを持つムスリムと接する機会も珍しくなくなった。人々の教育的バックグラウンドを知ることは、彼らの考え方や生き方を理解するための第一歩となろう。

　本書は、子どものためのイスラーム基礎学習の営みについて、インドネシアでの展開を描いたものである。プンガジアン・クルアーンと呼ばれるイスラーム基礎学習について、長らくインドネシア政府は、国民教育体系に含まれるものと認めてこなかった。しかし、1990年代以降、イスラーム基礎学習は、ムスリムにとって欠かせない大切な学習であることが認識され、イスラーム基礎学習を提供するクルアーン学習施設は、国民教育体系におけるノンフォーマル教育に位置づけられるようになった。こうした展開には、『イクロ』というクルアーン学習テキストの創案と活用が大きく関わっている。

　本書は、クルアーン学習用テキスト『イクロ』の創案を手始めとして、インドネシアにおけるイスラーム基礎学習の進展について、1980年代後半から2000年代前半頃までの経緯を考察している。

　筆者が、モスクでのクルアーン学習の営みに魅せられ、より深く理解したいと思ったのは、1990年代後半、友人をたずねて訪問した西ジャワ州バンドン南部の山間の農村での出来事がきっかけであった。その村では、日中は

学校で学ぶ小学生たちや、中学や高校を中途退学した子たちが、夕方になるとモスクに集い、クルアーンを輪読するのであった。私は彼らの学ぶ姿に惹きつけられ、学校教育が普及していく社会のなかでも、地域におけるモスクでのクルアーン学習は衰退せず、継続されてきたことに大変驚かされたのである。

　実は、筆者は、それ以前、1980年代半ばに、父の仕事の関係で西ジャワ州の州都バンドンで3年間、家族と生活した経験がある。当時小学生だった筆者は、バンドン日本人学校に通い、現地の日本人社会に暮らしながらも、家には住み込みのジャワ人のお手伝いさんがおり、彼女たちからインドネシアのいくつかの学校唱歌を教えてもらった記憶がある。雨が上がって虹がみえると、虹の歌「プランギ、プランギ」を教えてもらい、よく一緒に歌った。当時10代後半から20代前半の中部および東部ジャワ出身の彼女たちのうち、小学校を卒業していたのは一人だけで、小学4年生で中途退学した人、読み書きができない人もいた。筆者は、自分より年上で、色々親切に教えてくれるお姉さんたちが、学校に行かずに大人になったことを知り、とても驚いたのを覚えている。

　当時住み込みの彼女たちと近所を散歩することがあった。お決まりの散歩コースは、大きなお屋敷が並ぶ通りだった。その通りの一角には、小さなカンポン（集落）が一望できる場所があった。そのカンポンには、共同のトイレや沐浴の場らしきものがあり、その奥に質素な平屋がいくつかあった。鶏やヒヨコがたくさんいて、小さな子どもたちもよく走りまわっていた。その一角に窓のない小屋があったのを覚えている。夕方、その小屋からは、当時の筆者と同じくらいの子どもたちが、声をそろえて何かを唱える声がいつも聞こえた。歌ではない、なんだろう。テレビから流れ聞こえるインドネシア語でもない。住み込みで働く女性たちが話すジャワ語でもなさそう。もしかしたら、彼女たちが説明してくれたことがあったかもしれない。しかし、それを理解する知識と想像力を、当時の筆者や筆者の両親は持ち合わせていなかっただけなのかもしれない。

　2000 年、今度は単身でバンドンへ留学する機会に恵まれた私は、そのカンポンがどうなっているか知りたいと思い、思い出の散歩道に出かけたことがある。しかし、そのカンポンは姿を消し、こぎれいなホテルと化していて愕然とした。ここに住んでいた人たちはどこへ行ってしまったのか。あの時の小屋はなんだったのか確かめることはできなくなってしまった。インドネシアの方々やインドネシアの人々の暮らしをよくご存じの方はお分かりだろう。夕方、日の入り前の時間、子どもたちが何かを唱える声、あれは、ムスリムが暮らす集落では必ず目にする光景、つまり、夕方の礼拝施設で、クルアーン学習をする子どもたちの声だったのではなかっただろうか。

　いくつものモスクを訪問し、子どもたちの学ぶ様子やクルアーン教師たちからプンガジアン・クルアーンについて教えていただき、関連する文献や資料を読み進めるなかで、ふと、子どもの頃の散歩道で見かけた小屋のことを思い出したことがあった。筆者の研究関心は、幼いころに解決できなかった疑問に端を発しているのではないかと気づかされたのである。

　本書が、インドネシアのムスリムが継承してきたイスラーム基礎学習についての理解に、少しでも貢献できれば幸いである。

目次／インドネシアのイスラーム基礎学習の組織的展開
　　——学習テキストの創案と普及——

終　章　イスラーム基礎学習の組織的展開とその影響……175

資料編　　　　　　　　　　　　　　　　　　　　　　　　　185

図表・資料編一覧

《図》

《表》

《資料編》

凡　例

1. インドネシア語の綴りならびにローマ字表記に関しては、次の原則に従った。
   1) 文献の表記は、著者名、書名、出版社名など、すべて原文に従った。
   2) 引用文中の表記は、すべて原文に従った。
   3) 人名、地名は、引用文以外は新綴りで表記した。

2. 用語の表記方法については、次の原則に従った。
   1) 重要な語には、日本語にインドネシア語表記を併記した。
   2) クルアーンの章句の名称については、日本イスラーム協会『日亜対訳・注解　聖クルアーン』宗教法人日本ムスリム協会、昭和57年（平成12年第6刷）の日本語訳に準拠した。

主な用語・人名の解説

【主な用語 (五十音順)】

アーエムエム (AMM: Angkatan Muda Masjid dan Musholla)

モスク・ムソラ青年会輪読学習チーム Team Tadarus AMM のこと。通称アーエムエム (AMM)。本書においても AMM と表記。アスアド・フマムがモスクでのプンガジアン・クルアーンの指導に当たる若者たちとともに結成したグループ。

イーアーイーエヌ (IAIN：Institute Agama Islam Negeri)

国立イスラーム宗教大学。

イクロ (Iqro')

1980 年代にジョグジャカルタで創案された、初学者向けのクルアーン読誦学習テキスト。従来のクルアーン読誦学習とは異なり、アラビア文字の名称や母音などを示す発音記号の名称を覚える学習は省略し、発音記号がすでに付与されたアラビア文字を発音する学習から開始する点に特徴がある。同様の学習テキストとして、『キロアティ』は『イクロ』よりも早く創案された。

イスラーム改革派思想

クルアーンとハディースに立ち返ってイスラームの解釈を促す思想。インドネシアにおいて、この思想が多くのムスリムに共有されたのは、19 世紀後半から 20 世紀初頭のメッカ巡礼を機に中東地域で学ぶ機会を得たウラマーたちの影響が大きい。当時の蘭領東インドにおいて、イスラーム改革派思想に基づいて社会変革を試みるなかで、オランダによって持ち込まれた近代の諸要素を否定するのではなく、むしろ、積極的に取り入れて、ムスリムの教育や社会構築に役立てることを主張する展開が見られた。その代表格といえるのが、1912 年に結成されたムハマディヤーだった。

イチミ (ICMI：Ikatan Cendekiawan Muslim Se-Indonesia)

全インドネシア・ムスリム知識人協会。1990 年に結成されたインドネシアのムスリム知識人組織である。1970 年代〜 80 年代の急速な経済成長による高学歴の都市中間層の形成とそのイスラーム意識の高揚に伴って、多様な組織的背景、思想的・政治的背景をもつ高学歴の若い世代のムスリム知識人の団結がなされた。ハビビ (第 7 代副大統領 (1998 年)、第 3 代大統領 (1998 年〜 1999 年)) をはじめ多くの大臣や政府高官の協力を得た組織であったことが特徴とされる (中村 1994:271-306、大塚他編 2002:573-574)。

ウーイーイー (UII：Universitas Islam Indonesia)

インドネシア・イスラーム大学

ウイン (UIN：Universitas Islam Negeri)

国立イスラーム (総合) 大学

ウーゲーエム（UGM：Universitas Gadjah Mada）
ガジャマダ大学

ウラマー（Ulama）
イスラーム学識者の総称

エスゲーアー（SGA：Sekolah Guru A、スコラ・グル・アー）
師範学校 A 課程。1950 年代のインドネシアで創設された 6 年制の師範学校のこと。インドネシアでは、1950 年以降、小学校 6 年間、中学校 3 年間、高校 3 年間の学校制度が整備されることになり、それに伴って特に小学校教員の養成が急務となった。その際 2 年制の師範学校 C 課程（SGC:Sekolah Guru C）、4 年制の師範学校 B 課程（Sekolah Guru B）、6 年制の師範学校 A 課程が創設された（Assegaf 2005:60、Wardiman Djojonegoro 1996:90、戸田 1976:139-140）。

エスゲーハーアー（SGHA：Sekolah Guru Hakim Agama、スコラ・グル・ハキム・アガマ）
宗教教師・判事養成学校。前身は、1950 年に設立され、中学校修了者（中学校（SMP）およびイスラーム中学校（MTs））を受け入れるイスラーム宗教教師・判事養成学校（Sekolah Guru Hakim Agama Islam）である。同校は、文科（Kesasteraan）、理科（Ilmu Alam/Pasti）、宗教（Agama）の教師と、宗教判事（Pengadilan Agama）という 4 つの部門に分かれていた。その後 1951 年、名称は、宗教教師・判事養成学校（SGHA）となった。さらに、1954 年以降、4 つの部門は、宗教判事部門のみが、ジョグジャカルタに設置された 3 年制の国立イスラーム判事学校（PHIN:Pendidikan Hakim Islam Negeri）となり、宗教師範学校（PGA）の前期修了者を受け入れることになった。他の部門は 1956 年／1957 年で打ち切られ、宗教教師の養成は、6 年制の宗教師範学校（PGA）で行われた（Mahmud Yunus 1960（1996）:361-365、Assegaf 2006:75、西野 2008:47）。

エルペーペーテーカー（LPPTKA：Lembaga Pembinaan dan Pengembangan Taman Kanak-kanak Al-Qur'an）
クルアーン幼稚園指導開発部。インドネシア・モスク青年交流会が有する活動組織の一つであり、クルアーン幼稚園をはじめとするクルアーン学習施設のカリキュラムや運営に関する活動を行う部署のこと。

キロアティ（Qiroati）
1963 年に、中部ジャワスマラン市のダハラン・サリム・ザルカシ（Dachlan Salim Zarkasyi）が創案したクルアーン読誦学習テキスト。

ジュズ・アムマ（Juz Amma）
『ジュズ・アムマ』は、30 巻に分けられるクルアーンの最後の巻である。クルアーンの第 78 章（消息：アン・ナバア）から最後の第 114 章（人々：アン・ナース）までとされる。メッカ啓示（ムハンマドがメッカで受けた啓示）が主としてまとめられており、短く、端的にイスラームの教えを説いている内容が多い。基礎レベルの学習は、第 93 章（朝：アッ・ドハー）から、最後の第 114 章（人々：アン・ナース）ま

で行われる。第1章（開端：アル・ファーティハ）の章とともに、礼拝などで暗誦するなど、日々の信仰実践において必要とされる。

シュハダ・モスク（Masjid Syuhada、マスジド・シュハダ）

1952年にジョグジャカルタで創設されたモスク。独立闘争で殉死した多くのムスリムの若者たちを追悼する意味を込めたモスクである。同モスク創設は1949年のオランダとの独立闘争の後に計画され、国家指導者らが創設準備に関わった。ムスリムのための宗教施設であると同時に、国家的な象徴としての意味も付与されたモスクといえる。

スラット・ペンデック（surat pendek）

クルアーンの第30巻に相当するジュズ・アムマ（用語解説「ジュズ・アムマ」を参照のこと）に含まれる短い句からなる章のことである。

第2級学校（Sekolah Kelas Dua）

1892年にオランダ植民地政府が創設した現地民のための学校の一つ。オランダ植民地時代の学校制度のうち、現地民のための3年制の村落学校の修了者が進学可能な学校として創設された。オランダ植民地政府は、オランダ語で教育を行う学校と現地民のための学校を区別し、オランダ語で教育を行う学校を第1級学校とし、マレー語やそれぞれの民族の言語を使用する現地民のための学校を第2級学校とした。20世紀初頭のジャワにおいて第2級学校は、村落学校と第1級学校の中間に位置する、特に都市部の現地民のための学校だった。第1級学校は1914年にオランダ語原住民学校HISへと改革された（戸田1976:68-76、Nastion, S. 1994:61-76）。

ダッワ（Dakwah, Da'wah）

イスラームの伝道を意味する。ムハンマドの時代は、イスラーム教徒以外の人々にイスラームを伝道することを意味したが、近年では、ムスリム自身のために、イスラームの講話やクルアーンの読誦および解釈に関する学習活動などを通して、ムスリムとしての宗教実践を行うことや、そのためのさまざまな教授・学習活動全般を意味することが多い。

デーエムイー（DMI：Dewan Masjid Indonesia）

インドネシア・モスク評議会。1972年に結成されたインドネシア国内のモスクのための評議会。全国規模の組織であり、本部を首都ジャカルタに置き、各州に支部を有する団体である。宗教省関係者が歴代の代表に多く含まれる（http://dmi.or.id/gallery/profil-dmi/、最終閲覧日2019年8月26日）。

テーカーアー（TKA：Taman Kanak-kanak Al Qur'an）

クルアーン幼稚園：4-6歳（幼稚園児対象）。

テーキーアー（TQA：Talimul Qur'an Lil Aulad）

継続クルアーン学習会：14歳までを対象。

テーペーアー（TPA：Taman Pendidikan Al Qur'an）
クルアーン児童教室：7-12歳（小学生対象）。

ナフダトゥル・ウラマー（NU：Nahudatul Ulama）
「ウラマーたちの覚醒」の意。イスラーム改革派組織のムハマディヤーの結成に対抗し、1924年イスラームの伝統的法学派を重んじるウラマーらが結成した組織。創設者はハシム・アシュアリー（K.H.Hasjm Asy'ari）。

ハーイーエス（HIS：Hollands Inlandse School）
オランダ語原住民学校。オランダ植民地時代、1914年以降創設された現地民のためのオランダ語と現地の民族の言語教育を行う7年間の初等レベルの学校。この学校を卒業すると、オランダ人などのヨーロッパ人が通うことが多かった中等教育レベルの学校に進学が可能となった。第1級学校（貴族層の現地民の子弟らのための学校）を改革し、創設した学校（戸田 1976:75、Nastion, S. 1994:113-121）。

ハーエムイー（HMI：Himpunan Mahasiswa Islam）
イスラーム学生協会。大学生によるイスラーム学生組織。

バコパ（BAKOPA：Badan Koordinasi Pengajian Anak-anak）
子どものためのプンガジアン調整会。1963年、アスアド・フマムらとその関係者が結成した、子どものためのプンガジアン・クルアーンを行う集団間の交流や調整を行う組織。コタグデに限定せず、ジョグジャカルタ全体で、モスクでの教育活動の充実を図ることを目指した。

フォシパ（FOSIPA：Forum Silaturrahmi Pengasuh Pengajian Anak anak）
子どものためのプンガジアン指導者交流フォーラム。1980年代にバンドンやスラバヤ、スマラン、ジャカルタなどの主要都市における大学の学生たちが、モスクでの子どものためのプンガジアン・クルアーンの学習グループの活性化を目的とした。モスクの学習活動の担い手であった学生たちの交流の機会となった。

プサントレン（pesantren）
イスラーム寄宿塾／イスラーム寄宿学校。主宰者であるキヤイを中心として、イスラームの専門書（キタブ）の学習を行う教育施設。近年では、イスラーム専門学習だけでなく、フォーマルな学校教育を運営するプサントレンもある。

プサントレン・アルムナウィール・クラピヤ（Pesantren Al Munawwir Krapyak）
ジョグジャカルタのクラピヤ地区に、1910年に創設されたプサントレン。創設当初は、クルアーン暗誦学を専門とするプサントレンだった。クルアーンの朗誦や暗誦学を専門とするウラマーの多くは、このプサントレンで学んだ経験を持つ。創設者ムナウィールの娘婿であるアリ・マッスムによって教育の近代化が図られた。

ブディ・ウトモ（Budi Utomo）
1908年にジョグジャカルタで、貴族層の若者たちによって結成された組織。バタヴィ

xviii

アの医師養成学校（STOVIA）の学生たちを中心に結成され、プリブミの若者の学問や教育の機会の向上を目指した（永積 1980:99-134、土屋 1994:94）。

プリブミ（Pribumi）
マレー・インドネシア語で、「土着の人」の意。

プンガジアン・クルアーン（pengajian Qur'an）
地域のモスクやランガルと称される小規模礼拝所で行われるイスラーム基礎学習である。主として6歳以上の子どもたちが、礼拝の仕方などの基本的なイスラームの規範や倫理とともに、クルアーンの読誦方法を学ぶ。『イクロ』を用いるクルアーン学習施設の創設によって、学習の対象者は就学前の子どもも含まれるようになった。

プンフル（penghulu）
ジャワにおいては宗教官吏のこと（大塚他編 2002:207）。

ペーイーイー（PII：Pelajar Islam Indonesia）
インドネシア・イスラーム学徒会。中高生からなるイスラーム学生組織。スハルト時代には非合法化された。

ベーカーペーエルエムイー（BKPRMI：Badan Komunikasi Pemuda Remaja Masjid Indonesia）
インドネシア・モスク青年交流会。1977年にバンドンで結成された全国規模のダッワ（イスラームの伝道）組織である。

ペーゲーアー（PGA:Pendidikan Guru Agam、ペンディディカン・グル・アガマ）
宗教師範学校のこと。前身は、1950年に設立された5年制および2年制のイスラーム宗教師範学校（SGAI:Sekolah Guru Agama Islam）。5年制のイスラーム宗教師範学校は、初等教育修了者を受け入れ、2年制のイスラーム宗教師範学校は、中学校修了者（中学校（SMP）およびイスラーム中学校（MTs））を受け入れた。ここでは一般の学校教師養成のための師範学校B課程（SGB）と同等の一般科目とともに、宗教の知識やアラビア語を学んだ。その後、名称は変更され、イスラーム宗教師範学校（SGAI）は、宗教師範学校（PGA）となった。1953年以降、5年制から6年制（4年間＋2年間）となり、2年制の方は廃止された（Mahmud Yunus 1960 (1996):360-363, Assegaf 2006:75）。

ペーペーカーエス（PPKS：Persatuan Pengajian Anak-anak Kotagede&Sekitarnya）
コタグデおよびその周辺の子どものためのプンガジアン・クルアーン協会。1953年、アスアド・フマムがコタグデにおいて結成した、個々の村々のプンガジアン・クルアーン集団間の交流や活動を行う協会。

マドラサ（Madrasah）
イスラーム学校の総称。国や地域によっては、高度なイスラームの専門教育機関を指す場合もある。インドネシアにおいては、正規の国民教育制度のうち、宗教省管

轄の学校（小・中・高校）であり、一般科目を導入したイスラーム学校のこと。

マドラサ・ディニヤー（Madrasah Diniyah）
イスラームの宗教学習を専門に行うイスラーム学校。

ミュロ（MULO: Meer Uitgebreid Lager Onderwijs）
オランダ植民地政府が、現地民のために 1914 年に創設した高等小学校。1919 年以降は普通中学校が MULO に接続する上級課程として設立された（戸田 1976:77、Nastion, S. 1994:122-129）。

ムハマディヤー（Muhammadiyah）
1912 年にジョグジャカルタで結成されたイスラーム改革派の組織。アフマド・ダハランという人物が結成した。ムハマディヤーは、クルアーンとハディースへの原点回帰を主張するイスラーム改革派思想の影響を受けた。当時のオランダ植民地支配下におかれたジャワにおいて、近代の要素を教育や福祉の分野で積極的に取り入れた。ジョグジャカルタを拠点とし、現地民のための近代的な学校のほか、病院や孤児院の設立を各地で進めた組織である。

連鎖学校（Schakelschool）
オランダ植民地時代の学校制度下で、現地民のための 3 年制の村落学校の修了者が進学可能な学校のひとつ。1921 年に整備された。オランダ語原住民学校 HIS などのオランダ語で教育を受ける学校の修了者と同様に、連鎖学校を卒業すると、MULO や他の中等教育機関への進学の機会が得られた（戸田 1976:77-78、服部 2001:56）。

【人名の解説（五十音順）】

アスアド・フマム（As'ad Humam：1933-1995）
1933 年に、ジョグジャカルタ郊外のコタグデ内の真鍮細工の企業家フマムの息子として生まれた。10 代の頃からクルアーン学習の方法改善に取り組んだ人物。『イクロ』創案者。

エンキン・ザエナル・ムッタッキン（Engking Zaenal Muttaqien：1925-1985）
マシュミ党のメンバーとして、西ジャワを中心に活動した人物。1958 年に設立されたバンドゥン・イスラーム大学（UNISBA）の学長を、大学の創設時から 1980 年代まで務めた。バンドゥン工科大学の宗教教師を務めていた経験もあり、バンドゥン市内において、大学キャンパスに限らず市内のモスクなどでのダッワ運動を主導した指導者のひとりだった。西ジャワ州のインドネシア・ウラマー評議会（MUI）の役職にも就任したことがある。BKPRMI の活動を支えた功労者のひとり。

タシリフィン・カリム（Tasirifin Karim）
BKPRMI の南カリマンタン州においてクルアーン学習施設の普及に尽力した。1980

年代後半以降、BKPRMI が標準カリキュラムを整備する際、その取り組みを主導した人物のひとり。

ダハラン・サリム・ザルカシ（Dachlan Salim Zarkasyi）
中部ジャワ州スマランにて『キロアティ』を創案した人物。

ハイラニ・イドゥリス（Chairani Idris）
タシリフィン・カリムとともに、BKPRMI 南カリマンタン州支部において、クルアーン幼稚園をはじめとするクルアーン学習施設の運営と普及に努めた。BKPRMI がクルアーン学習施設の標準カリキュラムを整備する際、その取り組みを主導した人物のひとり。

マングン・ブディヤント（Mangun Budiyanto）
アスアド・フマムとともに、ジョグジャカルタで AMM を創設した際のメンバーの一人。ジョグジャカルタを中心に、クルアーン幼稚園、クルアーン児童教室の普及に貢献した。子どもに限らず、成人を対象とした『イクロ』を用いる学習の展開にも力を入れた。

ムハマド・ジャジール（Muhammad Jazir ASP）
AMM のメンバーであるとともに、BKPRMI ジョグジャカルタ支部での活動も担っていた人物。『イクロ』を活用するクルアーン学習施設を BKPRMI を通して全国規模で展開していくことを提案し、そのためのさまざまな準備や取り組みに貢献した。

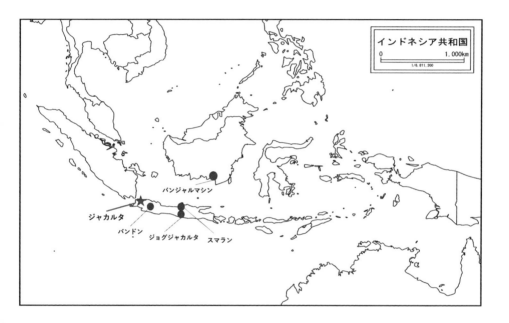

インドネシアのイスラーム基礎学習の組織的展開

——学習テキストの創案と普及——

序　章

第1節　研究対象と目的

　本書は、世界最大のムスリム人口を有するインドネシアにおいて、国民教育体系には位置付けられてこなかったイスラーム基礎学習（インドネシアではプンガジアン・クルアーン (pengajian Qur'an) と称される）が、民間のイニシアティブによって組織化され、クルアーン学習施設として全国に普及していく経緯とそれに伴う学習の変容を実証的に明らかにすることを目的としたものである。

　インドネシアの国民教育は、教育文化省と宗教省のそれぞれの管轄のもとでのフォーマル教育（学校教育）とそれを支えるノンフォーマル教育から成っている。2000年以降、政府は、民間によって全国に普及したクルアーン学習施設を、ノンフォーマルな教育施設と認めるようになった。その背景には、それらの学習施設において、『イクロ (Iqro')』というクルアーン読誦学習テキストを用いるイスラーム基礎学習の標準モデルが用いられるようになったことが大いに関係している。学校教育の機会が普及し、社会全体にイスラーム・アイデンティティが高まったインドネシアにおいては、就学前から『イクロ』を用いて学ぶクルアーン学習施設の拡充が望まれるようになったのである。このように、本書では、国民教育体系に位置づけられてこなかったイスラーム基礎学習が組織的に営まれていく経緯を論じる。

　プンガジアン・クルアーンとは、主に6歳以上の子どもたちが、礼拝の仕

方や基本的なイスラームの規範・倫理とともに、クルアーンの読誦方法を学ぶ、イスラーム基礎学習を指す。地域のモスクやランガルと称される小規模礼拝所において、営まれてきた。従来のプンガジアン・クルアーンでは、クルアーンの一部の章句の暗唱に加え、クルアーンの中の神の美名や預言者ムハンマドの振舞い等の内容を暗誦しながら、イスラームの規範や倫理を習得することに重点が置かれてきた。マフムド・ユヌスによれば、プンガジアン・クルアーンとは、イスラームの宗教書であるキタブの学習に入る前の基礎学習であるという。その内容は、1) アラビア文字、クルアーンの読誦、2) イバダー（信仰実践）、3) クイマナン（信仰）、4) アフラック（イスラームの倫理）からなっていたという（Mahmud Yunus 1996 (1960) : 34-41）。学習内容や達成目標は標準化されておらず、個々のクルアーン教師の裁量に任されて行われるものだった。このようなプンガジアン・クルアーンは、インドネシアの独立以前から個々の村々で自主的に営まれ、独立後、学校教育が普及する過程においても、衰退することなく維持されてきた。上記の 1) ～4) のなかで、近年大きなウェイトを占め、学習方法が時代とともに変容したのが、クルアーン読誦学習である。

　7歳前後の子どもが初めてクルアーンの読誦学習を開始する際、ひとつひとつのアラビア文字と、母音などを表す発音記号の名称を示した表を頼りに、アラビア文字と発音記号の名称を覚えると、その後は、直接クルアーンの章句を読む学習に入る。その際、章句の内容を理解することよりも、正しい発音で聖なるクルアーンを読誦できるようになることが優先された。そのため、教師による発音および読誦の指導に従って読み方を学ぶのが一般的だった。元来、クルアーンとは、アラビア語で「誦まれるもの」という意があり、朗誦や暗誦によって伝えられてきた伝統がある。神による啓示の言葉であるため、間違って読誦することは避けなければならない。したがって、初学者は、まず正しい発音で読誦することから学習を開始した。

　プンガジアン・クルアーンの営みにおいて、クルアーン読誦学習の取り組み方が大きく変化する契機となったのは、クルアーンの読誦学習に特化した

テキストが創案され、各地で活用されるようになったことである。インドネシアでもっとも普及したテキストである『イクロ』は、1980 年代にジョグジャカルタで創案された。『イクロ』は、従来のクルアーン読誦学習とは異なり、アラビア文字の名称や発音記号の名称を覚える学習は省略し、発音記号がすでに付与されたアラビア文字を声に出して読む学習から開始する点に特徴がある。そのため、クルアーンの読誦学習は、従来のように、「一般的に 6-10歳が、…（途中省略）…宗教教師（Guru Agama）に従って学ぶ」（Steenbrink 1986:11）ものではなくなった。プンガジアン・クルアーンで学ぶ内容がクルアーン幼稚園におけるカリキュラムとして編成され、そのカリキュラムに従ったクルアーン幼稚園が普及すると、プンガジアン・クルアーンの学習の開始は低年齢化した。1990 年代以降は、幼児期から『イクロ』を用いて学ぶことによって、1 年もすれば、アラビア語でクルアーンを読めるレベルに到達し得るという認識が広がった。この展開には、『イクロ』を創案し、クルアーン幼稚園を開設したジョグジャカルタのアスアド・フマム（As'ad Humam）や、アスアド・フマムの活動の全国的な普及を進めたインドネシア・モスク青年交流会（Badan Komunikasi Pemuda Remaja Masjid Indonesia、以下 BKPRMI）が重要な役割を担った。

　BKPRMI は、1977 年にバンドンで結成された全国規模のダッワ（イスラームの伝道）を目的とする活動を行う民間の組織である。1989 年の BKPRMI の全国会議で、『イクロ』を用いて学んだクルアーン幼稚園の園児たちのクルアーンを流暢に読める様子が、紹介された。同会議に、出席していた政府高官らが関心を示したことで、『イクロ』が全国に知られることになり、その後、『イクロ』活用に関する研修会の開催が各地で必要とされた（第 5 章参照）。BKPRMI は、1990 年代以降、『イクロ』を用いるクルアーン幼稚園（TKA: Taman Kanak Kanak Al-Qur'an）や、小学生を対象とするクルアーン児童教室（TPA: Taman Pendidikan Al-Qur'an）を全国規模で普及することを、BKPRMI の主要な活動の一つと位置付け、全国的な普及を進めた。2004 年に出版された小学校 1 年生用のイスラーム宗教教育の教科書（Achmad Farichi et al. 2004: 22）では、学校

の外で小学生がクルアーンを学ぶ場として、クルアーン児童教室が登場する。従来はなかった新しいタイプのクルアーン学習施設が身近にある風景が、一般的なものとなったことがうかがえる[1]。

2000 年代に入ると、教育省や宗教省が、クルアーン幼稚園などのクルアーン学習施設を、国民教育の充実と発展に生かすことを検討するようになった (例えば Departmen Pendidikan Nasional 2001)。2007 年に制定された政令第 55 号 (宗教教育および宗教専門教育に関する政令) では、クルアーン教育 (Pendidikan Al-Qur'an) はノンフォーマルなイスラーム専門教育の一つとして明記された。したがって、現行の教育制度において、『イクロ』を用いるクルアーン学習施設は、マドラサ・ディニヤー (イスラーム宗教学校) などと同様に、宗教省が管轄するノンフォーマル教育のひとつとして位置づけられている (186 頁の資料編図 0 を参照)。

インドネシアにおいては、日中は一般の小学校やイスラーム小学校で学び、夕方にはイスラーム宗教学校で学ぶようなダブルスクールをする例は各地で見られる (服部 2007: 31-32) 光景である。クルアーン幼稚園やクルアーン児童教室などのクルアーン学習施設は、ムスリムの子どもたちが通うノンフォーマルな宗教学習施設の一つのとして確実に数を増やし、地域社会に根付いてきた。宗教省は、クルアーン学習施設数の統計データを公表している。宗教省の 2011 ／ 2012 年の統計資料によると、全国のクルアーン学習施設 (Taman Pendidikan Al-Qur'an) 数は 13 万 6333 カ所[2]である。これは、BKPRMI の管理や指導のもとで運営されるクルアーン学習施設に限らず、さまざまな団体が運営するクルアーン学習施設の総数と考えられる。インドネシアでは、小学校 (SD) 段階の 7 歳から 12 歳人口のうち、小学校に在籍している生徒数を示す純就学率は、大部分の州において 80％を超えている[3]。そのため、同年の教育文化省管轄の小学校数が 14 万 6826 校 (Ministry of Education and Culture 2012: 22) であり、クルアーン学習施設の総数と大差はないことを考慮すると、クルアーン学習施設は、各村にある小学校と同じくらい身近なものとして各地で開設されているものといえる。

　1970年代以降のインドネシアにおける経済成長や学校教育の普及により、敬虔なムスリムらが政府機関や民間企業において重要な役割を担う新たな中間層を形成するようになり、社会全体のイスラーム化が進んだ（例えば中村1994: 282-289）。そうした状況において、『イクロ』を活用するクルアーン学習施設は、1990年代以降全国的に普及した。したがって、本書の対象であるクルアーン学習施設は、インドネシア社会のイスラーム化の過程で顕在化するようになった現象のひとつといえるだろう。本書は、こうした現象が顕在化したプロセスと社会・政治的背景との関係を解明しながら、インドネシアにおけるプンガジアン・クルアーンの組織化の実態を描くことを試みる。その際、『イクロ』が創案されたジョグジャカルタと、BKPRMIが結成されたバンドンの、それぞれの町の地域性に着目し、クルアーン読誦学習テキスト『イクロ』が創案され、クルアーン読誦学習の方法的改善が試みられたことで、プンガジアン・クルアーンの組織化が進められた経緯を明らかにする。

第2節　先行研究の検討および本書の意義

1）イスラーム教育研究における本書の位置づけ

　世界各地の非ムスリム圏におけるイスラーム教育に関する研究は、増加傾向にある。2001年の同時多発テロ以降、アメリカでは、イスラームへの関心が高まり、イスラーム教育を対象とする研究成果も発表されてきた（Hefner, Muhammad Qasim Zaman ed. 2007など）。日本においても、多くのイスラーム教育研究が、比較教育学の分野で取り組まれてきた[4]。インドネシアやマレーシアのイスラーム教育を対象とした研究のなかで、イスラーム教育そのものを対象とし、その営みが、地域社会に根付き発展してきた経緯を解明した研究として、西野（1990）や服部（2001）、久志本（2014）による研究がある。西野（1990）や服部（2001）は、インドネシアにおけるプサントレン（イスラーム寄宿塾／イスラーム寄宿学校）やマドラサ（イスラーム学校）が、近代的な学校制度やカリキュラムを導入し、独自に発展していくプロセスを、社会・政治的な変容や

8

ローカルな地域性との関わりから考察している。また、久志本 (2014) は、マレーシアのポンドック (イスラム寄宿塾 (pondok)) やマドラサが、近代化の過程で変容していくプロセスとともに、現代における新しいイスラーム学習の展開について、さまざまな事例に基づいて論じている。

インドネシア国内におけるイスラーム教育研究では、プサントレン研究が多くなされてきた。植民地期および独立後のインドネシアにおける、プサントレンの伝統とその変容を論じた研究には、マフムド・ユヌス (Mahmud Yunus 1960 (1996)) や、ザマクシャリ・ゾフィール (Zamakhsyari Dhofier 1982)、プラジャルタ・ディルジョサンヨト (Pradjarta Dirdjosanjoto 1999)、ハスビ・インドゥラ (Indra 2003) などがある。

このように、これまでの先行研究では、基礎学習の後の段階に相当するイスラーム学習の場の伝統的な形態や、それが近代学校制度と関わりを持ちながら変容してきた経緯を対象としたものが多い。そのため、基礎的なプンガジアン・クルアーンそのものを対象とし、現代におけるその実態の解明は十分とはいえない。

インドネシアにおいて、クルアーン読誦学習をはじめとするプンガジアン・クルアーンは、長年大きな変化なく継続されてきたイスラーム基礎学習だった。学習の修了条件などが明確ではなく、個々の教師に任されて行われる学習だったことはマフムド・ユヌスやザマクシャリ・ゾフィールらが指摘している。ザマクシャリ・ゾフィール (Zamakhsyari Dhofier 1982: 19-20) によると、クルアーンを流暢に正しく読誦できるようになると、学習をやめてしまう者が多かったというが、クルアーン教師やプサントレンのキヤイ (主宰者) の家系とのつながりがある者にとっては、プンガジアン・クルアーンは、後の高度な学習に進む前の基礎学習と捉えられていたという。したがって、プンガジアン・クルアーンは、従来から行われてきた学習とはいえ、学習対象者や学習の修了条件などの標準的な内容は定まっておらず、個々の教師や生徒の状況に応じて行われる学習だった。

他方で、1990 年代以降、『イクロ』を活用するクルアーン学習施設が急

増したことについて言及している研究がある。例えばゲイド（Gade 2004）は、1990 年代以降のインドネシアにおいて、クルアーンの読誦に取り組む活動が、各地で活発に行われるようになったことに着目している。そのなかで、クルアーンの読誦学習を行う教育機関が、さまざまな団体によって整えられるようになった状況や、『イクロ』を用いるクルアーン読誦学習の方法や学習施設の開設にも言及している。また、デディ・スプリアディ（Dedi Supriadi 2000）は、インドネシアの幼児教育の機会拡大をめぐる議論において、政府による統制や支援が欠落しているなかで、民衆による教育運動を通じて、各地でクルアーン幼稚園が開設されており、その数は、一般の幼稚園よりも多いことを指摘している。同時に、クルアーン幼稚園をはじめとするクルアーン学習施設の開設は、インドネシアにおける民衆のニーズに基づいた展開であることにも触れ、一般の幼稚園が教訓とすべき点は多いことを指摘している。しかし、これらのプンガジアン・クルアーンに関する研究においては、『イクロ』やクルアーン学習施設が全国的に広がった現象に着目したにすぎず、『イクロ』の創案やそれが普及していく過程は考察の対象としていない。

　本書は、プンガジアン・クルアーンが、『イクロ』を活用するクルアーン学習施設の標準モデル構築によって、組織的に営まれるようになった経緯を明らかにする。それによってこれまで十分に行われてこなかったプンガジアン・クルアーンの現代における意義を解明し、インドネシアのイスラーム教育研究の充実と深化に貢献することを目指す。

2) インドネシアをフィールドとするイスラーム地域研究における本書の位置づけ

　1970 年代以降、世界的なイスラーム復興運動が顕在化すると、インドネシアにおいても、社会および政治の分野においてさまざまなイスラーム活性化の現象が各地で見られるようになった（中村（1994）、見市（2004）など）。インドネシアにおけるイスラーム復興現象の特色は、草の根からのさまざまな動きが活発だったことである（小杉 2001: 30）。同時期の隣国マレーシアにおいても、ダッワを展開する民間組織が結成されたが、連邦政府によるイスラーム

化政策によって、国家がイスラーム教育に関与することが多くなった（Rosnani Hasim 1996: 76-92, 久志本 2014: 126-152 など）。しかしインドネシアの場合は、エジプトで見られた展開（例えば飯塚（2001: 100-117））と同様に、1970 年代以降、都市部の学生たちがさまざまな活動に加わり、草の根レベルからのイスラーム活性化が大きく展開されてきたことが特徴といえる。

　インドネシアにおけるイスラーム復興現象については、都市部の学生が中心となったダッワ運動について論じた研究が多くなされてきた。インドネシアの主要都市において、学生がさかんにダッワ運動を展開するようになったのは 1970 年代以降である。その拠点となって全国的に影響を与えたとされるのが、バンドン工科大学のサルマン・モスクだった。サルマン・モスクを拠点とするダッワについては、ヌルハヤティ・ジャマス（Nurhayati Djamas 1989）やヘフナー（Hefner 2000）、ロシャド（Rosyad 1995（2006））、見市（2002）、野中（2008, 2010a, 2010b）らによって論じられてきた。これらの研究では、ダッワ運動の中心的役割を果たした人物の社会・政治的影響力や思想などに焦点が当てられてきた。こうした 1970 年代以降の都市部でのダッワ運動に関わった人々は、当時 20 代から 30 代の若者たちが主流だった。ユディ・ラティフは、彼らをインドネシアにおけるムスリムの「第五世代の知識人」と位置づけ、政治的な影響を受けるなかで、社会活動や出版活動などが厳しく規制された者たちが多いことを指摘している（Latif 2008: 337-338）。しかし、そうした当時の若者たちが、次世代の育成に関わり、伝統的なクルアーン読誦学習の改善や、プンガジアン・クルアーンの学習および運営の組織化に貢献したことについての考察は十分とはいえない。

　独立後のインドネシアにおいて、社会インフラが整備され、学校教育が普及していくなかで、高等教育の機会も拡大してきた。したがって、伝統的なプサントレンなどのイスラーム学習機関やイスラーム高等教育機関だけでなく、一般の高等教育機関で学ぶ機会を得たムスリムの若者も増加した。そうした若者たちのうち、社会のイスラーム化をめざし、草の根レベルでの活動に取り組み、モスクでの子どものためのプンガジアン・クルアーンの充実と

発展に取り組む者は少なくなかった。

　1970 年代以降の若者たちによる関わりが、プンガジアン・クルアーンの営みの変化にも大きく関わっていることを解明する本書は、インドネシアのイスラーム復興現象の解明を通したイスラーム地域研究の充実にも貢献しうるものといえる。

第 3 節　インドネシアの国民教育体系におけるクルアーン学習施設の位置づけ

　本書におけるクルアーン学習施設とは、従来からのプンガジアン・クルアーンが組織化された形態の学習施設を意味する。具体的には、クルアーン幼稚園、クルアーン児童教室、継続クルアーン学習会 (Talimul Qur'an Lil Aulad: TQA) といった、ジョグジャカルタのモスク・ムソラ青年会 (Angkatan Muda Masjid dan Musholah、以下 AMM) が設立したクルアーン学習施設をモデルとし、BKPRMI が標準的な学習カリキュラムと運営方法を整えて全国に普及した学習施設の総称とする。

　インドネシアの国民教育体系は、正規の学校教育、すなわちフォーマル教育 (Pendidikan Formal) とノンフォーマル教育 (Pendidikan Non Formal) から成っている。フォーマル教育が行われる教育機関は、小学校 6 年間、中学校 3 年間、高校あるいは職業高校 3 年間と、高等教育機関である。これらの教育機関には、国民教育体系図 (186 頁の資料編図 0 を参照) で示したように、教育文化省が管轄するスコラ (一般学校) 系と宗教省が管轄するマドラサ系がある。フォーマルな学校教育を支えるノンフォーマル教育として、教育文化省管轄下には、パケット・プログラムが、小学校から高校段階まで存在する。パケット・プログラムとは、学校に就学していない学齢期の子どもや成人を対象として、フォーマル教育での学習内容を提供するプログラムである。小学校レベルがパッケージ A (Paket A)、中学校レベルがパッケージ B (Paket B)、高校レベルがパッケージ C (Paket C) である。他方、宗教省が管轄するノンフォー

マル教育には、プサントレンやマドラサ・ディニヤーがある。プサントレン
は、ジャワを中心として各地で発展してきた歴史がある。時代の変化や地域
のニーズに伴って、宗教科目のみを提供する学校としてマドラサ・ディニヤー
を設置する場合や、一般科目を多く学ぶスコラやマドラサを開設する場合が
ある。したがって、プサントレンを国民教育体系図に含めることは困難であ
る。プサントレンは、国民教育体系図に示した教育機関を、状況に応じて開
設し、発展してきた (服部 2007: 8)。従来、宗教省が管轄するノンフォーマル
な教育に位置付けられてきたのは、プサントレンとマドラサ・ディニヤーだっ
た。しかし 2007 年の宗教教育および宗教専門教育に関する政令 (2007 年政令
第 55 号) において、イスラームに関するノンフォーマルな宗教教育施設には、
本書の対象であるクルアーン学習施設が含まれるようになった。さらにイス
ラームに限らず、すべての公認宗教[5]の宗教学習の場も、ノンフォーマルな
宗教教育施設に含まれることになった。

　本書では、プンガジアン・クルアーンの学習の営みが、どのようなプロセ
スを経てクルアーン学習施設として各地で開設されるようになり、2000 年
以降、政府によってノンフォーマル宗教教育施設として容認されるように
なったのか、その経緯をジョグジャカルタとバンドンの地域性との関わりを
通して明らかにしていく。

第 4 節　研究対象へのアプローチと調査地

1) 研究関心とその広がり

　筆者は、独立後のインドネシアにおいて、学校教育制度が整備されていく
過程で、モスクで行われるプンガジアン・クルアーンが衰退することなく、
都市部を中心に、学生などの多くの若者が関与することで、組織化されてき
た経緯に関心を持ち、研究を進めてきた。プンガジアン・クルアーンの営み
が組織化される契機となったのは、クルアーン読誦学習テキスト『イクロ』
が創案されたことだった。『イクロ』の普及は、『イクロ』を活用するクルアー

ン読誦学習が、クルアーン学習施設における学習内容のひとつとして、組織的に営まれるようになったこととの関わりが大きい。『イクロ』の創案と普及を通して、インドネシアのプンガジアン・クルアーンの組織化の経緯を解明するには、『イクロ』の教材としての特徴や意義を解明するとともに、全国的に活用されるようになった背景やプロセスなど、解明すべきことは多岐にわたる。

　『イクロ』を活用するクルアーン学習施設の運営やその普及には、学生など若者たちの果たした役割が重要な意味を持った。若者たちが、どのような社会・政治的背景のもとで、クルアーン学習施設の学習やその運営に関わったのか、その実態を解明することは、インドネシアにおけるプンガジアン・クルアーンの組織化の全体像を捉えるうえで欠かせない。

　本書では、1970 年代後半以降、多くの学生たちがモスクでの学習活動に関わってきたことを複数の章において論じている。学生たちによる関わりは、ジョグジャカルタでアスアド・フマムが『イクロ』を創案し、『イクロ』を用いて学習を行うクルアーン幼稚園などのクルアーン学習施設の創設と運営に取り組む際に重要な意味を持った。ジョグジャカルタでのそうした取り組みは、その後全国規模で展開することになる。1977 年のバンドンにおける BKPRMI の結成と、BKPRMI による『イクロ』を用いるクルアーン学習施設の全国的な普及にも、若者たちの果たした役割は重要だった。では、どのような経緯で学生たちが、モスクでの教授・学習活動に関わることになったのか、また、そもそも学生が地域社会のモスクでの活動に関わるようになった経緯や背景には、どのようにインドネシアの社会・政治的状況が関係しているのかといった点にも関心を広げた。

　また、高等教育機関に通う学生がモスクでの活動に従事するようになった背景として、独立後のジョグジャカルタでの高等教育の創設とモスクの関係にも関心は広がった。ジョグジャカルタにおける高等教育の歴史は、オランダ植民期の遺産を基盤とした、現在の首都ジャカルタを中心としたインドネシア大学の創設の歴史とは異なる。ジョグジャカルタは、独立後、プリブ

ミ（pribumi：土着の人々）のエリートらが主体となって、最初に大学を創設し
た町である。1950年代〜60年代のジョグジャカルタにおいて、複数の大学
の学生たちが、一つのモスク（シュハダ・モスク（Masjid Syuhada））に集い、学習
活動に関わったことは、インドネシアにおけるプリブミ主体の高等教育の成
り立ちと密接に関わっていた。つまり、独立直後にプリブミのエリートらに
よって高等教育機関が創設されたジョグジャカルタ特有の展開といえる。こ
れは、1970年代以降、大学や地域のモスクにおける学生たちの活動が、バ
ンドンなどの都市部で展開された政治・社会状況とは異なっていた。

　他方で、『イクロ』というテキストそのものに着目し、その特質を明らか
にすることも重要である。『イクロ』とはどのような特色を持つ学習テキス
トなのか、ジョグジャカルタで創案されたことの意義はどのように捉えるべ
きだろうか。そうした関心から、『イクロ』創案の経緯や、ジョグジャカル
タにおける教育に関する地域性についても整理した。その際、『イクロ』に
先行して創案された『キロアティ』というテキストの内容や指導方法との比
較も必要であると考えた。そのため、『キロアティ』の内容や指導方法との
違いから、『イクロ』の特性を明らかにすることを試みた。

　このように、本書は、ジョグジャカルタとバンドンをフィールドとし、『イ
クロ』が創案され、それを活用するクルアーン読誦学習が、クルアーン幼稚
園などのクルアーン学習施設で行われるようになったことを通して、従来の
プンガジアン・クルアーンが組織化された経緯と背景、またそれに関わった
人々による試みを解明していく。本書において資料収集およびインタビュー
を実施したジョグジャカルタとバンドンの、それぞれの町と教育の歴史の概
要については以下の通りである。

2) 調査地の概要
　①ジョグジャカルタについて
　ジョグジャカルタを対象地域とした理由は、先述した通り、『イクロ』が
創案された町であるためである。『イクロ』創案の背景とプロセスを、ロー

カルな社会・文化的背景との関係から解明していくため、ジョグジャカルタ
をひとつの調査地とした。

　ジョグジャカルタは、オランダ植民地期の 20 世紀初頭から、プリブミの
エリートらによって民族主義運動が展開され、タマンシスワという民族主義
教育を提供する教育機関の発祥の地でもある（土屋 1982）。他方、イスラーム
改革運動も同時期に展開され、イスラーム教育の改革が積極的に進められ、
近代的な学校の創設を進めたムハマディヤーという組織が結成された町でも
ある。オランダによってヨーロッパ式の価値観や教育方法が持ち込まれるな
かで、土着の人々が主体となって自らの教育を構築していく、進取の精神に
長けた人物による教育の営みが積極的に行われたのがジョグジャカルタで
あった。

　本書は、ジョグジャカルタにおいて、『イクロ』の創案とその普及を、直
接かかわってきた人物らに関連する文書資料や関係者へのインタビューを通
して明らかにしていく。主として第 1 章から第 4 章は、筆者がジョグジャカ
ルタにおいて、2005 年〜 2006 年に日本財団 API フェローとして、インドネ
シア科学院(LIPI)より調査許可を得て長期滞在した際、また、その後の、複
数回の短期訪問時に収集した資料やインタビューに基づいている。

　②バンドンについて

　バンドンは、17 世紀以降オランダの支配下に置かれて以来、オランダ人
の植民地官吏が拠点とした町だった。バンドンを中心とする西ジャワは、当
時コーヒー栽培に適していたことから、オランダ人が関心を持ったとされる
(Smail 2011: 8)。他方で、ジョグジャカルタと同様に「教育の町」と呼ばれるこ
とが多い。町の北部には、植民地期にオランダ人のための学校が多く創設さ
れた歴史があり、また独立後は、多くの高等教育機関が創設された。

　20 世紀初頭、オランダは、ジャワの複数の町に、プリブミのエリートの
育成を目的として、職業専門学校を創設した。法科学校を首都のバタヴィア
(現ジャカルタ)に、医学校をスラバヤに開設したが、最初に創設した専門学

校は、1920年にバンドンに創設された工科学校だった。これが現在のバンドン工科大学の前身である[6]。

このようなヨーロッパ式の学校が創設されたことによって、貴族をはじめとするプリブミらが近代的な学校に通うようになった。バンドンの工科学校で学んだ者のなかには、初代大統領のスカルノのように、ナショナリズムの意識を高め、独立国家の形成に関わった者もいる。

20世紀初頭には、近代的な教育を受けたプリブミのエリートらが主体となってさまざまな組織がジャワの各地で結成されていった。バンドンにおいて、スカルノによってインドネシア国民党が結成されたのは1927年のことだった（永積 1980: 248-254）。植民地時代、バンドンは、オランダがジャワ島における拠点のひとつとした土地だったが、プリブミらによるさまざまな民族運動も展開された。

このように、植民地支配の影響を受けて近代的な教育機関が創設され、プリブミらが主体となる民族主義運動も展開されたバンドンでは、本書で検討するクルアーン学習施設の普及を推進したBKPRMIが結成された。BKPRMIの1977年の結成およびクルアーン学習施設の普及には、多くの学生たちが関わった。西洋式の教育の中心だったバンドンにおいて、どのような経緯でBKPRMIは結成され、クルアーン幼稚園をはじめとするクルアーン学習施設の普及に貢献したのかについて、本書で明らかにしていく。

バンドンを拠点として結成されたBKPRMIが、ジョグジャカルタで創案された『イクロ』を用いたクルアーン学習施設の全国的な展開に関わったことは、第5章、第6章、第7章で明らかにしていく。これらの章での記述は、主として2000年〜2001年に、筆者が石坂財団（国際文化教育交流財団）の奨学生として、インドネシア教育大学に留学中に収集した資料やインタビューおよびその後の短期訪問時に収集した資料等に基づく。

3) 比較教育学研究への貢献：特定の地域の教育的事象の解明をめざして

特定の国や地域の教授・学習の営みを研究対象とする場合、あらかじめ何

のための事例なのか、何を一般化するための事例なのかを明確にすることが
強く求められる場合がある。これは、フィールドを既存理論の検証の場とす
る見方である。しかし、一つの教育的事象を丁寧に詳細に記述していく作業
は、これまで「常識」と考えられていた視点では捉え切れない実態を、明ら
かにしていく作業でもある。

　「既存理論の修正可能性をさぐるという曖昧さをあえて斥けること、非西
洋であれ、西洋であれ、予見を差し挟まずにフィールドが発するものを感得
することを徹頭徹尾行うこと」（大塚 2005: 260-261）は、ひとつの地域における
教授・学習の営みを解明する上で欠かせないと考える。その際、大塚の指摘
する「フィールドが発するものを感得すること」を実践するためには、馬越
（1993: 24, 2007: 52）が「地域研究における「現在」とは、蓄積された時間の総体
であることを考えれば、歴史的アプローチの重要性は言うまでもない」と指
摘しているように、それぞれの教育的事象に直接・間接的に関わる歴史的背
景の解明は、さまざまな国や地域の比較を通して教育の課題を探求する比較
教育学研究の充実にもつながるといえる。

　西野（2011: 135）は、事例研究は理論研究と比較すると、単なる事例の記述
にとどまり、理論的枠組みがなく比較を行っていないといった批判がなされ
てきたことを認めつつも、「一般化・理論化へのこうした圧力が逆に比較教
育学研究を脆弱なものにしてきたのではないかとも思う」とし、「性急な一
般化あるいは形式的で表層的な比較に走らず、記述の質を高め、差異の丁寧
な分析を蓄積していくことが肝要なのではないか」と述べている。

　本書は、インドネシアにおけるプンガジアン・クルアーンの組織化の実態
を表層的な比較を通した理論化や、一般化をすることを目指すものではない。
むしろ、西野が指摘する「差異の丁寧な分析を蓄積」することに貢献するこ
とで、比較教育学研究の深化を目指し、インドネシアのイスラーム教育研究
の充実に寄与しようとするものである。本書では、ジョグジャカルタで創案
された『イクロ』が、BKPRMI によるクルアーン幼稚園をはじめとするクル
アーン学習施設で活用されることで全国的に普及した経緯から、インドネシ

アのプンガジアン・クルアーンの組織化の実態を明らかにすることを試みる。

第5節　本書の構成

　本書は、序章と終章を含めて合計9つの章から構成される。

　第Ⅰ部「ジョグジャカルタにおけるイスラーム教育の改革」（第1章、第2章）、第Ⅱ部「クルアーン読誦学習テキスト『イクロ』創案の経緯」（第3章、第4章）、第Ⅲ部「プンガジアン・クルアーンの標準モデル構築とその経緯」（第5章、第6章、第7章）の三部構成になっている。

　本書の前半（第Ⅰ部と第Ⅱ部）は、ジョグジャカルタにおいてクルアーン読誦学習の方法改善が『イクロ』創案によって行われ、それに伴い、従来からのプンガジアン・クルアーンの組織化が試みられたことを論じる。後半（第Ⅲ部）は、プンガジアン・クルアーンの組織化は、ジョグジャカルタでの展開にとどまらず、1990年代以降、全国規模へと展開した際、バンドンで結成されたBKPRMIがイニシアティブをとり、都市部の学生たちが重要な役割を担ったことを明らかにする。また、従来のプンガジアン・クルアーンが組織化され、クルアーン学習施設における学習指導と運営の標準モデルが構築されたことの意義を考察する。

　第1章では、ジョグジャカルタにおけるイスラーム教育の改革について、ムハマディヤー学校とプサントレン・クラピヤの改革について論じる。これらは、『イクロ』創案者のアスアド・フマムが学んだ教育機関である。ここでは、主として20世紀初頭の植民地時代から独立後の1960年代の時期にみられた展開を概観する。続く第2章では、まずプリブミ（土着の人々）主体の高等教育機関が、独立宣言後、ジョグジャカルタで最初に創設されたことについて考察する。その過程で大学生が集うモスクが1950年代に創設され、1950年代〜60年代のジョグジャカルタにおいては、一つのモスクでの活動に、複数の大学の学生が従事する環境が整えられていたことについて論じる。

　第Ⅱ部では、クルアーン読誦学習テキスト『イクロ』が、ジョグジャカル

タで創案された経緯とその意義を考察する。第3章では、ジョグジャカルタ
で1980年代に『イクロ』が創案された背景とプロセスにおいて、1950年代か
ら60年代生まれの若者たちの関与があったことを明らかにする。続く第4
章では、『イクロ』の内容や指導方法に見られる特色について、『キロアティ』
との比較を通して明らかにし、ジョグジャカルタにおいて『イクロ』が創案
されたことの意義を考察する。

　1980年代のジョグジャカルタにおいて、アスアド・フマムが『イクロ』を
創案し、『イクロ』を活用するクルアーン幼稚園などを通して、プンガジア
ン・クルアーンを組織的に営むことが試みられた。1990年代には、それを
全国規模で普及する試みが、BKPRMIによって展開された。第Ⅲ部では、『イ
クロ』がBKPRMIによるクルアーン学習施設の普及とともに全国に知られて
いく経緯を明らかにする。第5章では、BKPRMIが、1977年にバンドンで
結成された社会・政治的背景とともに、全国に『イクロ』を用いるクルアー
ン学習施設が普及された経緯を、主として1980年代〜1990年代の当時の政
治・社会情勢との関係から明らかにする。第6章では、BKPRMIが結成され
たバンドン市において、学生らが主体となってクルアーン学習施設を開設し
ていく経緯を明らかにする。続く第7章では、BKPRMIによるクルアーン幼
稚園／クルアーン児童教室の学習指導や運営の標準モデルの特質を明らかに
し、クルアーン学習施設の普及によって旧来のプンガジアン・クルアーンが
変容したことについて考察する。

注

1　その後インドネシア社会において、子どものためのクルアーン学習は、TKAや
　TPAなどのクルアーン学習施設だけでなく、フォーマル教育に位置付けられる
　イスラーム幼稚園（RA）やその他の学習の場で行われるようになり、子どものク
　ルアーン学習が、TKAやTPAと称される場以外でも実施されている。

2　宗教省（Direktorat Jenderal Pendidikan Islam, Kementerian Agam RI（2012: 189））では、
　クルアーン学習施設のクルアーンを意味するQur'anの"Q"をとって、クルアー
　ン幼稚園はTKQ、クルアーン児童教室はTPQと表記し、BKPRMIによる表記の

仕方とは異なっている。

3 Badan Pusat Statistik, Angka Partisipasi Murni（APM）menurut Provinsi, 2011-2019（最終閲覧日 2021 年 7 月 13 日）

4 政府が提供する学校教育制度のなかでのイスラームに関する学習の研究には、金井（2014）によるシンガポールの中学校における宗教理解学習を対象とした研究や、三原（2009）によるベルギーとオランダにおける公教育とイスラーム教育の状況に関する比較研究などがある。また、伝統的なムスリムのコミュニティにおける教育的役割の変化については、ウズベキスタンにおけるマハッラという地域コミュニティを対象とした研究（河野 2010）がある。

5 インドネシアの公認宗教は、イスラーム、カトリック、プロテスタント、ヒンドゥー教、仏教、儒教（2000 年以降）の 6 つとされている。

6 1920 年に創設されたバンドンの工科学校は、独立後にオランダにより再開され、1945 年にはインドネシア大学工学部と位置付けられた。1958 年にはインドネシア大学の一学部ではなく、単独の工科大学となり（Thomas 1973: 21）、1959 年に正式にバンドン工科大学となった（バンドン工科大学ウェブサイト内の大学史、最終閲覧日 2021 年 7 月 13 日）。

第Ⅰ部

ジョグジャカルタにおける
イスラーム教育の改革

第1章　20世紀以降のイスラーム学習の伝統と改革

　インドネシアに近代的な学校制度が導入されたのは、オランダ植民地期以降のことである。当初はオランダ人子弟のための学校が主流だったが、しだいに現地の貴族層の子弟のための学校が創られ、20世紀以降は、蘭領東インドの各地で、村落学校などを通して大衆教育が行われるようになった（戸田 1976: 71-77）。

　本章では、ジョグジャカルタにおいて、プリブミが主体となって創設した学校設立の経緯と（第1節）、伝統的なイスラーム学習を主として提供するプサントレンが、20世紀半ば以降、近代的な要素を教育に取り入れてきたことを明らかにする（第2節）。第3節の小括では、ジョグジャカルタのプリブミによる教育改革の試みを考察する。

第1節　ジョグジャカルタにおける近代学校教育の展開

1) オランダ人およびプリブミによる学校の開設

1―オランダ人による学校の開設

　現在のジョグジャカルタ市およびその周辺の地域には、かつてのイスラーム王国である新マタラム王国の王宮（クラトン）が設立された場所がある。新マタラム王国は、コタグデ（Kotagede）やカルタ（karta）、プレレッド（preled）など、ジョグジャカルタ市の中心から10キロ以内の場所を王都としてきた。しかし、王位継承をめぐる内乱が起こった際、オランダ東インド会社が仲裁に入

り、1755 年、オランダ植民地政府とマンクブミ（後のスルタン・ハメンクブウォ
ノ 1 世）との間でギヤンティ条約が締結された。これにより、マタラム王国
は分裂し、スラカルタ王家とジョグジャカルタ王家が創設され、それぞれが
王位を継承してきた（Purwadi 2008: 38-39 や Surjomiardjo 2008: 19-20 など）。最終的
にはスラカルタはススフナン王家とマンクヌガラ王家、ジョグジャカルタは、
スルタン王家とパクアラム王家に分けられた（Soemardjan 1981: 13-15）。王家は、
常にオランダによる監視下に置かれ、政治的な権限ははく奪されていった。
このように、ジョグジャカルタの町は、創設当初からオランダとの関わりが
あったため、ジョグジャカルタの北部には、オランダ人が居住し、20 世紀
初頭には西洋式の近代学校が次々と創設されていった。

　20 世紀に入ると、オランダ政府による村落学校や第 2 級学校[1]、連鎖学
校[2] などの庶民に開かれた学校が開設されていくとともに、キリスト教系の
団体が運営する私立学校も数多く開設されていった。スコラ・フレーベル（フ
レーベル学校）として幼稚園も開設されていた[3]。オランダ人が主体となって
創設された学校は、ジョグジャカルタの北側のエリアに多かった。例えばジェ
ティス（Jetis）地区の現在のジョグジャカルタ国立第 2 職業高校は、20 世紀初
頭に創設された学校を前身とする[4]。また、コタ・バル（Kota Baru）地区付近
にある現在のジョグジャカルタ国立第 3 一般高校（SMAN3Yogyakarta）は、20 世
紀初頭に創設された学校を前身とする[5]。

2―プリブミによる学校の開設

　上述したように、オランダ植民地政府の関与を通して生まれたジョグ
ジャカルタにおいては、王家の人々の教育への関心は高く、19 世紀後半の
ジョグジャカルタには、パクアラム王家の領域に私立学校が 1 校あり、また、
1890 年にはジョグジャカルタの王宮内のブンドポ（屋根だけを設けた開放的な
謁見の場）に、スルタン（王）が学校を創設した。貴族だけでなく、アブディ・
ダラムという王家に仕える人々に開かれた学校も開設されていたという（Sur-
jomihardjo 2008: 67-68）。

その後、1920年代から30年代のジョグジャカルタ王侯領では、オランダ
植民地政府だけでなく、さまざまな民間団体が学校を創設し始めた。アブ
ドゥルラフマン・スルヨミハルジョは、1924年のジョグジャカルタ市の統
計に基づき、当時の学校数について指摘している。70校の学校のうち、政
府立の学校が30校、カトリック系の学校が7校、プロテスタント系の学校
が9校、中立学校 (Sekolah Netral) が9校であった。他方で、プリブミのエリー
トらによる学校も複数存在した。プリブミのエリートたちとは、当時オラン
ダ政府が創設した学校のうち、オランダ語を教授言語とする学校で学ぶ機会
に恵まれた少数の現地人である。現地語の学校が初等教育レベルまでしか整
備されていなかった時期に、オランダ語を教授言語とする学校は、高等教育
レベルまで整備されていた。そのような教育の機会を与えられていた彼らが
ブディ・ウトモというプリブミのエリートらによる組織を結成し、その後、
近代的な学校を設立していった。そのブディ・ウトモが開設した中立学校
が、1924年当時、ジョグジャカルタに2校開設されていた。その他、タマ
ン・シスワ (Taman Siswa) 学校が1校、ムハマディヤー学校が6校、ムハマディ
ヤー以外のイスラーム系学校が3校、その他華人学校が2校あったとされる
(Surjomihardjo 2008: 75)。

　パクアラム王家は、西洋式の学校の開設に積極的であり (Surjomihardjo 2008:
79)、中立的な学校の開設を支持した人物としてスワルディ・スルヤニング
ラット (後に初代文部大臣となるキ・ハジャル・デワンタラ) は有名である。彼
は、1922年にタマン・シスワを開設し、その発展に寄与した。スワルディは、
オランダ式の学校で学び、その後蘭領東インドの首都バタビア (現ジャカルタ)
に開設された医学校で学んだ。植民地政府の体制への不満を募らせ、民族主
義の立場から教育の普及とその充実を目指した人物だった。タマン・シスワ
は、「生徒の園」を意味し、植民地政府が設立した学校と同様に、一般科目
を教授する学校を開設した。ジョグジャカルタに限らず、各地において民族
のための学校の設立を求める動きに影響を与えた。1922年にジョグジャカ
ルタで開校された後、タマン・シスワ学校は各地で開設された。土屋 (1982:

199) によると、1930 年にはジャワ、スマトラ、その他の地域に 52 校開設された[6]。

　このように 20 世紀初頭のジョグジャカルタでは、植民地政府やヨーロッパ人らによる学校だけでなく、プリブミらが運営する学校も開設されることで、近代的な学校教育の機会が提供されつつあった。

2) イスラーム組織ムハマディヤーによる近代的な学校の開設

　イスラーム組織による近代的な学校は、20 世紀初頭から開設され始めた。1912 年、ジョグジャカルタでは、アフマド・ダハランという人物が、改革派イスラーム組織ムハマディヤーを結成した。ムハマディヤーは、クルアーンとハディース (預言者ムハンマドの言行録) への原典回帰を主張しながらも、近代の要素を積極的に取り入れた。オランダの植民地支配を受けていたジャワにおいてジョグジャカルタを拠点とし、現地民のための近代的な学校や病院の設立を各地で進めた組織である。アフマド・ダハランが最も重視したのは、教育と社会福祉であり、多くのムハマディヤー学校や病院等を開設した。

1—アフマド・ダハランの学習歴

　アフマド・ダハランは、ジョグジャカルタ王家のプンフル (宗教官吏) の末裔である。祖父はモスクの宗教導師 (ホティブ khotib) であり、母親はプンフルの娘であった (Ahmad Adaby Darban 2000: 30-31, 133, Deliar Noer 1980: 85)。1868 年にジョグジャカルタで生まれ、幼少の頃の名はモハマド・ダルウィス (Mohammad Darwis) だった。19 世紀末から 20 世紀初めにメッカに赴く機会に恵まれ、巡礼の行に加えて、イスラームの諸学を学ぶ機会を得た[7]。それを機に、ムハマド・アブドゥのようなエジプトのイスラーム改革主義者らの書物に触れ、それらによる多大な影響を受けたひとりだった。ジョグジャカルタに戻った後もそれらの書物についてランガル (小規模礼拝所) で学ぶ生徒たちに教え伝えた。エジプトで発行された雑誌アル・マナール (Al-Manar) を通じて、イスラームの改革に関する理想を追求した。当時、イスラーム改革思想に関す

るさまざまな雑誌が、蘭領東インドに持ち込まれた。その内容は、タウヒード（アッラーの唯一性）、イバダー（信仰実践）、ムアマラー（行動規範）、さらにイスラームの教えに対する解釈など多岐にわたるものであり、クルアーンとハディースに立ち返って、新たな法解釈を求めることが重要であることが説かれた。アフマド・ダハランも、クルアーンとスンナ（預言者ムハンマドの慣行）に立ち返ることを主張した（Ahmad Adaby Darban 2000: 30-33）。その際、当時のジャワが置かれた状況、すなわち、オランダによって近代的な諸制度が導入されていく状況に柔軟に対応し、西洋式の学校制度を積極的に取り入れていくことで、後述する近代的なイスラーム学校を開設していった。こうした改革派思想に対する反発は少なくなかった。ジャワにおいて伝統的にプサントレンを運営してきたキヤイらのなかには、改革派思想を受け入れず、伝統的な法解釈の立場を主張する者は多かった。ムハマディヤーが1912年に結成された後、それに対抗するようにウラマーらは、ナフダトゥル・ウラマー（「ウラマーたちの覚醒」の意）を結成し、伝統派を重んじるウラマーらの結束を図った。

　アフマド・ダハランは、中部ジャワのスマランのプサントレン・サレ・ダラット（Pesantren Saleh Darat）に寄宿するサントリ（santri, 生徒）として学んだ経験もある。このプサントレンでは、イルム・ヒサブ（Ilmu Hisab 算術）について学んだとされるが、この時、同室で生活を共にした者のなかには、上述した伝統派のナフダトゥル・ウラマーを結成したハシム・アシュアリー（K.H.Hasjm Asy'ari）も含まれた（Ahmad Adaby Darban 2000: 133）という。さまざまな宗教書を学んだアフマド・ダハランは、メッカで学んだイスラーム改革派の立場から、ジャワのイスラームの在り方を改革することに努めた。

　ムハマディヤーを結成する以前、アフマド・ダハランが、ブディ・ウトモの活動に関わっていた経験は、後にムハマディヤーを結成し、活動を展開していったことと大きく関係している。ブディ・ウトモとは、1908年にジョグジャカルタで、貴族層の若者たちによって結成された組織だった。バタヴィアの医師養成学校（STOVIA）の学生たちを中心に結成され、プリブミの若者の教育の機会の向上を目指した団体だった（永積 1980: 99-134、土屋 1994: 94）。

アフマド・ダハランは、一時期、このブディ・ウトモのメンバーのための宗
教指導を担当していたことがあった。また、ジョグジャカルタ市内のジェ
ティスの貴族のための学校（師範学校：Sekolah Radja（Sekolah Guru /Kweekschool））
や、マグランの原住民官吏養成学校（OSVIA（Sekolah Pamong Praja））などの近代
的な学校における生徒の宗教指導を担当したこともあった。こうした学校で
教えた経験を糧として、アフマド・ダハランは、自らプサントレンを開設し
た。そこでの教育は、イスラームの宗教に関する知識だけでなく、一般科目
の教育も提供することを試みるものだった。プサントレンでの一般科目の指
導には、アフマド・ダハランが宗教指導を行った上記の師範学校の生徒たち
が、担当することもあった。師範学校の生徒たちの提案によって、アフマド・
ダハランは、宗教だけでなく一般の知識についての教育を提供していく組織
の結成を検討するようになったという（Ahmad Adaby Darban 2000: 33）。

　アフマド・ダハランによる改革派の思想は、当初、宮廷に務める宗教官吏
たちから難色を示されることがあった。しかし、都市部の富裕層を中心に受
け入れられていった。また改革派の思想は、婚姻を通して、伝統的な慣習
が根強い地域に普及させることも重要だった。アフマド・ダハランは、1888
年には、プンフルを務めたファジル（K.H.M.Fadzil）の娘と結婚しているが、メッ
カから帰国後、複数の女性を妻として迎えた。後述するプサントレン・クラ
ピヤの創設者ムナウィールの妹を妻としたほか、チアンジュールやプカロン
ガンなど、ジョグジャカルタの外の地域のプンフルの娘とも婚姻関係を結ん
だ（Ahmad Adaby Darban 2000: 134）[8]。

2―ムハマディヤー学校の展開

　1912 年、アフマド・ダハランは、改革派組織ムハマディヤーを結成し、
教育や社会福祉の問題に取り組んだ。この組織は、預言者ムハンマドの教え
を広めていくことを目指し、教育機関や医療施設などの設立に加え、モスク
の建設、書籍や雑誌類等の出版などを進めた（例えば Deliar Noer 1980: 86 など）。

　教育に関しては、ムスリムのための近代学校の建設を進め、宗教科目を中

心に提供するマドラサだけでなく、当時のオランダ政府による学校制度を意
識し、近代的な学校を設立した。1918 年、宗教科目とともに若干の一般科
目を提供する学校アル・キスムル・アルコ (Al-Qismul Arqo) が設立され、これ
が後のムハマディヤー男子および女子イスラーム師範学校 (Madrasah Mu'allimin
dan Mu'allimat Muhammadiyah) となった (Ahmad Adaby Darban 2000: 86)。1924 年、ム
ハマディヤー女性部のアイシヤ (Aisyiyah) が幼稚園を正式に開設し、生徒が
「遊びながら学ぶ (belajar sambil bermain)」ことを教育方法として採用した。当
時、ヨーロッパ式の幼稚園としてフレーベル学校がすでにジョグジャカル
タに開設されていた (Forum PADU 2004: 85-86)。フレーベルによる遊びを通
した成長を促す幼児教育は、ムハマディヤー幼稚園でも大切にされてきた
(Forum PADU 2004: 85-88)。1926 年には、初等教育レベルのムハマディヤー・
オランダ語原住民学校 (HIS Muhammadiyah) と、中等学校レベルのムハマディ
ヤー・普通中学校 (MULO : Meer Uitgebreid Lager Onderwijs Muhammadiyah) を設立し
た (Ahmad Adaby Darban 2000: 86)[9]。HIS や MULO は、当時オランダ政府が設立
した、宗主国の言語であるオランダ語で学ぶ学校のことである。HIS は、初
等教育レベルの学校であり、MULO は、中学校レベルの学校として、現地
民に開かれた学校だった。このように、ムハマディヤー学校の名称に、HIS
や MULO が含まれたものがあったことからは、ムハマディヤーは、オラン
ダ語を教授言語とする現地民のための学校と同等のレベルの教育を、プリブ
ミのムスリムに提供しようとしていたことが読み取れる。

　独立後、1950 年代後半になると、ジョグジャカルタやその近隣に限らず、
ムハマディヤーは、全国に学校を設立していった。マフムド・ユヌスによると、
1957 年のムハマディヤーの教育施設の種類とその数は次の通りである。イ
スラーム学校 (マドラサ) は 682 校、一般系統の学校は 877 校であり、合計す
ると 1559 校のムハマディヤー系の学校がインドネシア全国に設立されてい
たという (Mahmud Yunus 1960 (1996) : 270)。ここでの一般系の学校には、教員養
成系の高等教育機関 (Perguruan Tinggi Pendidikan Guru) が含まれている。1970 年
代には、ムハマディヤー教員養成大学となり、その後 1990 年代にアフマド・

ダハラン大学となった[10]。また1980年代以降、ムハマディヤー大学も創設され、その後、ジョグジャカルタに限らず全国各地に創設されていった。

3) まとめ：自らの発展のための教育改革へ

ジョグジャカルタの町では、オランダによる近代学校が開設されていく19世紀後半から20世紀にかけて、プリブミによる近代学校の開設も進められてきたことを明らかにした。

スワルディ・スルヤニングラットのように民族主義の立場から学校の開設を進めた展開だけでなく、イスラーム改革組織による近代学校の開設もジョグジャカルタから展開された。ムハマディヤーの創設者アフマド・ダハランは、ジャワの伝統的な学習機関であるプサントレンで学んだうえで、19世紀後半にはメッカへの留学を果たし、その経験を生かすことに努めた。すなわち、イスラーム改革派思想に基づいて、近代的な新しい教育のシステムや方法を積極的に取り入れた学校を、ジョグジャカルタを中心に開設していった。それは、宗主国オランダによる学校システムを否定するのではなく、むしろ積極的に取り入れながら、プリブミであるムスリムのための独自の学校建設を進めていく方向にむかった。

第2節　ジョグジャカルタにおけるイスラーム学習の伝統とその改革

1) クルアーン暗誦を専門とするプサントレン・クラピヤの創設

1―ムナウィールによるプサントレン創設

20世紀初頭のジョグジャカルタでは、近代的な学校の開設に限らず、イスラームの知識や学問を深める場として、プサントレンも創設された。それが、プサントレン・アルムナウィール・クラピヤ（Pesantren Al Munawwir Krapyak:以下プサントレン・クラピヤと記す）だった。このプサントレンは、ジョグジャカルタの王宮都市エリア（第2章参照）内の王宮を囲む城砦の南側にあるパングン・クラピヤの南方に創設された。改革思想の影響を多大に受けたムハマ

ディヤーに対し、ウラマーの知識や経験、イスラーム法学の伝統を重視する立場を主張したナフダトゥル・ウラマーの系統のプサントレンと位置付けることができる。

　1910年の創設以来、クルアーンの暗誦学の教授や学習が重点的に行われたこのプサントレンに、ジャワのさまざまな地域からサントリが集まった[11]。創設者ムナウィール (K.H.M.Munawwir) は、ジャワで複数のプサントレンを遍歴した後メッカに渡り、21年間イスラームの学問に励んだ (西野 1990: 203)。メッカにしばらく滞在した後メディナに移動し、クルアーンの読誦に関する学習の機会を得たという。クルアーンを40日間休むことなく読み続け、神に念じ続けたという言い伝えもある (西野 1990: 205)。

　ムナウィールの祖父ハサン・バソリ (K.H.Hasan Bashori) はジャワ戦争 (1825-1830年) でディポネゴロ王子とともにオランダ軍と闘った経験がある。また、父親のアブドゥルラー・ロシャド (Abdullah Rosyad) はクルアーンの暗誦者であり、クルアーンの読誦や暗誦教育の充実を図ることに情熱を傾けた人物だったとされる。その息子で、クルアーン暗誦者だったムナウィールは、非常に尊敬された人物であり、ジョグジャカルタの王宮の西側の大モスク付近に広がるカウマン地区で指導していた時期がある。しかし土地が狭く、プサントレンに適さない環境だったため、西ジャワの権威あるキヤイの計らいで、パングン・クラピヤの南方のクラピヤ地区の土地を購入しプサントレンの開設を実現した (西野 1990: 204-205)。

　ムナウィールは、クルアーン暗誦をプサントレンにおける学習の中心に据え、フィクフ (法学) やタフシール (クルアーンの注釈) などのキタブ (イスラームの教義書や注釈書) 学習は、プサントレンで学ぶサントリに任せていた (西野 1990: 205-207)。他方、サントリたちには、キヤイとともに集団礼拝を行うことと、ムナウィールの父アブドゥルラー・ロシャドの墓参り (ジアラー) を行うことを求めた。しかし、改革派イスラーム組織ムハマディヤーの活動への参加は、サントリに対する禁止事項と位置づけていた (西野 1990: 208)。

　プサントレン・クラピヤでムナウィールに師事した者のなかには、後にプ

サントレンを開設し、ムナウィールと同様にクルアーンの朗誦や暗誦の学習を広めることに貢献した人物も数多い。そのなかでも、中部ジャワのクドゥスでプサントレンを開設したアルワニ・アミン（K.H.Arwani Amin）は名高い（西野 2007: 179）。アルワニ・アミンやその家族は、クルアーン暗誦ポンドックを開設し、学齢期の子どもを対象として、クルアーンの暗誦を指導するプサントレンを創設した。このプサントレンは、全国からサントリを集めるようになった有名なプサントレンの一つである（西野 2007: 184-193）。また、クルアーン読誦学習テキストのひとつである『キロアティ』の創案者ダハラン・サリム・ザルカシ（Dachlan Salim Zarkasyi）が師事したスマランのトゥルムジ（K.H. Turmudzi Taslim Al Hafizh）が学んだプサントレンにも、このプサントレン・クラピヤが含まれている（第4章参照）。

2—ムナウィール時代のプサントレン・クラピヤにおける学習

　創設者ムナウィールがキヤイを務めていた時期は、クルアーンの朗誦と暗誦の学習がプサントレンにおける学習の中心を占め、クルアーンの解釈などのイスラームの教義に関するキタブの学習は補助的な学習に過ぎなかった。

　クルアーン読誦の学習の順序は明確に定められ、クルアーンの第1章（開端：アル・ファーティハ）の後、ジュズ・アムマという、クルアーン全30巻の最後の巻の章句を学習した後、第2章（雌牛：アル・バカラ）、その後、第3章の学習へと進んだ[12]。また、暗誦学習に進む場合は、クルアーンの第1章から第5章まで学び、上手に朗誦できるようにならなければ、参加できなかったという（西野 1990: 206）。

　基礎的なクルアーンの学習においてクルアーン読誦学習を修了した者を対象としたクルアーン修了式が、年に2回（ムハッラム月（ヒジュラ暦1月）とシャーバーン月（ヒジュラ暦8月））行われ、『ジュズ・アムマ』の学習修了者による第93章（朝：アッ・ドハー）から第114章（人々：アン・ナース）までの読誦や、クルアーン全巻の修了者による他の章の朗誦、キロア・サブア（Qur'oah Sab'ah, 朗誦）の修了者による朗誦、ムナウィールによる読誦とドゥア（祈り）が行われた。こ

うしたクルアーン修了式は、生徒の親や各地のイスラーム学識者とともに、役人等が招待されることが一般的だったという（西野 1990: 206）。

　他方、キタブ学習も行われたが、体系的に整備されたものではなかった。また、ムナウィールが自ら積極的に指導するのではなく、特定のキタブをすでに修めたサントリが、クラピヤに寄宿して学ぶようになると、そのサントリにキタブの指導が任されていた。キタブ学習の伝統のある東部ジャワのジョンバン出身のサントリらが教えていたこともあったという（西野 1990: 207）。

2）アリ・マッスムによるプサントレン・クラピヤの改革
1—アリ・マッスムの経験と学識

　プサントレン・クラピヤは、ジャワの社会変化に対応する形でプサントレンの教育を改革し、必要に応じて従来からのプサントレンでのイスラーム学習を組織化した。そうした展開に重要な役割を果たしたのが、ムナウィールの娘婿のアリ・マッスムだった。

　アリ・マッスムは、伝統的なプサントレンでの学習と近代的な教育の両方に触れるなかで知識を修得した人物だった。西野（2010: 109-127）によると、アリ・マッスムは、1915 年にジャワのレンバン県ラセムのプサントレン・アルヒダヤー（Pesantren Al Hidayah）のキヤイ・マッスムの子として生まれた。父のマッスムは、プサントレン・アルヒダヤーの創設者であり、ナフダトゥル・ウラマーの各地の支部の発展に努めた人物だった。中・東部ジャワのプサントレンを遍歴した後に、ラセムに戻り、プサントレンを創設したという。息子のアリ・マッスムは、父が営むプサントレンで学んだ後、12 歳の時に東部ジャワ南海岸のパチタンにあるプサントレン・トルマス（Pesantren Termas）に移動し、約 10 年間ここで学んだという。キヤイ・マッスムの息子であることから、他のサントリとは異なる特別待遇を受け、当時のキヤイの住まいに、自らの部屋を与えられていたという。他のサントリと同様にキタブ学習に参加していたが、上級生として下級生を教えることに熱心であり、滞在し

ていたプサントレンのキヤイの息子にもキタブの読み方や解釈についての指導を行った。そのため、プサントレン内では、下級生の指導を任されるほどだったという。また、ムハマド・アブドゥやラシード・リダーらによる改革派思想の著作を読み、幅広い学識を備えていたという（西野 2010: 112-113）。プサントレン・トルマスでの勉学を終えて、ラセムに戻った後に結婚し、父のプサントレンを助けていた時期がある。しかし、義父のプサントレン・クラピヤの主宰者ムナウィールが 1942 年に死去し、その息子や娘の代で運営することになると、アリ・マッスムは、娘婿としてプサントレンの経営に関わるようになった（西野 1990: 210-212, 西野 2010: 114-115）。

2—アリ・マッスムの時代のプサントレン改革

プサントレン・クラピヤにおいて、創設者のムナウィールは、クルアーンの朗誦や暗誦を専門としていたため、それを学ぶために集まったサントリが多かった。ムナウィールの死後も、その息子たちは、クルアーン朗誦および暗誦学習を継承した。ムナウィールの時代と変わらず、以下のような個人指導とグループでの指導の二通りの指導が行われたという。グループ学習においては、1) 一人の生徒が一節、一章あるいは一巻の暗誦を命じられ、つかえると隣の人と交代し、これを繰り返してクルアーン全30巻を終えるまで続ける方式と、2) 一人の生徒がつかえるとキヤイが他のサントリを指名しなおし続けていく方式が実施された。キヤイが一つの節を読んだ後でサントリがその続きを暗誦させられたり、キヤイの読んだ一節が何の章の何項か、そして節の番号は何番かを尋ねられたりした。さらに、クルアーン 30 巻全て暗記し終えると、最後に 41 日間にわたってクルアーン全巻の暗誦を 41 回行ったという（西野 1990: 210-211）。

他方で、娘婿のアリ・マッスムは、1943 年以降、キタブ学習に力を入れ、とくにシャリーア（イスラーム法）とアラビア語の学習の強化を図り、それは後にプサントレンにおけるマドラサの設置にもつながった（西野 1990: 211-216, 西野 2010: 115）。

　キタブ学習では、基礎学習とともに、ソロガン方式（教師による生徒への個人指導）、講義形式（クリアー）による指導方法も導入した。ソロガンとは本来、教師による個人指導を意味するが、アリ・マッスムによるソロガンには、大勢のサントリが参加したという（西野 1990: 211-212）。サントリは、まずキヤイが指定するキタブを自主的に学習したり、仲間とともに学び、直接指導を受ける際には、アリ・マッスムがサントリが読むのを聞いて質問に答え、誤りを正した。このような学習を繰り返すことで、そのキタブの学習を終えると、さらに次のキタブへと進んだという。アリ・マッスムのこうした指導方法が継承され、キタブの学習指導を担う人材が増え、アリ・マッスムによるキタブ学習を助けるようになった（西野 1990：211-212）。

　こうしたアリ・マッスムによる学習内容の整備や、それに対応したサントリの段階やグループ分けが、プサントレン・クラピヤにおける学校化、すなわちマドラサ制度の導入へとつながった。プサントレン・クラピヤは、1946年にマドラサ・イブティダイヤー（Madrasah Ibtidaiyah, 初期段階のマドラサ）、1948年にマドラサ・サナウィヤー（Madrasah Tsanawiyah, 中級段階のマドラサ）、1955年にマドラサ・アリヤー（Madrasah Aliyah, 上級段階のマドラサ）を開設した。また、マドラサ・アリヤーを終えたサントリを対象として、宗教の専門性を身に着けることを目的とした特別コース（タハッスス：Takhassus）が置かれた（西野 1990: 212）。

　マドラサ・イブティダイヤーとは、現在のインドネシアでは、宗教科目だけでなく一般科目も学習する初等学校レベルのフォーマルなイスラーム学校（マドラサ）を意味する。しかし、当時のプサントレン・クラピヤにおけるマドラサ・イブティダイヤーは、小学校修了者を受け入れていたため、中等レベルのマドラサであったとされる（西野 1990: 2013-216, Mahmud Yunus 1960 (1996)：282）。

　西野（1990: 214-216）によれば、1950年代後半以降、マドラサでは、イブティダイヤーの段階から、宗教関連科目、アラビア語関連科目、その他の一般科目を設けていた。宗教関連科目では、クルアーンのタジュウィード（読誦の

規則）、タフシール（解釈）、フィクフ（イスラーム法）などを学んだという。さらに、イブティダイヤーに続くサナウィヤーのレベルになると、科目は増え、宗教関連科目には、ハディース学やウスル・フィクフ（法源論）なども含まれたという。

このように、キタブ学習は、学習内容に応じて、サントリのグループ分けを行い、マドラサ制度を発展させた。同時に、従来からのクルアーン暗誦学習も組織化が図られ、マドラサトゥル・フッファズ（Madrasahtul Huffadz）が設置されたという（西野 1990: 213）。このようなマドラサで、クルアーンの暗誦学習が組織的に行われるようになった。

1951年以降は、女子の教育のニーズにも応えるようになり、プサントレン内に女子サントリを対象とするマドラサも創設された。その後、国民教育制度に対応するようなプサントレン内の制度改革も進められ、一般科目もマドラサでの学習科目に多く含まれるようになった（西野 1990: 213, 227-231）。

3―大学生を受け入れるプサントレンへ

1945年にインドネシア共和国として独立宣言がなされると、その直後にオランダが再びジャカルタに戻り、再占領を試みた。そのため、翌年の1946年に、首都は中部ジャワのジョグジャカルタに移転され、それに伴い、ジョグジャカルタでは、プリブミのエリートら主体の高等教育機関の創設やジャカルタからの教育機関の移転などが相次いだ（第2章参照）。高等教育機関の急増に伴い、1950年代から60年代にかけて、ジョグジャカルタの町には、多くの学生たちが暮らすようになった。ジョグジャカルタに高等教育機関が創設されていくようになると、プサントレン・クラピヤでは、大学生のうち、プサントレンに寄宿してイスラームを学ぶことを希望する者も受け入れるようになった。西野（1990: 222）によれば、1982年当時、サントリ・ムキム（寄宿してプサントレンで学ぶサントリ）のうち、プサントレン内のマドラサ・サナウィヤーやマドラサ・アリヤーに入って学習していたサントリは185人だった。プサントレン内のマドラサには在籍せずに、クルアーンの朗誦や暗

誦の学習に専念したサントリが 251 人であり、そのうち、クルアーンの暗誦のみを目的とする者が44 人、プサントレン外の教育機関で学ぶ者は 97 人だった。これには、国立イスラーム宗教大学の学生や教員養成大学 (IKIP) の学生たちが含まれたという。

　ジョグジャカルタ市内の大学で学ぶ学生が、クルアーン朗誦・暗誦学習をするためにプサントレンで生活する例は、2000 年以降も続いている。近年のプサントレン・クラピヤは、男子部と女子部に分かれて運営されており、それぞれにサントリたちが滞在し、学習を行っている[13]。例えばウィディヤニンシー（Widyaningsih 2010: 77）によると、プサントレン・クラピヤの女子部（Komplek Q）の女子サントリ数は、2000 年以降 20 ～ 40 人程度で推移してきた。そのうち、プサントレン内でクルアーン朗誦・暗誦学習のみを行う女子サントリは若干名であり、プサントレンの外で、大学などでの教育を受けている女子サントリが大半を占めている。このように、プサントレン・クラピヤは、高等教育機関において一般知識を学ぶ学生たちに、イスラームの宗教を専門に学ぶ機会を提供してきた。

3) まとめ：プサントレン・クラピヤの伝統と改革

　以上のように、プサントレン・クラピヤの創設と発展の経緯からは、伝統的なクルアーン読誦や暗誦学習もまた、マドラサの開設を通して、近代的な学校システムを導入し、組織的な教授・学習が行われるようになったことが明らかとなった。また、独立後、ジョグジャカルタにおいて高等教育機関が創設されると、今度は、そうした教育機関に通う学生たちを受け入れながら、プサントレンを維持してきた。こうした経緯からは、プサントレン・クラピヤが、近代学校のシステムが普及していく社会の変化に柔軟に対応しながら、プサントレン内での教育の提供の仕方を改革してきたことがわかる。

第3節　小　括

　本章では、ジョグジャカルタにおいて、近代的な教育のシステムが20世紀初頭にオランダによって導入されたことに対し、プリブミらはそれらを拒絶せず、むしろ積極的に導入し、新しい時代に備えていたことを明らかにしてきた。

　イスラーム改革派思想の影響を受けたムハマディヤーは、ヨーロッパ式の学校制度を導入し、宗教科目とともに一般科目を提供する学校を開設した。他方、プサントレン・クラピヤにおいては、マドラサ制度を導入し、従来からのクルアーン読誦および暗誦学習やキタブ学習の組織化を図った。インドネシア独立後、ジョグジャカルタに高等教育機関が創設されると、プサントレンのサントリとして大学生らを受け入れ、彼らがプサントレンに寄宿しながら大学に通い、プサントレンではキタブ学習に励む機会を提供するようになった。

　このように20世紀初頭以降、プリブミたちは、西洋式の教育システムに一方的に翻弄されたわけではなかった。むしろ、現地で生まれ育ったプリブミ自らが主体となって、新しいシステムや内容を取り入れてきた。また、同時に、宗教の知識とともに、一般の知識も学ぶことができる環境を整えることも試みられた。

注

　1　オランダ植民地時代の学校制度のうち、現地民のための3年制の村落学校の修了者が進学可能な学校のこと。オランダ植民地政府は、オランダ語で教育を行う学校と現地民のための学校とを区別し、オランダ語で教育を行う学校を第1級学校とし、オランダ語を使用しない現地民のための学校を第2級学校として区別した。20世紀初頭のジャワにおいて、第2級学校は、村落学校と第1級学校の中間に位置する、特に都市部の現地人のための学校だった（戸田 1976: 68-74、服部 2001: 56）。

　2　オランダ植民地時代の学校制度下で、現地民のための3年制の村落学校の修了

者が進学可能な学校のひとつ。

3　ジョグジャカルタのフレーベル学校には、スルタン・ハメンクブウォノ9世が通っていた（Seno Joko Suyono et al. 2015: 36）。

4　ジョグジャカルタ国立第2職業高校のウェブサイト（最終閲覧日2021年6月30日）、第2章の図2-2も参照のこと。

5　ジョグジャカルタ第3一般高校ウェブサイト（最終閲覧日2021年6月30日）。

6　さらにインドネシアの独立後、1955年以降は、高等教育機関の創設にも取り組んできた。サルジャナウィヤタ・タマンシスワ大学ウェブサイト（最終閲覧日2021年7月30日）によると、1955年以降、高等教育機関の創設に向けて、まずタマン・プラサルジャナ（Taman PraSarjana）が創設され、言語学：Bagian Bahasa（ジャワ語、インドネシア語）、社会学：Bagian Sosial（地理・歴史）、自然科学：Bagian Alam Pasti（ilmu alam pasti）のコースが開設され、発展し、1983年からサルジャナウィヤタ・タマンシスワ大学として、教育学部、経済学部、農学部、心理学部、工学部を開設した。

7　1890年、24歳の頃にアフマド・ダハランはメッカ巡礼の機会を得て、1年間メッカで学び、その後1903年に再びメッカにおいて2年間過ごしたという（Surjomihardjo 2008: 90）。

8　Nakamura（1977: 5）によれば、ダハランはアブドゥル・カハール・ムザッキル（インドネシア・イスラーム大学UIIの初代学長、第2章参照）の母方の親戚と婚姻関係を結んだ時期もあったという。

9　アブドゥルラフマン・スルヨミハルヨ（Abdurrachman Surjomihardjo）は、1924年末の統計データや1923年9月7日付けの日刊紙ジャワ・ポスト（Jawa Post）のデータをもとに、当時のジョグジャカルタ市に限ってみると、ムハマディヤーは、1校の教員養成校（Kweekschool）およびHIS、さらに、第2級学校を3ヵ所に開設していたことを示している。また教師数は40人、生徒数は974人であったことも記している（Surjomihardjo 2008: 91）。

10　アフマド・ダハラン大学のウェブサイト（最終閲覧日2021年7月6日）を参照。

11　プサントレン・クラピヤは、クルアーン暗誦学習を専門とする名高いプサントレンとして紹介されている（Lembaga Pengembangan Tilawwatil Qur'an Tingkat Nasional 1994: 102-103）。

12　クルアーンは114章あり、全部で30巻ある。しかし、各巻には、短い複数の章が含まれる場合や、ある章から章の途中までが一つの巻にまとめられているものもある。例えば節が286節もある第2章の雌牛章は、前半部分は、第1章

の章句とともに第 1 巻に含まれ、中間部だけで第 2 巻が構成され、後半の節は、
第 3 巻の前半部分に含まれている。他方、短い章句からなる第 30 巻は、第 78 章
（消息）から 114 章（人々）までと、複数の章から成る（小杉 2009: 章の一覧表 1-3）。
基礎学習としては、第 93 章から第 114 章までの学習を主として行う。

13　プサントレン・クラピヤのウェブサイト（最終閲覧日 2021 年 6 月 30 日）

第2章　独立後のジョグジャカルタにおける
モスク創設と学生

　本章は、ジョグジャカルタにおいて、学生たちが、モスクで活動するようになった経緯を、インドネシアにおける独立後の高等教育機関の創設との関係から明らかにしていく。

　まず第1節では、ジョグジャカルタの町の歴史を整理し、第2節において、独立後のジョグジャカルタにおける高等教育機関の創設と国家との関わりを明らかにする。続く第3節では、1950年代から1960年代において、ジョグジャカルタにおける大学とシュハダ・モスクの関わりについて明らかにし、第4節の小括では、独立直後のジョグジャカルタにおけるプリブミによる高等教育機関の創設とモスクの関係について論じる。

第1節　ジョグジャカルタの町の歴史的背景

　第1章で述べたように、ジョグジャカルタやその周辺を拠点としたマタラム王国は、18世紀後半、王位継承をめぐる問題が生じた際、蘭領東インドの仲裁により、ジョグジャカルタとスラカルタに分裂して王位を継承してきた。これを機に、オランダの監視のもとで、マンクブミ王により、王宮を中心とするジョグジャカルタの町が創られた。そのため、ジョグジャカルタの町の構造は、王宮都市と植民都市の両方の要素を併せ持っている (鳴海1993: 111-115, 133-135)。以下では、まず、王宮都市の特徴をもつエリアを「王宮都市エリア」、植民都市の特徴をもつエリアを「植民都市エリア」とし、それぞ

れの特徴を整理したうえで、1946年〜49年まで首都となったジョグジャカルタの社会・政治的意味を考察する。

1) ジョグジャカルタの町の構造

1―王宮都市エリアの建造物

1755年、オランダの仲裁を経て、ジョグジャカルタの町が創設された際、マンクブミ王が二本の川に挟まれた森を切り開いて王宮を建設したとされる。50頁の図2-2に示すように、町の北側にはトゥグ（白い塔）、南側にはパングン・クラピャック（四角いステージのような建物）が設けられ、その中心に王宮がある。北のトゥグは、ジョグジャカルタの北側に位置するムラピ山と王宮を結ぶ役割を担い、南のパングン・クラピャックは南方にある海の女神がもつ超自然的な力と王宮とを結ぶシンボルとされている。これら二つのシンボルを結び、その中央に王宮を位置づけることで、大いなる自然の力と王の力とを並列させようとしたとされる (鳴海 1993: 136)。

中心である王宮を取り囲む城砦の内側には、王宮の北側にパグララン（Pagelaran）という公的なゾーンやシティンギル（Sitinggil）という王国統治の執務に用いられたゾーンがあり、王宮の東側と西側には、貴族の住まいが建てられた (鳴海 1993: 138-148)。また、王宮を囲む城砦の外側は貴族の住まいの他に庶民の居住地もあったが、北側にはオランダ人の城砦が創られた。これは王宮都市を建設する際、スルタンがオランダとの衝突を避けるために建設を認めたことが背景にあるという (鳴海 1993: 151)。

2―植民都市エリアの建造物

植民都市エリアは、主として鉄道の北側に位置し、オランダ植民地期に、オランダ人が必要とした施設が多く設立された。植民者らが居住したコタ・バル地区には、教会やスタジアムなどが創設され、ジェティス地区では、20世紀初頭にオランダ人が学校を建設した（図2-2の③）。しかし1952年、コタ・バル地区にシュハダ・モスクが創設されたことで、プリブミのムスリムら

が主体的に活動する場が形成された。シュハダ・モスクの「シュハダ」とは、アラビア語の「殉教」を意味する語を語源としており、オランダとの独立闘争で殉死した者たちを追悼する意味が付与されている（Panitia Pendirian Masdjid Peringatan Sjuhada di Jogjakata 1952: 14-16）。独立闘争による政治的混乱の最中、インドネシア共和国の大統領代理を務めたアサート（Assaat）[1]が、1949 年 10 月 14 日にシュハダ・モスク設立準備委員会を発足した。ジョグジャカルタ王家のハメンクブウォノ 9 世やインドネシア共和国の正副大統領のスカルノやハッタ、さらにジョグジャカルタ内外からの支援と協力（Ahmad Basuni 1956: 17-20, Suratmin 2001: 25-32）のもとで、同モスクは建設された。海外からは、パキスタンの支援も受けたという（Panitia Pendirian Masdjid Peringatan Sjuhada di Jogjakata 1952: 28-30）。

　このように植民都市エリアには、オランダ時代に創設された建物に加え、独立後には、インドネシア共和国の独立を象徴する意味を付与されたモスクが創設された。

2) 首都となったジョグジャカルタの社会・政治的意味

　1945 年 8 月 17 日の独立宣言の際、インドネシア共和国は現在の領域とは異なり、ジャワ島、マドゥラ島、スマトラ島の一部のみから成る国家に過ぎなかった。当時、蘭領東インド内の複数の王国のなかに、インドネシア共和国が独立することに賛同しない国も少なくなかったためである。そうした中、ジョグジャカルタのスルタンは、早くからインドネシア共和国の独立を支持した。それまでオランダに代わって支配していた日本が敗戦したことを機に、オランダが再占領を試みたため、首都ジャカルタを中心に、オランダとインドネシア共和国との独立闘争が勃発した。この時、ジョグジャカルタへの、インドネシア共和国の首都移転を快く引き受けたのが、ジョグジャカルタのスルタンだった。スルタンは、ジョグジャカルタのもう一つの王家パクアラム家とともに一つにまとまり、インドネシア共和国の一部であることを主張した（Seno Joko Suyono et al. 2015: 15-16, Soemardjan 2009: 72-73）。首都移転後、イン

ドネシア共和国の省庁やその関係者もジョグジャカルタへ移った。スルタンにとって、オランダからインドネシア共和国が独立した後も、自らの存在意義を示し、一定の社会・政治的立場を維持するためには、かつての王国の歴史や伝統を保持しながらも、新生国家インドネシアの誕生を支持し、国家の形成に寄与することは重要だったといえよう。

　1946年から1949年までの独立闘争期のうち、1948年末にはジョグジャカルタとその周辺も、他の都市と同様にオランダ軍が占領したこともあった。しかし、ジョグジャカルタはスルタン主導の下で激動の時期を乗り越えた。その功績をインドネシア政府は高く評価し、ジョグジャカルタは「ジョグジャカルタ特別州」として、今日においても州知事職および副州知事職は、他の州のような選挙ではなく、スルタン王家とパクアラム王家の者が代々就任することが保障されている。

　その後首都がジャカルタに置かれたのは、1949年末、オランダが、支配領域内の複数の国家とインドネシア共和国から成る「インドネシア連邦共和国（RIS: Republik Indonesia Serikat）」の成立を容認した時だった（例えば Kahin 1952 (2003): 433-445）。その翌年、ほとんどの連邦内の諸国家がインドネシア共和国に合流し、連邦制は廃止されたことで、単一のインドネシア共和国が誕生した。したがって、インドネシア共和国の歴史において、ジョグジャカルタは、1946年から1949年までオランダとの独立闘争が続いた新生国家の危機において、首都としての重要な役割を果たしたといえる。

第2節　ジョグジャカルタにおける二つの大学の創設と国家との関わり

　独立したインドネシアにおいて、国家の要職に就いたプリブミのエリートらが主体となって最初に創設した大学は、ジョグジャカルタを拠点とした、ガジャマダ大学とインドネシア・イスラーム大学だった。以下では、創設当初は私立大学だった両大学が、教育と宗教の国立の専門教育機関の創設に関わった経緯（図2-1参照）を明らかにする。

1) ガジャマダ大学とインドネシア・イスラーム大学の創設と国立移管の経緯

1―ガジャマダ大学の創設と国立化

　ガジャマダ大学は、1946年、ジョグジャカルタのスルタン・ハメンクブ
ウォノ9世を理事とし、初代教育大臣を務めたキ・ハジャル・デワンタラ
を副理事とする理事会のもとで私立大学として、文学部と法学部を開設し
た (Bambang Purwanto et al. 1999: 10, Thomas 1973: 59-60)。当時、首都のジャカルタ
ではオランダによる再占領のため、インドネシア共和国政府の省庁が管轄す
ることになった医学、歯学、法学などの複数の高等教育機関は運営が困難と
なった。そこで、これらの高等教育機関がジョグジャカルタやその周辺へ移
転し、私立大学として創設されたガジャマダ大学は、これらのジャカルタ
から移転してきた複数の学部とともに、新たなスタートを切った[2]。すなわ
ち、1949年12月19日、医学・歯学・薬学部、法・社会・政治学部、工学部、
文学・哲学部、農学部などから構成される国立ガジャマダ大学となったの
である (Bambang Purwanto et al.1999: 12-14)。創設時の学生数は約500人だったが、
1954年12月には8301人に上った (Sardjito 1954: 8)。他方、インドネシア大学の、
同年の学生数は8897人だった (Cummings, Salman Kasenda 1989: 161)。インドネシ
ア大学は、ジャカルタをはじめとする複数の都市における植民地時代の専門
学校を再開することで開設された大学である。ガジャマダ大学とインドネシ
ア大学の学生数は、当時ほぼ同数だったことになるが、ひとつの町の学生数
で比較するならば、学生数が8000人を超えていたジョグジャカルタのガジャ
マダ大学は、大規模校だったと言えよう。

　ガジャマダ大学の初代学長は、ヨーロッパでの教育経験を持つ医師のサル
ジト (Sardjito) だった。1949年12月末、オランダの承認を得てインドネシア
連邦共和国の首都がジャカルタに置かれる際、ガジャマダ大学がジャカルタ
に移転し、インドネシア大学と統合する計画があった。しかし、ガジャマダ
大学はこれを拒み、独立闘争を乗り越えたジョグジャカルタに留まって、国
立大学として、高等教育の機会拡大に努めることを選択した (Cummings, Sal-
man Kasenda 1989: 146-147, Bambang Purwanto et al. 1999: 16)。

2―インドネシア・イスラーム大学の創設と宗教省との関わり

イスラーム高等学院 (STI: Sekolah Tinggi Islam) は、複数のイスラーム組織の指導者らが結成したイスラーム団体[3]によって、当時は非常に限定的だった、ムスリムの若者たちのために創設された最初の高等教育機関だった。1945年7月8日にジャカルタで創設された後、1946年にジョグジャカルタへ移転した。その後1948年、インドネシア・イスラーム大学となった。この時、受け入れ可能な学生数は約350人であり (Supardi et al. 1997: 53)、ガジャマダ大学と比較すると小規模の大学であった。

イスラーム高等学院の創設時の開設科目は、イスラームの基本的な教義に関する科目に加え、心理学や社会学、歴史、文化、サンスクリット語など一般科目も多く設けた (Djauhari Muhsin et al. 2002: 33)。その後、イスラーム高等学院が、宗教、法、教育、経済の4つの学部からなるインドネシア・イスラーム大学となった後も、護教的なイスラームの宗教専門家の養成を主たる目的とはせず、様々な分野の専門性を高めることを理想とした。(Supardi et al. 1997: 27, Djauhari Muhsin et al. 2002: 40)。

各学部はアラビア語やイスラームの教義や法に関する科目を設けたが、例えば教育学部では「教育哲学」や「実験心理学」などの専門科目を学び、宗教学部では、「宗教史」や「宗教社会学」、「倫理」などの他、東洋および西洋諸国の言語に関する科目も開設した (Djauhari Muhsin et al. 2002: 43-45)。入学者のうちイスラーム高校出身者には、大学入学後のための準備教育として、一般高校レベルの一般知識の習得を補う機会となる予科を設けた (Djauhari Muhsin et al. 2002: 46)。

イスラーム高等学院創設時の理事長は、インドネシア共和国の副大統領となったハッタが務め、イスラーム高等学院およびその後身のインドネシア・イスラーム大学の初代学長を務めたのは、エジプトやメッカで学問を修めた経験を持ち、日本軍政下の宗教省の役職に就いた、アブドゥル・カハール・ムザッキル (KH.A. Kahar Muzakkir) だった (Supardi et al. 1997: 21-23)。また、イス

ラーム高等学院からインドネシア・イスラーム大学への発展には、インドネ
シア共和国の宗教大臣を 1946 年 10 月～ 1947 年 7 月まで務めたファトゥラ
フマン・カフラウィ（K.H.Fathurrahman Kafrawi）が尽力した（Akh.Minhaji, M.Atho
Mudzhar 1998: 41-43）。このようにインドネシア・イスラーム大学の創設は宗教
省の役職に就いた人物が関わったが、彼らは、宗教に特化した知識ではなく、
宗教と一般の両方の知識を提供する大学の創設を進めた。

2) 宗教と教育の専門職養成にむけた国立の高等教育機関の創設

　1950 年、インドネシア・イスラーム大学の宗教学部を母体とする宗教省
管轄の国立イスラーム宗教大学校（PTAIN: Perguruan Tinggi Agama Islam Negeri）
の設置が決定され、1951 年にジョグジャカルタで創設された。その際にも、
先述の宗教大臣の経験を持つファトゥラフマン・カフラウィが関わった（Akh.
Minhaji, M.Atho Mudzhar 1998: 42）。

　1950 年以降、宗教省は、宗教師範学校（PGA: Pendidikan Guru Agama）や宗教
教師・判事養成学校（SGHA: Sekolah Guru Hakim Agama）など、イスラームの宗教
に関する中等教育レベルの専門職養成校を各地で開設し始めた。これらの学
校では、イスラームの宗教科目だけでなく国語や英語、数学、地理、経済な
どの一般科目も提供し（Mahmud Yunus 1960（1996）: 388-393）、近代的な独立国家
において役割を果たし得る宗教の専門職養成を目指した。高等教育レベルに
おいては、国立イスラーム宗教大学校において、イスラーム教育（Tarbiyah）、
イスラーム法（Qodlo）、ダッワ（Da'wah）の三つの学部を設けた。各学部では、
イスラームの宗教に関する科目とともに、社会学、心理学、比較宗教学な
どのイスラーム以外の科目も設けた（Mahmud Yunus 1960（1996）: 396-397, 400-401）。
入学者選抜に関しては、一般高校出身者を無試験で受け入れ、宗教教師・判
事養成学校出身は選抜した上で受け入れた。師範学校（SGA: Sekolah Guru A）や
その他の国立の職業学校出身者には英語かアラビア語、経済、地理、歴史（世
界史／インドネシア史）などの科目の試験を行った。また、インドネシア・イ
スラーム大学と同様に、イスラーム高校出身者には、試験をした上で大学準

備教育としてイスラーム関連科目のほか、一般高校の科目を学ぶ機会を設けた (Mahmud Yunus 1960 (1996) : 398-399)。つまり、国立イスラーム宗教大学校は、イスラームの宗教の専門職養成を目的とした高等教育機関とはいえ、一般知識の習得をも重視していたのである。

　他方で、1948 年のインドネシア・イスラーム大学創設時、教育学部長だったシギット (Drs.A.Sigit) も宗教省の役職に就いていた人物だった。しかし 1951 年、インドネシア・イスラーム大学の教育学部が国立移管され、ガジャマダ大学が文学・哲学部を、文学・教育・哲学部として開設する際 (Djauhari Muhsin et al. 2002: 55-58)、シギットは正式に、ガジャマダ大学の教授職に就き、宗教省から教育・教授・文化省へ異動した [4]。このように、インドネシア・イスラーム大学の宗教学部と教育学部には、創設時から、宗教省の関係者が教育と運営に従事し、その後の国立移管にも関わっていた。

　蘭領東インド時代、オランダはジャワを中心に西欧式の学校を開設し、20 世紀初頭にはジョグジャカルタにも師範学校 (Kweekschool) が開設されていた (例えば Surjomihardjo 2008: 71)。しかし複数の学問分野を有する総合大学となったガジャマダ大学は、教育に関する学部開設において、植民地期にオランダが創設した師範学校などをモデルとはせず、プリブミが創設したインドネシア・イスラーム大学の教育学部の国立移管を受け入れ、ガジャマダ大学の文学・教育・哲学部とした。

　二つの学部の国立移管のため、インドネシア・イスラーム大学は、大学の規模を縮小せざるを得なかった。しかし、人口の約 90％がムスリムであるインドネシアでは、独立後、高等教育を含む近代的な学校制度を整備するにあたって、イスラームの要素をカリキュラムや学校制度に位置付けることは、多くのプリブミのイスラーム指導者らの支持を得るためにも重要な意味を持った。したがって、宗教省の役職に就くプリブミのエリートらが、インドネシア・イスラーム大学を創設し、二つの学部、すなわち宗教学部だけでなく、教育学部も国立移管したことは、イスラームの価値を、新生国家が主導する宗教および一般の高等教育に導入するための重要な試みだったといえる。

3) まとめ：二つの私立大学から国立の高等教育機関の創設へ

　1950年代後半以降、国立大学が設立される際、既存の私立大学を国立移管するケースは複数の都市で行われたことだった (Thomas 1973: 184-187)。したがって、独立直後のジョグジャカルタにおいて、プリブミのエリートらが創設した二つの私立大学が国立化されたことは、インドネシアの高等教育機関の創設・発展における先駆的な試みだったといえる。

　インドネシア・イスラーム大学の教育学部を国立移管して創設されたガジャマダ大学の文学・教育・哲学部は、**図 2-1** に示したように、1955年に文学・文化学部、教育学部、哲学部に分かれ、教育学部は、後に国立ジョグジャカルタ教育大学となり (Bambang Purwanto et al. 1999: 23-25)、その後総合大学

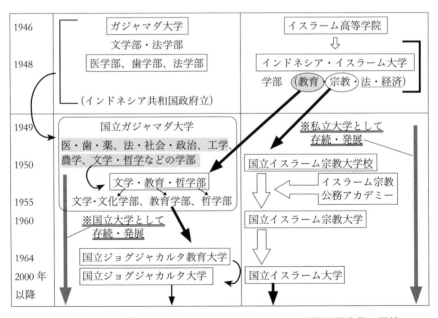

図 2-1　ガジャマダ大学とインドネシア・イスラーム大学の国立化の経緯

（筆者作成）

化し、国立ジョグジャカルタ大学となった。他方、インドネシア・イスラーム大学の宗教学部を母体とした国立イスラーム宗教大学校は、1960 年にイスラーム宗教公務アカデミー（ADIA: Akademi Dinas Ilmu Agama）と統合して国立イスラーム宗教大学（IAIN）となり、1970 年代までに全国に 14 校設置された（西野 2008: 34-37）。2000 年以降、それらは順次総合大学化し、国立イスラーム大学（UIN: Universitas Islam Negeri）となった。

　このように、インドネシア・イスラーム大学の二学部の国立移管と国立ガジャマダ大学の文学・教育・哲学部の創設は、教育と宗教のそれぞれの専門職養成を目的とした国立の高等教育機関の創設と発展の礎となったといえる。

第 3 節　大学とシュハダ・モスクの関わり

　1946 年から 1949 年まで首都だったジョグジャカルタでは、オランダとの独立闘争の影響もあり、国家としての教育に関する法制度は十分に整っていなかった。独立宣言はしたものの、当時の政治・社会的な不安定さが、国家による高等教育の整備を遅らせたといえる。オランダ植民地政府が植民地時代の遺産でもある複数の専門学校を統合してできたジャカルタのインドネシア大学とは異なり、ガジャマダ大学とインドネシア・イスラーム大学は、既述した通り、独立直後のジョグジャカルタで、初めてプリブミが主体となって創設した大学である。両大学は、独立後のインドネシアにおいて、高等教育の機会が整備されていく過程で、教育と宗教の専門職養成に必要な国立大学の創設に大きく貢献した。以下では、当時、特定の場所に各学部を集約するキャンパスを持つことは困難だった両大学が、1960 年代頃までジョグジャカルタ市内の複数の場、すなわち王宮都市エリア内の王宮関連施設と植民都市エリア内のシュハダ・モスクを主に活用していたことを**図 2-2** および**表 2-1** で示すとともに、当時の大学および大学生にとってのシュハダ・モスクについて考察する。

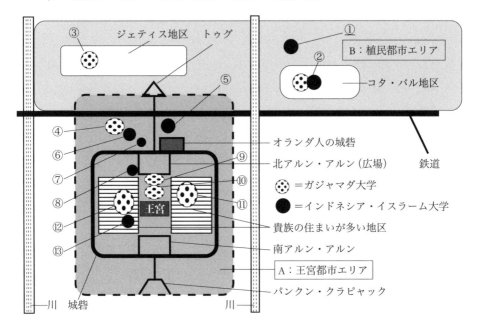

図2-2　二つの大学が活用したジョグジャカルタ市内の施設の位置（略図）

※Sardjito (1953 および 1954)、Bambang Purwanto et al. (1999)、Sutaryo (2016)、Dewan Pengurus Pusat Badan Wakaf UII (1955)、Supardi et al. (1997)、Djauhari Muhsin et al. (2002)、Ahmad Basuni (1956)、Suratmin (2001) および Googlemap やウェブサイトの情報などを参照し、筆者作成。

1) 大学による王宮関連施設の活用

　王宮都市エリアでガジャマダ大学が使用した場を地図上に示すと、図2-2 の④、⑨、⑩、⑪、⑫の5カ所である。いずれも王族やその関係者が主として活用してきた場である。そのうち④以外は、城砦の内側の王宮関連施設であり、表2-1 の通り、主に 1950 年代から 1960 年代にかけて使用されていた。しかし、実際の講義は困難なこともあった。例えば⑫を使用していた医学・歯学・薬学部は、他学部の学生も受講する新入生向けの講義の際、学生数が多く、早朝から席を確保する学生がいたほどだったという (Sardjito 1953: 4-5)。

　他方、インドネシア・イスラーム大学および前身のイスラーム高等学院が、王宮都市エリアで活用していた場を地図上に示すと、図2-2 内の⑤、⑥、⑦、⑧、

表2-1 図2-2内の①〜⑬の施設および活用した大学

1950年以前（主に独立闘争期）に使用された施設	
場所（王宮都市エリアの王宮関連施設）	使用していた大学及び用途
⑤公的な執務にあたる高官の駐在所（Dalem Kepatihan）、現ジョグジャカルタ特別州役所	UII 開校式の開催（1948年）
⑥ンガディウィナタン（Ngadiwinatan）地区のプンドポ（壁のない建物で公的・社会的に活用された場）	UII 予科の教育
⑧王宮の大モスクの宗教官吏の公式の駐在所（Dalem Pengulon）	UII の前身 STI の開校式（1946年）
⑬ンガスム（Ngasem）地区のプンドポ	STI 予科の開校式（1946年） UII 創設時の教育学部と宗教学部
主に1950年〜60年代に使用された施設	
場所（植民都市エリア）	使用していた大学及び用途
①チクディティロ（Cik Di Tiro）通りのインドネシア・イスラーム大学の施設	UII （1950年代から現在）
②シュハダ・モスク（1952年創設）	UII と UGM
③オランダが創設した工業高校	UGM 工学部（1950年代）
場所（王宮都市エリア内の王宮関連施設）	使用していた大学及び用途
④シュハダ・モスク女子寮（1962年創設、それ以前は貴族の住まい）	UGM
⑦ンガブアン（Ngabean）通り15番地（現アフマド・ダハラン通り）	UII 事務室（1950年代頃）
⑨パグララン（王宮前の公的な場）	UGM 創設時（1946年）、UGM 法・経済・社会・政治学部等
⑩シティンギル（王国統治の執務の場）	UGM の式典など
⑪ウィジラン（Wijilan）地区（貴族の居住区）	UGM 文学・哲学・教育学部
⑫ンガスム地（Ngasem）区（貴族の居住区）	UGM 医学・歯学・薬学部等[5]

※ガジャマダ大学は UGM, イスラーム高等学院は STI, インドネシア・イスラーム大学は UII と記した。
Sardjito（1953および1954）, Bambang Purwanto et al.（1999）, Sutaryo（2016）, Dewan Pengurus Pusat Badan Wakaf UII（1955）, Supardi et al.（1997）, Djauhari Muhsin, et al.（2002）, Ahmad Basuni（1956）, Suratmin（2001）を参照し、筆者作成。

⑬の5カ所である。そのうち⑤、⑥、⑧、⑬は、主に1950年以前に活用されていた（表2-1参照）。城砦の内側は、⑧と⑬のみであり、それ以外の⑤、⑥、⑦は、城砦の外の北側に位置する。

　図 2-2 および表 2-1 からは、王宮都市エリア、特に城砦内の王宮関連施設は主としてガジャマダ大学が使用していたが、インドネシア・イスラーム大学も、1946 年から 1949 年の独立闘争期および後述するシュハダ・モスクの完成前に限って、王宮都市エリアの複数の場を活用していたことがわかる。

　王宮都市エリアは、18 世紀半ば以降、スルタンが拠点としてきた王宮を中心とする構造を残している。しかし、第 1 節で述べたように、ジョグジャカルタのスルタン・ハメンクブウォノ 9 世により、独立後のジョグジャカルタは、インドネシア共和国の一部と位置付けられ、首都として国家に貢献した。したがって、両大学が活用した王宮関連施設は、イスラーム王国の歴史だけでなく、インドネシアの建国を導いた象徴的な意味も有しているといえる。

2) 大学によるシュハダ・モスクの活用

　植民都市エリア内においては、ガジャマダ大学の工学部が図 2-2 の③の工業高校[6]を活用し、インドネシア・イスラーム大学は①の施設を 1950 年代から現在にかけて使用している。また、両大学が共通して活用したのがシュハダ・モスクだった。ガジャマダ大学は②のシュハダ・モスクおよび④のシュハダ・モスク所有地の寮を活用し、インドネシア・イスラーム大学は②のシュハダ・モスク内の講堂と図書室を主として活用していた（Djauhari Muhsin et al. 2002: 53, 67-68）。

1―講堂と図書室

　1952 年に完成したシュハダ・モスクは、礼拝スペースのほかに講堂や図書室とともに、寮を開設した（Ahmad Basuni 1956: 77）。礼拝スペース以外のこのような施設を有したことからは、古くからイスラーム世界で見られたような学問の場となること（例えば Makdisi 1981: 9-34）も想定されていたと言えよう。

　インドネシア・イスラーム大学は、少なくとも 1950 年代は、週に 5 日間、継続的な使用料を支払って、シュハダ・モスク内の講堂と図書室を常用していた（Ahmad Basuni 1956: 48, 80）。モスクに付設された講堂には、机と椅子が整

備されており、インドネシア・イスラーム大学の講義の他、モスクでのイスラーム学習に活用されることもあったという（Ahmad Basuni 1956: 48-49）。

　インドネシア・イスラーム大学は、当時ジョグジャカルタとスラカルタに図書室を持ち、シュハダ・モスクの図書室は、ジョグジャカルタの図書室として使用され（Djauhari Muhsin 2002: 68）、アラビア語やインドネシア語のほかに、ドイツ語やオランダ語などの文献も所蔵されていた（Dewan Pengurus Pusat Badan Wakaf UII 1955: 89-91, 中田 2009: 92-93）。

2―学寮

　シュハダ・モスク設立の翌年の 1953 年、寮が完成すると、ヤスマ財団（寮とモスクの財団、YASMA: Yayasan Asrama dan Masjid）が結成された。ヤスマ財団は、「イスラームの精神を身につけた新しい世代の発展をめざし、インドネシアの若者の身体と精神を育成すること」を目的とし、ムスリムの若者のための寮や下宿を運営することを規約に記した（Ahmad Basuni 1956: 73, 76）。寮は、特定の大学の学生ではなく、シュハダ・モスクの諸活動に参加するムスリムを受け入れることになっていた[7]。しかし、主としてガジャマダ大学の関与は大きく、シュハダ・モスクの寮は当時のガジャマダ大学の学生にとって貴重な寮のひとつだった。例えば 1956 年までのシュハダ・モスクの寮の運営費には、ガジャマダ大学から助成があったことが明記されている（Ahmad Basuni 1956: 82）。さらに 1962 年、シュハダ・モスクと社会省、国立ガジャマダ大学の協力によって、シュハダ・モスク女子寮がプリンゴクスマン通り（図2-2の④）に新たに開設され、寮の開設当初に限って、寮生はガジャマダ大学の女子学生を対象とした（Suratmin 2001: 82-83）。

　ガジャマダ大学の資料（Bambang Purwanto et al. 1999: 40-41）によると、1950 年代の同大学は、町のさまざまな場所に学生寮を開設し、また住民が運営する下宿に学生を住まわせることもあったという。ガジャマダ大学がシュハダ・モスクの寮を活用していたことは、大学の資料には明記されていない。しかし上述のシュハダ・モスクの資料（Ahmad Basuni 1956: 82, Suratmin 2001: 82-83）によ

れば、シュハダ・モスクの寮は、当時急増したガジャマダ大学の学生のうち、ムスリムの学生が住まうための重要な施設のひとつであったことがわかる。1960 年代後半以降、ガジャマダ大学がジョグジャカルタ北部にキャンパスを構えたことにより、シュハダ・モスクの女子寮で暮らすガジャマダ大学の女子学生が減少した。初めてインドネシア・イスラーム大学などの他大学の学生がシュハダ・モスクの寮生として受け入れられた (Suratmin 2001: 83-84)。

3) シュハダ・モスク内の諸活動と大学生

　シュハダ・モスクは、既述したように、創設時からジョグジャカルタで最初に創設された二つの大学が大学教育に活用し、さまざまな学生が同モスクに集い、モスク内の教育活動などに従事してきた。ヤスマの運営を主導したのは、ヤスマ財団長を務めたプラブニングラット (H.GBPH Prabuningrat) だった。プラブニングラットは、ジョグジャカルタ王家のハメンクブウォノ 8 世の子息のひとりである。オランダのライデン大学法学部で学び、帰国後はシュハダ・モスクでの活動に尽力した。1973 年から 1982 年までインドネシア・イスラーム大学の学長を務めた (Supardi et al. 1997: 108)。ヤスマ財団のメンバーには、インドネシア・イスラーム大学の当時の学長アブドゥル・カハール・ムザッキルも名前を連ねている。したがって、同モスクとインドネシア・イスラーム大学が深く関わっていることがうかがえる。しかし、インドネシア・イスラーム大学が主としてシュハダ・モスクの寮を活用していたわけではなく、先述したようにガジャマダ大学が主として活用するとともに、他大学の学生たちも寮生としてモスクの活動に参加していた。したがって特定の大学に限らず、複数の大学の学生たちが、このモスクでの活動に関わりやすかったといえる。寮生に限らず、インドネシア独立後に結成されたインドネシア・イスラーム学徒会 (Pelajar Islam Indonesia、以下 PII) やイスラーム学生協会 (Himpunan Mahasiswa Islam、以下 HMI) などのムスリム学生組織のメンバーとなった学生たちも、同モスクが主催する教育やその他のイスラーム活動に参加していたという (Ahmad Basuni 1956: 49)。

　また、モスクでの礼拝の導師やムアッズィン（礼拝時を伝えるアザーンを唱える者）、イスラーム大祭の行事の運営、日々のモスクでの教育活動などは、寮生が主体となって担当した（Ahmad Basuni 1956: 42）。同モスク設立後、最初のラマダン月の活動には、ガジャマダ大学や 1951 年に創設された宗教教師・判事養成学校の学生たちが主導した（Suratmin 2001: 51 , Ahmad Basuni 1956: 42）。

　また、モスクを拠点とする複数の学習組織も結成された。1952 年から 1954 年に結成された学習組織には、子どもから成人を対象とするシュハダ・モスク・クルアーン読誦学習コース（Kursus Qira'atul Qur'an Masjid Syuhada）があった。結成時には、クルアーン朗誦コンテストが開催され、1954 年には、ジョグジャカルタおよび中部ジャワ内で最も優れたクルアーン朗誦者を選ぶコンテストも実施された（Lembaga Pengembangan Tilawatil Quran Tingkat Nasional 1994: 18）。

　そのほか、多くの学生たちが参加したのが、クリア・スブ（日の出の礼拝後の早朝講話 : Kulliah Subuh）という講話会だった。これは日の出（スブ）時の礼拝とともに講話や学習を行うのが一般的である。日の出の礼拝後のクルアーン学習（プンガジアン・スブ）から発展したもので、モスクの外に暮らす大学生や中高生のほか、一般男性も参加した。その他、シュハダ・モスク子ども教育活動（PAMS: Pendidikan Anak-anak Masjid Syuhada）や中高生を対象としたシュハダ・モスク・カダール教育（KPMS：Kadar Pendidikan Masjid Syuhada）も実施され、これらの運営は寮生に託されていた（Ahmad Basuni 1956: 79）。例えば、カダール教育では、ガジャマダ大学やインドネシア・イスラーム大学に加え、国立イスラーム宗教大学校[8] の学生が指導にあたっていた（Ahmad Basuni 1956: 59）。

第 4 節　小　括

　インドネシアの独立直後、臨時の首都となったジョグジャカルタに創設された二つの大学、すなわちガジャマダ大学とインドネシア・イスラーム大学は、1950 年代から 60 年代にかけて、国立の宗教と教育の専門職養成をめざす高等教育機関創設の礎としての役割を果たしていた。ちょうどその時期に、

両大学は共通してシュハダ・モスクを活用していた。ナショナルな象徴的意味をもつシュハダ・モスクは、当時のムスリム学生たちにとっての重要な活動拠点でもあった。インドネシアにおいて、ムスリム学生たちによる、都市部のモスクのさまざまな宗教活動や子どものための学習活動が顕在化したのは、主として 1970 年代以降のことであった（第 5 章参照）。しかし、ジョグジャカルタにおいては、プリブミ主体の高等教育機関の創設が進められた 1950 年代から 60 年代に、複数の大学のムスリム学生がモスクに集い、さまざまな教授・学習活動に関わる機会は、すでに整えられていたといえる。プリブミによる独立直後の高等教育機関の創設と発展は、高等教育の機会を得たムスリム学生たちが主体的に活動するモスクの創設や活動の充実と深く関わっていたことがわかる。

注

1　独立直後のインドネシアにおけるアサートの政治的立場については Kahin（1952（2003）: 338, 450, 468）を参照のこと。
2　移転の際に、ジャカルタの医科大学の書物や備品を、ジョグジャカルタ近郊へ列車で移動させた者もいた（Bambang Purwanto et al. 1999: 6-7）。
3　イスラーム団体のミアイ（インドネシア・イスラーム大会議）については、小林（2008: 175-179）に詳しく論じられている。
4　Keputusan Presiden Republik Indonesia No.56 tahun1951 を参照。
5　医学部は 1970 年代まで王宮の西側のンガスム地区（マンクブメン）や、王宮都市エリア内外の複数の場所を利用していた（Sutaryo 2016: 64-84）。マンクブメンには、現在ウィドゥヤ・マタラム大学（Universitas Widya Mataram）のキャンパスがある。
6　現在は、ジョグジャカルタ国立第 2 職業高校である。
7　Suratmin（2001: 83）、および、2005 年に同モスクを訪問した際、モスク内の幼稚園校長ほかモスク運営者らから、筆者が聞き取ったことである。また、2 年間ほど、王宮都市エリアの南方プラウィロタマン（Prawirotaman）通りの施設などもシェハダ・モスクの寮に使われたことがあったという（Ahmad Basuni 1956: 77）。
8　インドネシア・イスラーム大学の宗教学部が国立化した際に創設された（図 2-1 参照）。

第Ⅱ部

クルアーン読誦学習テキスト
『イクロ』創案の経緯

第3章　ジョグジャカルタから開始したプンガジアン・クルアーンの組織的運営における若者たちの関与

　本章では、ジョグジャカルタにおいて、プンガジアン・クルアーンの組織的な学習モデルが形成される過程で、クルアーン読誦学習テキスト『イクロ』を創案したアスアド・フマムと 20 〜 30 代の若者たちとの関わりが重要な意味を持ったことを明らかにしていく。

　第 1 節では、アスアド・フマム (1933-1995) の学習経験とイスラーム学習指導に関わっていくプロセスを明らかにする。続く第 2 節では、アスアド・フマムがプンガジアン・クルアーンの組織的な運営を目指すなかで、若者たちとの関係が構築されたことを明らかにする。第 3 節では、アスアド・フマムと若者たちは、年齢やクルアーン読誦の段階に応じた学習内容を整えて、クルアーン学習施設における学習の機会を提供してきたことを明らかにし、第 4 節で、クルアーン学習の組織的運営に向けた展開に若者たちが果たした役割を考察する。

第 1 節　アスアド・フマムの学習歴とイスラーム学習指導の経験

1) アスアド・フマムの学習経験

　アスアド・フマムは、1933 年に、ジョグジャカルタ郊外のコタグデ内の真鍮細工製品の企業家フマムの息子として生まれた。コタグデは、かつて新マタラム王国の都のひとつであり、銀細工などで栄えた町である。また、改革派イスラーム組織のムハマディヤーの発展に貢献した人物を輩出してきた

こともこの町の特徴である（Nakamura 2012: 18-118）。アスアド・フマムは、ジョグジャカルタでムハマディヤー小学校卒業後、中学校レベルのムハマディヤー男子イスラーム師範学校に入学したことがあった。しかし1年のみ通い、その後、親戚を頼って中部ジャワのンガウィ（Ngawi）に移動し、一般中学校を修了後、ジョグジャカルタにもどり、ムハマディヤー師範学校A課程（SGA Muhammadiyah）に進学した。当時からプサントレン・クラピヤ（第1章参照）で学び、ジョグジャカルタ市内のシュハダ・モスク（第2章参照）の早朝の活動に参加することも日課としていた時期があるという（Mangun Budiyanto 1999: 19-20, 2006: 4-7）。

　ムハマディヤー師範学校A課程の生徒だった17歳の頃、背部に麻痺を伴う病を患い入院生活を送った。そのため、師範学校を1年で休学し、その後復学することはなかった（Mangun Budiyanto 1999: 20, 2006:4 Gatra 1996）。人の手を借りなければ移動することは困難な状態となったが、家業を継ぎながら、自宅前のモスクでプンガジアン・クルアーンの指導を続けた。入院中および退院後も読書を欠かすことはなく、イスラーム関連の書物を多く読んでいた。クルアーンやイスラームの倫理や法、神秘主義に関する書物などを読んでいたという（Mangun Budiyanto 1999: 20-21, 2006: 7）。

　ジャワにおいては、イスラームの教師らは、複数のプサントレンでキタブ学習に励み、知識を深めていくという伝統がある（例えば西野 1990: 45-46 など）ことは、インドネシアを代表する複数のプサントレンの創設者の経歴からも明らかである。しかし、アスアド・フマムは、持病のため、遠方に知識を求めて移動する機会に恵まれなかった。ジョグジャカルタに留まって、若いうちからモスクでの子どものためのプンガジアン・クルアーンの指導に関わった。自らクルアーンの読誦を指導する学習グループに、プンガジアン・アミン（AMIN）と名付けていた。アミンとは、「私は必ずクルアーン読誦（ンガジ）ができる（Aku Mesti Iso Ngaji）」という意のジャワ語の一文に由来する造語である（Mangun Budiyanto 1999: 40, 2006: 8-9）。家業の傍らで、ひとつのプンガジアン・クルアーンの会で子どもを指導するだけでなく、複数のプンガジアン・クル

アーンが活性化するよう協力し連携した。それは1960年代にはジョグジャカルタ全体に広がっていった。

2) さまざまなモスクのプンガジアン・クルアーンの改善をめざして

アスアド・フマムは、「子どもがクルアーンの読誦（ンガジ）を怠けるのであれば、それは子どもに非があるのではなく、子どもが興味をもつような指導ができない教師に問題がある」(Mangun Budiyanto 1999: 41) と考えた。子どもたちに直接指導にあたることにより、より一層子どもが、プンガジアン・クルアーンを楽しめるような工夫をするようになった。

また、アスアド・フマムは、子どもの興味関心を高めるためには、一つのモスクだけでなく、他のモスクで学ぶ子どもたちとの交流の機会も重要であると考えた。1953年、コタグデ地区に限定して子どものためのプンガジアン・クルアーン協会 (PPKS: Persatuan Pengajian Anak-anak Kotagede dan Sekitarnya) を結成し (Mangun Budiyanto 1999: 40, 2006: 9)、コタグデ周辺のモスクにおけるプンガジアン・クルアーンを活性化させることを目指した。アスアド・フマムは、従来から営まれてきたモスクでのプンガジアン・クルアーンが、変化の著しい時代においても継続していくための協力体制を整えていくことを理想とした。

アスアド・フマム自らが活動資金を提供し、コタグデ地区内のモスクでのプンガジアン・クルアーンに参加する子どもたちを対象に、さまざまな遊びやハイキングなどを企画することもあった (Mangun Budiyanto 1999: 41)。アスアド・フマムが重視したのは、子どもたちが自発的にクルアーンの読誦学習に取り組めるようになることだった。子どもたち一人一人の学習進度を記録するカードを用いた。また、一定の学習を終えた子どもには、成績表や修了証を作成して、個々の生徒の学習の成果がわかるような工夫を試みた (Mangun Budiyanto 1999: 43)。

1950年代末のインドネシアは、近代的な学校教育制度や法が整備されつつあったが、政治においては、西洋的な民主主義の失敗から、大統領に権力を集中させる「指導された民主主義」の時代へと推移した時期でもあった。

スカルノ大統領の庇護のもとで共産主義勢力が各地で勢力を拡大し、共産主義を主張する者たちが、小・中学校においてマルクス主義の教化を行うこともあった (西野 1990: 80)。また、識字運動を展開したり、人民大学 (Universitas Rakyat) を設立しながら、共産党員の養成にも積極的だった (Lee 1995: 192-195, 211-215)。こうした展開に対し、ムスリムたちは、モスクでのプンガジアン・クルアーンの取り組みのほか、モスク間の交流や他の様々な企画を通して、共産主義勢力の拡大に対抗した。1963 年、アスアド・フマムらは、子どものためのプンガジアン調整会 (Badan Koordinasi Pengajian Anak-anak、以下 BAKOPA) を結成し、コタグデに限定せず、ジョグジャカルタ全体で、モスクでの学習活動の充実をはかることを目指した。BAKOPA の創設に関わったアミン・マンスールは、当時 BAKOPA の結成が必要だった背景を説明している。1960 年代頃のジャワにおいては、共産主義勢力が各地に入り込み、政治の世界では、イスラーム政党のマシュミや、学生による組織である HMI や PII などは、十分に活動ができなかった。しかし、共産主義勢力からの影響を免れることができたのは、子どものためのプンガジアン・クルアーンだったという (Moh. Amien Mansoer 1995: 69)。アミン・マンスールは、ジョグジャカルタにおいて、1967 年に財団トゥナス・ムラティ（Tunas Murati）を結成し、組織的なプンガジアン・クルアーンを目指し、各地のクルアーン学習の運営者らと協力関係を形成していった。特に教師への給料の支払いを通して、教師の待遇を考慮することに努めた。多くの若者たちが参加した、子どものためのプンガジアン指導者交流フォーラム (Forum Silaturrahmi Pengasuh Pengajian Anak anak、以下 FOSIPA)（第 5 章を参照）が、ジョグジャカルタで最初に開催された際、トゥナス・ムラティのメンバーたちも参加した (Moh.Amien Mansoer 1995: 70-71) という。

　各地で営まれていたプンガジアン・クルアーンを、より活性化するために協力関係を形成していく試みは、『イクロ』を創案したアスアド・フマムの取り組みに限らず、複数存在していた。そのなかで、アスアド・フマムが重視したのは、クルアーン読誦学習の方法改善だった。アスアド・フマムは、後にクルアーン読誦学習テキスト『イクロ』を創案し、それを活用するクル

アーン学習施設を、ジョグジャカルタに限定して開設するのではなく、全国規模で普及することを理想とし、その実現を目指した (第5章参照)。

第2節 プンガジアン・クルアーンの改善と若者たち

1) モスクにおける学習の担い手の育成

1—AMM輪読学習チームの結成

アスアド・フマムは、コタグデやその近隣の地域社会におけるモスクでの学習活動の充実をはかるため、都市の学生たちとともに、クルアーン読誦学習の改善や組織化を試みるようになった。1970年代後半から1980年代のインドネシアは、1960年代とは異なり、共産主義勢力は衰退したが、強権的な国民統合を進めるスハルト政権のもとで、自由な言論活動への統制が厳しくなった時期である。その反面、反共政策のもとで、宗教的儀礼や宗教学習に特化した活動は容認された。そのため、学生運動を活発に行っていたムスリムの若者たちが、モスクに活動の場を求めることは各地で見られたことだった (第5章、第6章を参照)。

先述したように、アスアド・フマムは家業を営む企業家であった。1981年、アスアド・フマムは、子どものためのプンガジアン・クルアーン指導チーム (Team Pembina Pengajian Anak-anak) を結成した際、家業の手伝いをしていた若者たちに、コタグデ内のモスクでの教育活動の見まわりをさせるようになった (Mangun Budiyanto 1999: 44-45, 2006: 20-23)。こうした活動には、都市部で学生運動に関わったものの、当時の社会・政治状況の影響を受け、活動の場を失っていた者たちもいた。彼らは、アスアド・フマムと出会い、地域の子どものためのプンガジアン・クルアーンに関わることで、新たに従事する活動の場を見出した。

アスアド・フマムは、近隣のモスクにおいて、必要なテキストや教師が不足していれば、若者たちにその支援をするように指示した。彼らが複数のモスクを訪問する際に必要となるバイクやガソリン代、食事代などの活動費

はすべてアスアド・フマムが負担し、彼らの活動を支えた（Mangun Budiyanto 1999: 45, 2006: 11-12）。1983 年には、子どものためのプンガジアン・クルアーン指導チームに新しい名称を与え、AMM 輪読学習チームとした[1]。AMM は、子どもを指導する立場にある若者たちに対しても指導が必要であり、定期的に学ぶ機会を設けることが重要であると考えたために結成されたものだったという。週に 1 回、イスラーム講話会とクルアーン輪読会を開催した。1 回90 分の学習会ではクルアーンの暗誦や輪読、クルアーンの章句の解釈やハディースの解釈などが行われた。このように AMM では、子どものためのプンガジアン・クルアーンの担い手となる若者たちを指導する機会も設け、モスクでのプンガジアン・クルアーンの維持と発展をめざした（Mangun Budiyan-to 1999: 46-48）。

2―AMM のメンバーについて

　AMM が結成された当時、アスアド・フマムとともに AMM の活動を展開する主要メンバーとなったのは、主として 1950 年代から 60 年代生まれの若者たちだった。以下では、マングン・ブディヤント（Mangun Budiyanto 1999: 30-37）の記述を頼りに、また筆者による関係者へのインタビュー結果を一部含め、AMM 結成時に関わった以下の 10 名について述べる。

①マングン・ブディヤント　Drs. H. Mangun Budiyanto

　1955 年バタン（Batang）生まれ。ナフダトゥル・ウラマーの影響を大きく受けた家庭で育ち、親戚には、ナフダトゥル・ウラマーとつながりの深いバタンのプサントレンの指導者（プンガスー）がいた。マングン・ブディヤント（以下、ブディヤント）は、複数のプサントレンを遍歴して学んだ後、ジョグジャカルタのプサントレン・クラピヤ（第 1 章参照）で学んだ。1977 年にアスアド・フマムの活動に参加した当時は、ジョグジャカルタの国立イスラーム宗教大学のイスラーム教育学部の学生であり、アスアド・フマムとともに AMM を結成したメンバーのひとりである。国立イスラーム宗教大学の教員となった

後も、AMM の活動に従事している。

　②ウィドド　**H. Widodo, SH.**

　1959年コタグデ生まれのコタグデ育ちであり、小学生の頃からアスアド・フマムに学んできた人物である。アスアド・フマムは、教師であるとともに親のような存在だった。体が不自由だったアスアド・フマムと行動を共にしてきた。AMM では会計を担当した。インドネシア・イスラーム大学法学部の出身者であり、コタグデで自営業を営みながら、AMM の活動に関わってきた[2]。

　③ムハマド・ジャジール　**H. Moh. Jazir Asp.**

　1962年、ジョグジャカルタ生まれ。中高生の頃から学生組織での活動に参加し、PII の活動家の一人であった。インドネシア・イスラーム大学および国立イスラーム宗教大学で学び、1977年に結成された BKPRMI のジョグジャカルタ支部での活動に、高校生の時から関わっていた。後にクルアーン学習施設や『イクロ』の普及に大きく貢献した人物である (Nakamura 2012: 271-277、第5章参照)。熱心な学生運動家であったため、政府によって行動が規制された時期もある。1986年に自宅付近のジョゴカリヤン・モスク (Masjid Jogokaryan) で子どものクルアーン学習指導をしているときに、アスアド・フマムと話す機会があったという。モスクでの子どもの指導をする活動家のなかに、優れた人物がいることをウィドドがアスアド・フマムに伝えたことで、アスアド・フマムは、ムハマド・ジャジール(以下、ジャジール)と会う機会を持った[3]。それが契機となり、ジャジールは、AMM の活動に参加し、アスアド・フマムとともに、『イクロ』創案やクルアーン幼稚園の開設に関わった。AMM の活動に限らず、ジョグジャカルタ市内のジョゴカリヤン・モスクの活動の発展における功労者のひとりであり、各地のモスクで説教師として講話を依頼される。また、ガジャマダ大学における大学内外の有識者から成る会議等に招待されることもある。

　④リドワン・プリヤント　**Drs. H. Ridwan Priyanto**

　1959年生まれ。ジョグジャカルタの国立イスラーム宗教大学イスラーム

教育学部在学中は、ムハマディヤー学生協会（IMM: Ikatan Mahasiswa Muhammadiyah）の活動家だった。卒業後は、国立イスラーム中学校（MTs Negeri）で教えながら、ジョグジャカルタのムハマディヤー教員養成大学（IKIP Muhammadiyah Yogyakarta）で講師を務める。1982年には、アスアド・フマムの活動に加わって、『イクロ』の活用方法の指導のため、全国にでかけ、また、マレーシアのサバやサラワクでの『イクロ』使用に関する指導にも関わった。

⑤ユサ・ファトゥディン　**Drs. H.Yusa' Fathuddin**

1963年生まれ、チラチャップ出身。ジョグジャカルタの国立イスラーム宗教大学のイスラーム法学部を卒業した。国立イスラーム宗教大学で学ぶ前、マシュミ党との関わりの強かった父親からイスラームを学び、プサントレン（Pondok Pesantren Wathoniyah Kebarongan Banyumas）で学んだ。アスアド・フマムの活動に参加したのは1986年だった。

⑥ムストファ・カマル　**Drs. H. Musthofa Kamal**

ガジャマダ大学数学・自然科学（MIPA）部で薬学の学士を取得した人物である。学生時代から、HMIのジョグジャカルタ支部の運営者であり、敬虔なムスリム学生たちから好まれた若きダッイ（イスラーム伝道者）として活躍した。

1963年生まれ。東ジャワ州グレシックのバウェアン島に生まれ、アスアド・フマムとともにダッワ活動に従事したのは1989年のことだった。『イクロ』の指導方法の研修の担い手としても活躍した。1995年に、西ジャワ州スカブミのプサントレン（Pesantren Al-Ummah Cibadak Sukabumi）の代表（プンガスー）となった。娘婿として、義父の後継となったためだった。クルアーン幼稚園／クルアーン児童教室の後の教育プログラムを整えることに従事し、ディプロマレベルのクルアーン幼稚園／クルアーン児童教室のための教師養成学校として、統合型クルアーン幼児教育師範学校（PGTKA Terpadu）の設立にも取り組んだ。

⑦アブドゥル・コリク・ヒダヤット　**Drs. H. Abdul Kholiq Hidayat**

1959年生まれ。1987年からアスアド・フマムのダッワ活動に参加した。

ガジャマダ大学数学・自然科学部で物理学を専攻した。HMI の熱心な活動家であり、HMI の大綱においてイスラームではなくパンチャシラを「唯一原則」と変更すること[4]に強く抵抗した人物でもあった。HMI においては、1985 年〜 1987 年までジョグジャカルタ支部における代表を務めていた。

　1992 年に西カリマンタンのボンタン（Bontang）に移住した。移住する前は、『イクロ』活用に関する指導を担当していた。西カリマンタンにおいては、企業（PT.Pupuk Kaltim）で働きながら、クルアーン幼稚園／クルアーン児童教室の活動に関わった。

　⑧ジョコ・パライトノ　**H. Joko Parayitno. S. Psi.**

　1967 年生まれ。ジョグジャカルタ特別州内のクルアーン幼稚園／クルアーン児童教室においては、名の知れた人物であり、説教には多くの人々が集まったと、ブディヤントは指摘している（Mangun Budiyanto1999: 35）。複数のモスクやクルアーン児童教室に招待されることも多い。

　コタグデ出身者であり、アスアド・フマムの活動に参加したのは中学生だった、1970 年代後半頃だった。その後ガジャマダ大学の心理学部で学士を取得し、AMM の発展に大きく貢献してきた。その傍ら、ジョグジャカルタ特別州におけるクルアーン幼稚園／クルアーン児童教室の教育や運営をサポートする上での重要な役割を担った。また、ジョグジャカルタのバントル県におけるムハマディヤーの組織運営にも従事した。

　⑨ジュマヌディン　**H. Djumanuddin Hm.**

　1936 年生まれのアスアド・フマムの弟である。1957 年に宗教教師・判事養成学校を卒業した。アスアド・フマムに誘われ、企業活動やダッワ活動に関することについて議論を重ねてきたという。AMM の結成当初から関わり、1987 年には、クルアーン教師たちを対象としたクルアーン読誦の指導にあたった。1992 年以降、AMM が運営するクルアーン読誦コース（Kursus Tartil Qur'an）の指導にもあたった。AMM では、ジュマヌディンにより、クルアーン読誦の方法（Lagu Tartilil Qur'an）をカセット製品化したこともあった。それらは全国のクルアーン幼稚園やクルアーン児童教室で活用されてきた。

⑩エルウィスビ・マイマナティ　Erweesbe Maimanati, SH.

1965 年生まれのアスアド・フマムの三女である。アスアド・フマムとともに子どものためのプンガジアン・クルアーンの活性化に関わった。ムハマディヤーの若い女性たちを対象とした組織 NA（Nasyi'atul Aisyiyah ）の活動に参加していた経験がある。インドネシア・イスラーム大学の法学部を卒業し、クルアーン幼稚園／クルアーン児童教室の発展に貢献してきた。2004 年以降は、自らイスラーム幼稚園のキバール幼稚園（TK Kibar）の園長となり、幼稚園教育で使用するテキストとともに、『イクロ』に代わる新しいクルアーン学習テキスト『キバール（Kibar）』を創案した。

　このように AMM 結成時の 10 名は、ジョグジャカルタで生まれ育ち、幼いころからアスアド・フマムとの関わりがあった者や、ジョグジャカルタでダッワ運動に従事してきた者、学生としてジョグジャカルタで暮らしたことで、アスアド・フマムの活動に従事する機会を得た者などだった。したがって、アスアド・フマムは、プンガジアン・クルアーンに関する活動には、自らが実践に関わるだけでなく、さまざまなバックグラウンドを持つ上記の若者たちとともに取り組んできた。

　1990 年代、BKPRMI という全国規模の組織により、クルアーン幼稚園／クルアーン児童教室の学習内容や運営方法とともに、『イクロ』の活用方法がインドネシアの各地で紹介された。その際、上述した AMM の 10 名が中心となって各地での研修活動に貢献した。

2) AMM の心得――ハティ・ヌラニの精神――

　アスアド・フマムは、自らの企業の従業員やモスクでの活動家らとともに共有すべき心得として、以下に示す「ハティ・ヌラニ（Hati Nurani）」を掲げていた。これはアスアド・フマムが残した言葉としてまとめられたものである[5]。

　以下に示す「ハティ・ヌラニ」で示された言葉は、アスアド・フマムが従事する企業活動やモスクでの活動に関わるすべての人々に向けたメッセージ

である。アスアド・フマムとともに企業活動やダッワに関わる活動に従事する者たちは、これらの言葉を共有してきた。ここでは、イスラームの教えに基づいて、現実の社会で行動する際の指針を説いた言葉が記されている。

「ハティ・ヌラニ」に掲げられた文言は、あらゆる活動に取り組むうえでの心の在り方を最初に説いている。ここでは、企業の従業員であれ、ダッワを目的として活動する者であれ、常に神への感謝の気持ちを持ちつつ、日常生活において、人との良好な関係を保ちながら努力することが重要であることを説いている。また、イスラーム共同体の在り方、個人の心構えにも言及している。また、施すことの重要性についても記しており、寄付の内容や金額ではなく、寄付をする行為そのものが尊いことを説いている。

興味深いのは最後の言葉である。すなわち、「これらの言葉は、AMMにおいて奮闘する仲間たちのためのものである。もし、他の活動家がこれを読み、参考になることがあるのであれば、もちろんそれは喜ばしいことである」と言葉を添えている。これは、アスアド・フマムとともに企業活動やモスクでの活動に携わる者たちに向けたメッセージである。しかし、そうした者たちに限定せず、むしろより多くの人々と共有することに寛容であったことがうかがえる。

アスアド・フマムは、『イクロ』を活用するクルアーン学習施設の学習モデルを、ジョグジャカルタにおいて、AMM関係者に限って共有し、継承していくものとはしなかった。ムスリムにとって有益なことは、より多くの人々と共有すべきであり、広く一般に伝えていくことを理想とした。ハティ・ヌラニは、そうしたアスアド・フマムの姿勢をよく表している。

心得 (ハティ・ヌラニ Hati Nurani)

　支援者、活動家、従業員は、すべて宗教実践に従事すること。

A. 支援者 (Pendukung) は、「有形無形のものや財産 (amwal)」を通して善行を施す。

B. 活動家 (Aktifis) は、心を込めて善行を施す。

C. 従業員（Karyawan）は、生活の糧を得るために善行を施す。

心の在り方について （Maka Sikap Hati）

1. 生産者は、商売が繁盛するように広告宣伝をする。活動家は、ダッワが活気づくように広める。

2. 従業員は業績向上のために働く。活動家は、ミッションを果たすために、ダッワを行う。

3. 従業員は、製品の質と販売に関する競争を行う。活動家は、善行を競う。

4. 従業員が褒美を得ることは当然のことである。活動家が、「称賛の証」を得ることは、恵みである。

5. 活動家は、宗教的な場においてダッワ組織で奮闘するが、理想的なのは、一般的な日常においても奮闘することである。

6. 成功とは、あなたが貢献したことによって得られたものではない。すべての達成感は、アッラーの恵みである。他人による貢献を忘れない。自らの貢献は感じられない。

7. 感謝が足りないと失望しやすい。望んでいなかったことが生じるものである。逆のことにこそ英知（Hikmah）がある。

8. ビジネスを展開する上で障害はなく、あるのは宿題だけである。終わらない宿題はない。システムは、問題が原因となって構築される。

9. 誠実さとは、通常は黙っていることである。しかし、話すことが誠実でないことの証にはならない。正しきことを話すか、あるいは黙っていなさい。

10. 自らが直面する災難は、他人の行為によるものではない。すべての現象は、アッラーのお許しのもとにある。仲間に対して許しを乞うことは、純粋でいるための秘訣である。アッラーに対して許しを乞うことは、天国に行くための秘訣である。

同胞のフォーラム（Forum Ukhuwwah）

1. イスラーム共同体（ウンマ）は、イスラーム指導者を待ち望んでいる。
2. イスラーム組織の指導者が多いことは残念なことである。
3. その組織が大きいことを喜んでいることは、さらに残念なこと。
4. 組織よりもミッションを第一に考えることこそ、正しい！
5. 同胞のフォーラムは、必ず作り上げなければならない。
6. 親睦は、容易に、そして心をこめて行う。
7. 人の感情が、クルアーン幼稚園／クルアーン児童教室が反響を呼んだ原点である。
8. 反響とは、組織の外から生じるものである。
9. わたしたちは、クルアーンのひとつのミッションのもとにいるのではなかったのか。
10. クルアーン幼稚園／クルアーン児童教室を通して、インドネシアをひとつにすることは喜ばしい。
11. 劣等感は、小さなことに心を奪われる者が、抱くものである。
12. 傲慢さは、他人よりも優れていると思う者が抱くものである。
13. 小さき者は、必ず権力のある者よりも先に挨拶をすること。
14. 権力者は、必ず小さき者に配慮すること。
15. 成功し続けるなかで、一層の感謝の念を抱き、一層謙虚であることこそ正しい！
16. 強き者が主導権を握り、小さきものがそれを支援するとき、イスラームの同胞フォーラムは形成される。
17. イスラーム組織の指導者であるとともに、イスラームの指導者となれ。
18. 真実の奮闘者とは、個人や組織よりも自らのミッションを第一に考える。
19. 私たちは、自らのミッションではなく、個人の問題に怯えてしまうことがある。

施しへの意欲　（Semangat Infaq）

1. 成功は、犠牲のもとに成り立つ。
2. 慈善家は、必ずしも資産家である必要はない。
3. インファック（Infaq：寄付）は、イスラームのダッワのための資金である。
4. インファックには、最少額や最高額などはない。
5. インファックのための意欲は、闘いの意欲である。
6. インファックの意欲の弱さは、闘いの意欲の低さである。
7. ザカート（Zakat：喜捨）の支払いは、義務のひとつである。
8. インファックを行うことは、善行のひとつである。
9. ザカートを支払うことによって、アッラーからの祝福が得られる。
10. インファックによって、アッラーによる許しが与えられる。

1995 年 11 月 15 日　ジョグジャカルタ

（アスアド・フマム）

　これらの言葉は、AMM において奮闘する仲間たちのためのものである。もし、他の活動家がこれを読み、参考になることがあるのであれば、もちろんそれは喜ばしいことである。」

第3節　クルアーン学習施設の開設

1) 年齢別のクルアーン学習施設の開設へ

　上述したハティ・ヌラニの精神を共有する AMM のメンバーらは、アスアド・フマムとともに、アスアド・フマムが創案したクルアーン読誦学習テキスト『イクロ』を用いるクルアーン幼稚園の開設と運営を開始した。クルアーン幼稚園を開設する前に、すでに実績のある教育施設から学ぶことを惜しまなかった。AMM が結成される以前から、幼い子どもを対象とし、クルアーンに関する学習の機会を提供する例は、中部ジャワや東部ジャワに多かった。アスアド・フマムは、AMM のメンバーたちに、様々なクルアーン学習施設や複数のプサントレンを見学させた。東ジャワ州グレシックの

マンバウル・ヒサン児童プサントレン (Pondok Pesantren Anak-anak Mamba'ul Hisan Sedayu Gresik) やスラバヤのヒダヤトゥルラー・プサントレン (Pondok Pesantren Hidayatullah)、さらに『キロアティ』創案者ダハランが運営していたクルアーン幼稚園 (TK Al-Qur'an "Raudlotul Mujawwidin") などが見学の対象となった (Mangun Budiyanto1999: 50-51)。

　東ジャワ州グレシックのプサントレンは、子どもたちを対象とした有名なプサントレンである。1949 年にムハマド・シャフワン (Muhammad Shafwan (Muhammad bin Shofwan)) が、自らの子どもへのイスラーム教育を開始するとともに、近隣の子どもたちの指導へと広げていくなかで、子どもたちを対象としたプサントレンへと発展したという (Imam Bawani 1995: 64-69, Moh.Bahrul Ulum 2016: 27-30)。1970 年以降、生徒数は増加し、キヤイの家族らが中心となって発展したプサントレンのひとつである。

　スマランにおいては、『キロアティ』創案者のダハラン・サリム・ザルカシが運営していたクルアーン幼稚園がすでにあった。ダハラン・サリム・ザルカシの師であるトゥルムジが運営するクルアーン読誦や暗誦の専門プサントレンにおいても、1987 年に幼少の子どもたちを対象とするクルアーン学習施設が創設された。創設当初は 40 人前後だったが、その後生徒数は増え、マドラサも創設されたという (執筆者不明[6] 1997: 1-2.)。

　アスアド・フマムは、このように、ジャワの各地ですでに営まれていたさまざまなクルアーン学習施設から学び、そこで得た知見とこれまでの学習指導の経験をもとに、1988 年、若者たちと共にコタグデにクルアーン幼稚園を開設した (Mangun Budiyanto 1999: 51, 53)。

　1988 年 3 月 16 日にアスアド・フマムとともに、AMM のメンバーたちは、4 〜 6 歳の幼稚園児を対象とする、クルアーン幼稚園の運営を正式に開始した。1 年後には、クルアーン幼稚園での学習を通じて、就学前の子どもたちが正しくクルアーンを読誦できるようになっていた。しかし、新たな課題として、小学生にはどう対応すべきかを考えなくてはならなくなった。当時、小学生の多くがクルアーンをまだ正しく読めない状態だった。そのた

め、アスアド・フマムと AMM のメンバーらは、小学生を対象とするプンガ
ジアン・クルアーンの取り組みについて議論した。毎週木曜日の夜、定例会
議 (diskusi-diskusi rutin) を開催し、クルアーン幼稚園における教育の成果に基づ
き、小学生を対象とするクルアーン児童教室の創設に向けての議論がなされ
た (Mangun Budiyanto 1999: 53-54)。

　1989 年 5 月末、ヒジュラ暦 1409 年ラマダン月 16 日に、小学生を対象とす
るクルアーン児童教室が創設され、ブティヤントがクルアーン児童教室の骨
子をつくり、ロハディが運営面での責任を担った。その後 1991 年、クルアー
ン幼稚園／クルアーン児童教室での学習を修了した子どもたちを受け入れる
ための継続学習の教育組織の開設について話し合われた。なぜならクルアー
ンを読誦できるようになった子どもたちには、その後も継続してクルアーン
の読誦を学習する機会を整えることが重要と考えられたためである。

　1990 年以降、クルアーン幼稚園およびクルアーン児童教室での教育を終
えた子どもたちのために、継続学習の機会として、クルアーン幼稚園継続学
習会 (TKAL：Taman Kanak Kanak Al-Qur'an Lanjutan) およびクルアーン児童教室継
続学習会 (TPAL：Taman Pendidikan Al-Qur'an Lanjutan) が試験的に開始された。幼
稚園児および小学生それぞれが、クルアーンの読誦ができるようになった
後、クルアーン読誦の修了試験 (ハタム Khatam) として少なくとも 15 ジュズ
(巻) を読誦することが主要な学習目標とされた。その後、1993 年以降、継
続クルアーン学習会 (TQA) が開設され、クルアーン幼稚園とクルアーン幼稚
園継続学習会およびクルアーン児童教室とクルアーン児童教室継続学習会を
修了した者のための、クルアーン読誦学習を中心に学ぶ場となった (Mangun
Budiyanto 1999: 54-55, As'ad Humam et al. 2001: 15)。

　このようにクルアーン読誦学習が年齢と学習段階別に分けられ、組織的に
提供されるようになったのは、子どものためのクルアーン読誦学習の方法改
善が進められ、『イクロ』が創案されたことが大きく関係している。『イクロ』
とは、アスアド・フマムが、スマランのダハラン・サリム・ザルカシから学
んだ『キロアティ』をもとに、独自に改良を重ねたクルアーン読誦学習テキ

ストである（第4章参照）。アスアド・フマムと AMM のメンバーらは、『イクロ』を活用する学習施設での教育と、それに続くクルアーン学習会での学習システムを整え、子どもたちがクルアーンを読誦できるようになり、その学習を継続していくための環境を整えることに努めた。ジョグジャカルタでの取り組みは、1990年代以降、ジョグジャカルタ周辺だけでなく、全国的な展開につながっていった（第5章参照）。

2) クルアーン学習施設の教師の育成

　クルアーン幼稚園に続いてクルアーン児童教室が開設されていくなかで、個々の学習を担う教師の育成も重要であると考えられた。ブディヤント（Mangun Budiyanto 1999: 59-60）によると、1992年10月、AMM は、クルアーン学習施設の教師のためのクルアーン読誦指導コースをアスアド・フマムの自宅前のバイトゥルラフマン・モスク（Masjid Baiturrahman）で開催した。アスアド・フマムの弟のジュマヌディンが運営を担当し、ブディヤントが事務局を担当したという。開設当初は、ジョグジャカルタのプサントレン・クラピヤ（第1章参照）やコタグデのプサントレン・ヌルル・ウンマ（Nurul Ummah）などのイスラーム寄宿塾で指導する教師らと協力して、クルアーン学習施設の教師のための指導が行われた。クルアーン読誦のための指導が行われた特別クラスは、インドネシアの各地で創設されたクルアーン幼稚園やクルアーン児童教室の運営者たちからの関心を集めた。その後、全国から多くの参加者が集うようになり、AMM が主催するクルアーン教師のための学習コースの修了証を取得した教師は、1997年までに5878人を数えた。AMM によるクルアーン学習施設の教師養成プログラムは、各地のクルアーン学習施設の教師たちの資質向上を支えた。他方で、AMM 以外にもクルアーン学習施設の教師のための研修プログラムを提供する団体は増加し、様々な団体が、クルアーン教師のための研修を提供するようになっていった。

第4節　小　括

　本章では、プンガジアン・クルアーンの組織的な学習と運営のモデルが、ジョグジャカルタを拠点として構築された経緯を明らかにした。アスアド・フマムは、AMM を結成し、そのメンバーの若者たちとともに、地域で営まれてきたプンガジアン・クルアーンの改善や関連する学習活動の支援を行ってきた。アスアド・フマムはイスラームの宗教の教えを重んじた企業を営み、その利益の一部を活用して『イクロ』の創案およびクルアーン幼稚園の開設、そしてジョグジャカルタ近隣のモスクでのプンガジアン・クルアーンのサポートなどを行った。その際、AMM のメンバー、すなわちジョグジャカルタ内外で育った若者らが、アスアド・フマムの活動に関わった。AMM のメンバーに、学生運動家として活動していた者たちが含まれた背景には、1970 年代後半以降、スハルト体制下で言論・思想活動が大きく規制され、学生たちにもその影響が及んだことが背景にある。AMM のメンバーらは、クルアーン教師アスアド・フマムとともにモスクでの学習指導に関わる機会を得た。それは、クルアーン読誦学習の方法改善を通した、従来はなかった新しいタイプのクルアーン学習施設の創設やそこでの学習指導や運営に関わる機会だった。他方、持病を抱えていたアスアド・フマムは、単独でクルアーン読誦学習の改善に取り組むことは、限界も多かったであろう。若者たちの取り組みを経済的に支えることで、アスアド・フマムも彼らのフットワークに支えられ、モスクでのプンガジアン・クルアーンの改善に従事することができたといえる。

　個人のカリスマ性やリーダーシップ能力を尊重し、師の教えに忠実であることが求められるジャワの伝統的なプサントレンの運営とは異なり、アスアド・フマムは、若者たちとともに、学習者が主体的に学べる効果的なクルアーン読誦学習のテキストとして『イクロ』を創案し、プンガジアン・クルアーンを組織的に営むクルアーン学習施設の開設を進めた。

注

1　AMM は、ムハマディヤーの一組織であると捉えられることが多い。しかし、AMM の特徴については、Nakamura (2012: 271-273) も指摘しているように、メンバーになる者たちは、多様であり、決してムハマディヤー関係者に限られてはいない。

2　アスアド・フマムが式典などに出席する際、ウィドドが付き添いをしていたことは、筆者が AMM から入手した写真資料からもうかがえた (Dokumentasi Balai Litbang LPTQ Nasional di Yogyakarta など)。

3　2005 年 8 月〜 10 月中に行ったウィドドからの聞き取りによる。

4　1980 年代前半、スハルトは、政治的安定のため、すべての政党と大衆団体に対して、パンチャシラを「唯一原則」として受け入れることを求めた。HMI は、内部において「唯一原則」を受け入れるか否かを巡り内紛がおき、分裂する事態にまで発展した (野中 2010b: 29-30)。

5　As'ad Humam 1995 (2005 年ジョグジャカルタ滞在中にアスアド・フマムの家族から筆者が入手した資料)。

6　トゥルムジが運営するクルアーン児童教室の関係者が執筆したと推測される資料 (2005 年 9 月 13 日にトゥルムジ氏より入手した資料 (執筆者不明 1997))。

第4章 『イクロ』創案の経緯と活用方法
──『キロアティ』との比較から──

インドネシア国内で創案されたクルアーン読誦学習テキストは数多い。しかし、インドネシアの教育文化省はさまざまなクルアーン学習施設で活用されるクルアーン読誦学習テキストの代表例として、『キロアティ』と『イクロ』を挙げている (Departmen Pendidikan Nasional[1] 2001: 10)。『キロアティ』は、子どものためのクルアーン読誦学習テキストとして、『イクロ』に先じて創案された。その後、『キロアティ』を参考にし、ジョグジャカルタのアスアド・フマムが、『イクロ』を創案した。

本章では、アスアド・フマムが創案した『イクロ』の、『キロアティ』と異なる点を明らかにし、『イクロ』の特徴を考察することを目的とする。第1節では、クルアーンの読誦学習が、『キロアティ』や『イクロ』などの学習テキストを活用することで生じた変化を明らかにする。そのうえで、『キロアティ』創案の経緯とその内容を明らかにする。第2節では、アスアド・フマムが創案した『イクロ』を用いる学習方法の特徴を明らかにする。その後第3節においては、『キロアティ』と『イクロ』のテキストの内容や指導方法の特徴を比較し、第4節の小括で、『キロアティ』と異なる特徴をもつ『イクロ』を用いるクルアーン読誦学習の意義を考察する。

第1節　『キロアティ』を活用したクルアーン読誦学習

1) 旧来のクルアーン読誦学習の方法と新しい学習方法の違い

1―クルアーンの読誦とその学習について

　クルアーンは「誦まれるもの」という意味があり、書物としてクルアーンが編纂されるまで、クルアーンの内容は、暗誦によって受け継がれてきた歴史がある。クルアーンの朗誦を聞くと、アラビア語を知らない者であっても独特の音のリズムを感じとることができるのは、句の末尾に韻を多用した章句が多く、音韻散文に近いためであるとされる。そのため、畳みかけるようなリズムや独特の余韻を生んでいるとされる (例えば大川 2004: 65-69、小杉 2009: 57-61)。

　また、クルアーンは、声に出して朗誦すべきものであるため、クルアーンを美しく朗誦できる者やクルアーンの全章を暗誦した者は尊敬されてきた。クルアーンを学ぶ際、その内容を理解することよりも、まず正しい発音で声に出して読む学習から開始された。クルアーンの読誦学習で学ぶアラビア文字は 29 文字あり、それぞれの文字には名称がある。個々の文字の名称は、実際にアラビア語を読む際の音とは異なる。また、クルアーンにおけるアラビア語は、通常のアラビア語の文章とは異なり母音記号などの発音記号が付されている。クルアーンを読む際は、アラビア文字に付された記号を識別して、正しく個々のアラビア文字を発音することによって、聖なるクルアーンを読誦することが求められる。また、アラビア文字は語頭、語中、語尾で形が変化するため、母音記号などとともに、こうした文字の形の変化にも注意して、正しく識別して発音することが必要となる。

　従来からクルアーンの読誦に用いられてきた学習方法は、バグダディア法 (Qaidah Bagdadiah) と呼ばれる。マハムド・ユヌスによれば、バグダディア法では、以下のプロセス (**表 4-1**) がふまれた (Mahmud Yunus 1960 (1996) : 36-37)。

表4-1　バグダディア法におけるクルアーンの読誦学習方法

学習の順番	学習方法
〈1〉	一つ一つのアラビア文字の形と名称を確認し、それらを口頭で読み上げる。まず、アリフ、バー、ターと、一つずつアラビア文字（の名称）を読み上げていく。
〈2〉	その後、アラビア文字の名称と発音記号の位置を一つ一つ確認した後、読み進めていく。例えば、母音「ア」の音を示す記号（それぞれの文字の上部に付す線）を付した文字を読む場合、「アリフ（文字の名称）の上が　アー」、母音「イ」の音を示す記号（文字の下部に付す線）を付した文字を読む場合は、「アリフ（文字の名称）の下がイー」というように、読み進めていく。
〈3〉	クルアーンのジュズ・アムマの章句を読むことから実際のクルアーンの読誦学習を開始する。その際、第1章（アル・ファーティハ（開端）章）を読んでから、ジュズ・アムマの章句を読誦する。

　〈1〉と〈2〉のアラビア文字の学習を終えた後、〈3〉では、実際にクルアーンのジュズ・アムマを読む段階へと進む。ジュズ・アムマとは、クルアーンの最後の巻であり、ムハンマドに下った初期の啓示が多く、端的にイスラームの原理・原則を示した文言が主流であり、個々の章句は短い。ジュズ・アムマのうち、クルアーン最後の章である第114章（人々：アン・ナース）から前半の章にさかのぼって、第93章（朝：アッ・ドハー）まで読む。その後は、クルアーンのなかで最も長い章の第2章（雌牛：アル・バカラ）を読み進める。教師の指導のもとで、このように実際のクルアーンを読誦する学習が行われた。マフムド・ユヌスによると、かつて20世紀前後において、クルアーンの読誦学習で活用していたのは、アラビア文字をすべて記した書物とジュズ・アムマ、およびクルアーンだったという（Mahmud Yunus 1960 (1996) : 37）。

　クルアーンの読誦を行うためには、たとえアラビア文字や発音記号を覚えたとしても、発音記号の種類やその発音、さらに位置によって変わるアラビア文字の形を識別しなければならない。そのため、実際にクルアーンを流暢に読誦できるようになるのは容易なことではなく、何年もかかるのが一般的だった。そうした状況は、植民地時代においても変わらなかったことを小林（2008: 73-76）が指摘している。こうした学習方法は、オランダの植民地だっ

た1900年以前から大きく変わらず（Mahmud Yunus 1960（1996）: 55）、独立後のインドネシアにおいても長年活用されていた方法だった。

2―新しい学習方法の創案とそのテキスト化

個々の教師の裁量に任されて営まれてきたプンガジアン・クルアーンが、インドネシアにおいて、組織的に営まれるようになったのは1980年代以降である。従来はアラビア語を母語としないムスリムにとって効果的な学習方法はなく、上述したバグダディア法のように、アラビア文字の読み方を学んだ後に、まずは、クルアーンのジュズ・アムマにおける短い章句を活用しながらクルアーンの読誦の方法を学んだ。こうした学習方法は、近隣のマレーシアのムスリムにも共通していた[2]。初学者がクルアーンを正しく読むためには長期間を必要としたため、その克服と改善を目指し、幼い子どもたちが、学習できるよう創案されたのが、『キロアティ』や『イクロ』である。

『キロアティ』や『イクロ』での学習は、表4-1で示した旧来のクルアーンの読誦学習のうち、〈1〉と〈2〉の学習を省略し、〈3〉の学習の前の段階の学習を丁寧に行う構成となっている。

『キロアティ』は中部ジャワの州都スマランを拠点とし、活用されてきた。中部および東部ジャワを中心に複数の支部を置いて、『キロアティ』を用いる教室運営やテキストを用いた指導を管理してきた。他方で『イクロ』は、ジョグジャカルタで創案されたものであるが、書店などで一般販売されるテキストである。BKPRMIが全国に普及させたクルアーン幼稚園／クルアーン児童教室において主に活用されてきた。両テキストともに、インドネシア国内にとどまらず、マレーシアやシンガポールなどの近隣諸国でも、アラビア語を母語としないムスリムが活用してきた（Nakata 2009: 31-32）。

『キロアティ』や『イクロ』は、旧来の学習方法よりも、学習者が効果的にクルアーンを読めるようになることを目的とし、創案されたテキストである。新しいクルアーン読誦学習のテキストは、『キロアティ』や『イクロ』だけではない。インドネシアでは、クルアーン読誦学習のためのさまざまな方法が

開発されてきた。2005 年の時点で、インドネシアには全国に 37 種類のクルアーン読誦のための学習法があり、そのうちの 20 種類以上が東部ジャワで開発されたという見解もある[3]。テキストの創案後、改良が重ねられ、1990 年に編纂・出版された 6 巻構成の『キロアティ』と『イクロ』は、それぞれ就学前の子どもからクルアーン読誦学習に活用しやすいテキストとして開発されたものである。第 1 巻から第 6 巻は、それぞれ 30 ページ前後の薄いテキストであり、各巻ごとに表紙の色が異なる。

　『イクロ』と『キロアティ』の学習内容として示したのが**表 4-2** である。表 4-2 に示したように、2 つのテキストでは、第 1 巻から第 3 巻においては、表 4-2 内の 1) の内容に重点を置いた学習がなされる構成になっており、続く第 4 巻から第 6 巻は、2) 〜 4) の内容から成っている。また、上記のうち 3) と 4) の学習は、クルアーンの章句の一部を活用しており、両テキストともに、第 5 巻以降は、多くクルアーンの章句を用いた構成となっている。

表 4-2　『キロアティ』と『イクロ』の学習内容

主な内容	『キロアティ』および『イクロ』で学ぶ巻号	備考
1) 母音記号、撥音、促音を表す発音記号を付した単独のアラビア文字の読み方を学び、その後、語彙や句においてアラビア文字の形が変わっても、正しく読めるように学習すること。	『キロアティ』および『イクロ』の第 1 巻〜第 3 巻で学ぶ	
2) 文字や発音記号の組み合わせによって、長く音を伸ばして読んだり、書かれた文字を発音せずにその文字の次に書かれている文字から読む場合があることなどを識別して句を読誦すること。	『キロアティ』と『イクロ』の第 4 巻から第 6 巻で学ぶ内容	
3) 文字と文字の組み合わせによっては子音を強調して読むものや、子音を強調せずに発音すべき場合がある。それを識別して正しい発音で、語彙や句を読誦すること。		クルアーンの章句を用いる
4) クルアーンの章句に記載されている、休止を意味する記号を識別して句を読誦すること。		

（『キロアティ』および『イクロ』のテキストをもとに筆者作成）

2) アスアド・フマムが参考にした『キロアティ』

1—ダハラン・サリム・ザルカシとの出会い

　アスアド・フマムが、『キロアティ』創案者であるダハラン・サリム・ザルカシ (1928 ～ 2001) と出会ったのは、互いに商売を通した交流があったためだったとされる。ダハラン・サリム・ザルカシは、スマラン市内で商売をしながら複数のクルアーン読誦を専門とするキヤイのもとで学んだ経験を持つ。ダハラン・サリム・ザルカシは初等教育に相当するイスラーム学校 (SD Mahad) で 5 年間学んだ後、商売をしながら、モスクでの活動に従事した。その後、24 歳前後で、中部ジャワのカリウング (Kariwungu) のキヤイ・アスロル (KH.Asror) に 1 年間師事し、結婚後は、スマランのクルアーン専門の教師に学んだ。師から学ぶ過程で、東ジャワで開発された学習法からアイデアを得て、『キロアティ』を作成したという[4]。

　ダハラン・サリム・ザルカシがスマランで長年師事したのが、トゥルムジだった。1955 年以降は、トゥルムジの下でクルアーンの学習に励んだ。ダハラン・サリム・ザルカシが最も慕った教師であるトゥルムジは、ジャワのプサントレンで学習を積んだ人物であり、2005 年当時、スマラン市内のカウマン地区でプサントレン・ラウダトゥール・クルアーン・スマラン (Pesantren Raudhatul Qur'an Semarang) を営むキヤイだった。トゥルムジは 1926 年にデマックで生まれた。デマック (Betegan, Demak) のプサントレンで 1938 年から学び、その後も複数のプサントレンで学んだ。日本軍政期の 1943 年から 45 年までは、ジョグジャカルタのプサントレン・クラピヤ (第 1 章参照) で、創設者のムナウィールの教えを受けた。その後、東ジャワのパチタンに移動し、プサントレン・トレマス (Pesantren Termas) で 2 年間学んだ。その後も学習の遍歴は続き、中部ジャワのラセム (Lasem) のプサントレンのキヤイ・マッスム (K.H. Ma'sum) のもとで 2 年間学び、その後、レンバン・テンガ (Rembang Tenggah) のプサントレンで 2 年間学んだという。1951 年にデマックで結婚し、55 年以降、スマランでプサントレンを開設し、その頃からダハラン・サリム・ザルカシ

を指導した[5]という。ダハラン・サリム・ザルカシは、自らの師であるトゥルムジに、『キロアティ』編集における指導を仰いだ[6]。その後1963年に『キロアティ』が完成し、ダハラン・サリム・ザルカシはそれを用いて幼い子どもたちを対象として、クルアーンの読誦の指導にあたった。

　つまり、ダハラン・サリム・ザルカシは、初等教育修了後からクルアーンに関する知識を、トゥルムジをはじめとする複数のキヤイに学んだ。プサントレンでの学習経験の豊富な師から学ぶことを通して、クルアーン読誦に関する知識を深めたといえる。

　アスアド・フマムは、1975年頃から、ダハラン・サリム・ザルカシから『キロアティ』の学習方法を学び、『キロアティ』のテキストをクルアーン読誦学習の指導に用いるようになった (Mangun Budiyanto 1999: 44)。子どもの指導に当たる過程で、アスアド・フマムは、次第に、子どもたちがより学びやすい、効果的な方法を追求するようになった。改良を重ねることで、1980年代には、全6巻の『イクロ』を創案した。

2―『キロアティ』における教師とテキストの役割
①テキストの序文からわかること

　6巻構成の『キロアティ』の表紙には、アラビア語で「キロアティ」の表記とともに、インドネシア語で「クルアーン読誦のための実践的な方法 (Metode Praktis Belajar Membaca Al-Qur'an)」と記されている。

　『キロアティ』のテキストを開くと、まず謝辞が述べられている。謝辞には「編者は、我々が編集したすべての書籍の修正に尽力してくださったトゥルムジ氏に対して感謝を申し上げる」と記してあり、『キロアティ』の創案者ダハラン・サリム・ザルカシによる自らの師に対する敬意が強く表れている[7]。続いて『キロアティ』の活用における注意事項として、以下の4点を挙げている。

1.　少しであっても、この『キロアティ』の編集方法の引用や、模倣を行う

ことは正しいことではない。

2. クルアーンの読誦学習の方法を簡易化するための本の編集は、神から
   の恵に値する。しかし、類似したように見えるように誰かの業績を真似
   ることは、非難の対象となる。

3. 書いたものに対して誠実であることは称賛されるが、不誠実であるこ
   とは、我々の宗教では禁じられている。

4. よく考えなさい。

続いて、序文では、以下のように、6巻構成の『キロアティ』教本が完成し
た経緯が書かれている。

　「神に感謝すべく、アッラーのご加護のもとで、「クルアーン幼稚園（4
〜6歳児）のためのクルアーン読誦学習」と題した一冊の本（全6巻）が出
版された。本書は、1986年7月1日、インドネシアで最初に設立された
クルアーン幼稚園で初めて刊行された。…（中略）…以前、このテキス
トは8巻構成で編集されたが、われわれは、何度も研究を重ね、ついに
新しい方法、すなわち、わずか6巻の構成による方法に到達した。…（中
略）…クルアーン幼稚園のための、このキロアティ教本は、1963年に我々
が編纂した10巻構成の『キロアティ』をもとにしたものである。この年
こそ、実用的な方法および、クルアーンのタジュウィードも含まれた学
習方法と出会ったのである。この学習方法との出会いは、他の者が出会っ
たさまざまなメソッドとは異なる。

　編者は、この本が、現在および未来の子どもたちによって活用され、
また、アッラーによって、受け入れられるひとつの善行となることを願
う」

と記されている。『キロアティ』のテキストは、1963年創案時は10巻構成
だった。その後8巻構成のテキストとなった時期もあったが、6巻構成のも

のが整えられた。「神からの恵みに値する（berpahala）」ものであるため、書物として一般に販売されることへの抵抗は、『キロアティ』の謝辞からもうかがえることである。謝辞の最後に、注意事項として強調しているのは、「本書には、多くのクルアーンの章句が含まれている」ため、適切な場所に保管するべきとしていることである。適切な場所に保管するとは、クルアーンを扱うのと同様に床に置くことは許されず、丁寧に扱うことを意味するものといえる。

　裏表紙をみると、『キロアティ』は「自由販売されない（書店にはない）」、「教師は承認（Tashih）を得て指導を受けること」、「クルアーン幼稚園／クルアーン児童教室では、同一の規律に従う」とある。したがって、『キロアティ』は、一般的な出版物としてではなく、クルアーンと同じくらい神聖なテキストであると位置付けられている。それを理由に、無断で引用・模倣を禁じるものとされている。

　また、テキストの使用や教師の資格、教育施設の運営は、ダハラン・サリム・ザルカシおよびその家族が営む財団（クルアーン教育・ラウダトゥール・ムジャウィッディン財団：Yayasan Pendidikan Al-Qur'an Raudhatul Mujawwidin Semarang）が管理している[8]。第1巻の巻頭で、4〜6歳（クルアーン幼稚園）の指導方法として、「各クラスは、教師1人（補助教員を含まない）に20人の生徒とし、第1巻は、教師1人に生徒は15人とすること」、「第1巻と第2巻は、教師が生徒ひとりひとりに個別で指導し、他の生徒が静かに待っているよう、書き方学習をさせる」とある。規定された教師と生徒の人数や指導方法に従って、画一的に指導がなされ、教室間での差異が生じないことを重視している。

②教師による学習指導の方法

　各巻においてアラビア文字や語彙の読み方の学習に入る前に、『キロアティ』を用いるうえで必要な「指導上の手引き」が記されている。手引きの内容は、全巻で共通するものと個々のテキストで学ぶ内容に応じたものが含まれる。特に初歩の段階である第1巻〜第3巻において共通して重視している

のは、以下の**表4-3**に示した5点である。

　表4-3の1「文字を直接読み、説明（urai: アラビア文字の名称や発音記号の名称等の読誦）はしないこと」は、発音記号の名称やアラビア文字の名称などを読み上げることはせずに、発音記号を付したアラビア文字を読誦する方法を用いることである。2「グル（教師）が学習内容の基本事項を説明したあとにムリッド（生徒）は一人で読む」は、教師の発音を真似るだけではなく、文字の読み方や仕組みを理解し自ら声に出して読むことを意味する。これらの内容は、後に述べる『イクロ』のテキストの活用においても共通する。しかし3と4の内容は、『イクロ』にはなく、『キロアティ』独特の特徴といえる。

　『キロアティ』では、各ページに下欄が設けられている。表4-3の3「各ページの下部の枠内に書かれた内容」は、アラビア文字や発音記号そのものの名称とともにアラビア数字の読み方の学習が含まれる。例えば、第2巻の手引では、「ムリッドが発音記号の名称を理解するようにグルは頻繁にムリッドに発音記号の名称を尋ねる」、「アラビア数字はアラビア語で発音する必要はない。グルの判断による」と書かれており、従来の「バグダディア法」のように、アラビア文字の名称や発音記号を個別に理解する学習もされることがわかる。また、ページによっては下部の枠内に、教師のための具体的な指導上の手引きを記している。

　表4-3の4の「グルは、個々の生徒が間違うことなく流暢に読めるよう努

表4-3　『キロアティ』第1巻から第3巻で共通する指導手引きの内容

1	「文字を直接読み、説明（urai: アラビア文字の名称や発音記号の名称等の読誦）はしないこと」
2	「グル（教師）が学習内容の基本事項を説明したあとにムリッド（生徒）は一人で読む」
3	「各ページの下部の枠内に書かれた内容は、学習内容に含まれ、ムリッドは読まなければならない」
4	「グルは、個々の生徒が間違うことなく流暢に読めるよう努める」
5	「ムリッドは、間違うことなく読めるようになったら次の巻に進んでよい」

（Dachlan Salim Zarasyi (1990) の第1巻～第6巻における各巻の指導手引きを参照し、筆者作成）

める」は、教師が直接生徒を指導することを前提としていることがうかがえる。具体的指示は、例えば、4巻以降でも「グルは、読誦の例を、繰り返し提示する必要がある」（第5巻8ページ）など、教師に対する指示が、テキスト内の下欄に記されている。また、『キロアティ』の第6巻では、生徒たちの集団学習も奨励している。

　つまり、『キロアティ』を用いた学習は、生徒が単独で活用するものではなく、教師による監督や指導のもとで、あるいは同じレベルの内容を学ぶ学習者とともに活用することが前提とされている。

第2節　『イクロ』の構成とその特徴

1)『イクロ』の「序文」にみるテキストの役割

　『イクロ』は、クルアーン読誦の「速習法（Cara Cepat）」と位置付けられている。アスアド・フマムが、若者たちとともに結成したAMM（第3章参照）が主体となって編集・印刷し、販売してきたテキストである[9]。

　アスアド・フマムは、長年、バグディア法には満足できず、学びやすい方法を模索していた。その後AMMの若者たちとともに、クルアーン学習の指導方法の改善を試みてきた。1970年代に、スマランのダハラン・サリム・ザルカシから学んだ『キロアティ』をクルアーン読誦学習の指導に用いていたことがあったが、アスアド・フマムは、自らが子どもの指導にあたるなかで、より効果的な学習方法を追求し続けた（Mangun Budiyanto 1999: 70-71, 2006: 14-16）[10]。アスアド・フマムは改良を重ねることで、新しいクルアーン学習テキストを創案し、1989年に6巻構成の「クルアーン読誦の速習法（Cara Cepat Belajar Membaca Al-Qur'an）」として、『イクロ』を完成させた（Mangun Budiyanto 1999: 52）。

　テキストの巻頭の言葉[11]では、

　　　　「編者は、1950年代頃からクルアーンの読誦学習指導にあたり、さまざまな学習方法を試してきたが、依然として完璧な方法には出会えな

　かった。そこで、これまでの長い経験を生かし、また多方面からの要望
や意見を受け、これこそがアッラーの恵みであるのだが、それらとともに、さまざま方面からの働きかけと支援のもとで、『イクロ』は創案された」

　と記し、『イクロ』の創案に至るまでにお世話になった人々として、上述した『キロアティ』の創案者ダハラン・サリム・ザルカシを筆頭に、『イクロ』の編集に関わった複数の AMM メンバーらの名前を連ね、『イクロ』完成に向けて指摘された助言や批評への感謝の意を述べている。また、宗教省のイスラーム社会指導および巡礼業総局長やジョグジャカルタ特別州の宗教事務所関係者の名前も記されている。これには、『イクロ』が、AMM や BKPRMI を通して全国規模で普及していくなかで、政府高官らの支持を得たことも関係していると言える（第 5 章参照）。

　2000 年に出版された『イクロ』では、先述の創案者アスアド・フマムによる序文に加え、『イクロ』の編集に関わった AMM 代表のウィドドによる謝辞も記載されている。AMM は、全国クルアーン朗誦開発組織（LPTQ（Lembaga Pengembangan Tilawatil Qur'an）Nasional）のクルアーン読み書き指導システム研究開発部（Balai Penelitian dan Pengembangan Sistem Pengajaran Baca Tulis Al-Qur'an）と政府により位置付けられており（正式決定は 1991 年 2 月（As'ad Humam et al.2001: 5）、第5 章参照）、AMM が全国から注目されてきた組織であることも示している。

　また、『イクロ』のテキストには著作権を取得している旨が記載され、「どのような形態であっても本書を増版することを禁じる」としている。実際には、コピーを使用したり、真似たりする例はあるが、『イクロ』は出版物として、他の書物よりも安価で、一般販売されているテキストである。つまり、関心のある者は、誰でも『イクロ』を書店等で購入することが可能である。そのため、AMM や BKPRMI と直接かかわりのない人々も、『イクロ』を直接手にとって、個人で、もしくは集団での学習において活用することができた。

　ジョグジャカルタの AMM や BKPRMI は、クルアーン学習施設における

学習内容や運営の標準モデルを構築し、個々の学習施設が、それに従って『イクロ』を効果的に活用し、クルアーン読誦学習を充実させることに努めた。その際、標準カリキュラムに従うクルアーン学習施設や教師に対して、管理・統制するというよりも、個々の学習施設がうまく機能するよう教師らに助言し、導くことに取り組んだ。モスクやランガルでのクルアーン教師たちに、研修の機会を設けるなどして、既存のクルアーン学習施設の充実と発展を促し、それをサポートした（第 6 章、第 7 章を参照）。

2)『イクロ』の指導手引きと学習内容——学習者に向けた言葉と内容——

　『イクロ』は、初学者が、教師による指導を受けるとともに、独学でも学びやすいように配慮されている点に特徴がある。例えば、母音記号を付した文字を読む学習に入る際は、アラビア文字と母音記号が示され、その発音をアルファベットで大きく示しているページもある。また第 1 巻の巻末には、アラビア文字のインデックス表がある。「ア音」を表す記号を付したすべてのアラビア文字を並べ、その文字の発音とアラビア文字そのものの名称をアルファベットで示している。このインデックス表は、後の学習でも参照して学ぶことを奨励している。しかし、アルファベットでは表記しにくいアラビア文字の発音は、専門知識を持つ者に発音の仕方を尋ねなければならないと書き添えている。

　表 4-4 は、教師のための手引きとして第 1 巻に書かれているもののうち、第 2 巻以降も共通して指摘されている内容をまとめたものである[12]。第 2 巻〜 6 巻では、表 4-4 の内容とともに、個々のテキストで学ぶ内容に応じた手引きが記載されている。

　手引きの内容は、生徒が自発的に学ぶように教師が手助けすることを重視している。例えば、表 4-4 の 1 における「a. サントリ（生徒）が活発に学ぶ方法」とは、教師は学習における基本事例を提示する以外は、生徒の学びを見守ることが大切であると説く。生徒がテキストを自ら読まずに、教師の発する音を真似るだけの学習にならないよう配慮すべきとしている。また、「b. プラ

表4-4　『イクロ』の各巻に共通する指導手引きの内容

1	『イクロ』を用いた指導のシステム： a. サントリが活発に学ぶ方法（Cara Belajar Santri Aktif） b. プライベート（Privat）、c. アシスタント（Asisten）
2	一度正しく読めたら、それを繰り返してはならない。
3	サントリが文字を読み間違ったら、間違った文字を正すだけで十分である。
4	学習内容をサントリが十分理解している場合、学習内容を飛ばして先に進んでよい。
5	修了試験は、グルが行うことが望ましい

（As'ad Humam, Balai Litbang LPTQ Nasional Team Tadarus "AMM" Yogyakarta 1990, 第1巻〜6巻を参照し、筆者作成）

イベート」は、教師が生徒ひとりひとりの学習状況を個別に確認することを意味し、この点は『キロアティ』を用いる指導法と共通するが、『イクロ』では「c. アシスタント」として上級生が下級生のクルアーン読誦学習を支援することを認めている。これは『キロアティ』と大きく異なる点である。

　続いて表4-4の2から4は、生徒が自発的に正しい音で発音するように、教師が支援する方法を示している。2「一度正しく読めたら、それを繰り返してはならない」というのは、発音記号を付したアラビア文字を一つ一つ読む場合だけでなく、複数の文字からなる単語や句を読誦する練習の際にも同様とする。例えば第3巻の手引きでは、表4-4の2に加え、生徒が次に読むべき文字の読み方を考えて、その文字のひとつ前の文字を繰り返し発音してしまう場合、繰り返した文字がいくつあるのか生徒に聞くことを指摘している。

　また表4-4の3「サントリが文字を読み間違ったら、間違った文字を正すだけで十分である」は、正しい発音を生徒が自ら発するように促すことを意味する。その際、たとえば「『おっと。気を付けよう、止まってごらん』などと語りかける」（『イクロ』第1巻の手引きより）。しかし、依然として間違っている場合は、間違った文字と似ている文字の読み方を尋ねることで、間違った文字の読み方を思い出すよう促す。それでもなお正しい読み方ができない場合に、初めて正しい読み方を教師が示すことを記している。例えば第2巻

の指導手引きには、母音を伸ばして発音する読み方を間違えた場合、すぐに正しい読み方を教師が示すのではなく、「グルは、『なぜ伸ばした音で読むの？』、またサントリが短く読んだ場合は（長く発音して読むべきであった場合）、『どうして短い音で読むの？』と語りかけるだけで十分である」とする（『イクロ』第2巻 手引きより）。4 では、学習者の能力に応じて効率よく学習することを認めている。各巻の後半には EBTA（修了試験）のページを設け、その内容を間違えずに正しく読むことができれば、その巻の学習は修了となる。日常の学習ではアシスタントによる指導を認めているが、5 では修了試験は教師（グル）が行うことを指示している。

　指導手引きの後に開始されるアラビア語の読誦学習のページに入ると、『イクロ』の各巻で、学習者に向けて注意すべきことを、インドネシア語で短く指摘している。

　「長く伸ばす音と短い音の発音の読み間違いは、大きな間違いである」（『イクロ』2巻18頁）、「ゆっくり取り組みなさい、音の長さと短さを正しく読めるように」（『イクロ』3巻7頁）などと書かれている。

　また、発音記号を付したアラビア文字を読む場合の母音が「ウ」や「ウー」と伸ばす違いがある場合は、アラビア文字の隣に「u」もしくは「uu」というように、短く発音するのか、長く伸ばして発音するのか、その違いをアルファベットで示しているページもある（例えば『イクロ』第3巻19, 21頁など）。

　また巻末の修了試験内容の前ページには、「もしまだすべて正しく読めないようであれば、修了試験に進んではいけない。もういちど繰り返して読んでみなさい！」（第3巻30頁）、「すばらしい、しかし復習しなさい。そうすれば再び読み間違えることはなくなります。その後に修了試験へ」（第4巻30頁）などと、学習者へのメッセージが書かれている。

　学習者が学びやすいような工夫がなされているため、教師は、クルアーン読誦の方法を詳細に指導するのではなく、正しい発音の模範を示すのみで、その後は、生徒が自ら読誦することを尊重している。

第3節　『キロアティ』と『イクロ』の比較からわかること

1)『キロアティ』を用いた指導

　『キロアティ』の場合、テキストは神聖な書物であり、教師が指導の際に、テキスト内容に忠実であるべきとする姿勢が、序文および指導手引きの内容からうかがえた。また、教師は、学習の際に、生徒が従うべき絶対的な存在である。このような点からは、イスラーム学習の伝統的な方法が反映されていることがわかる。

　表4-5はそれぞれのテキストの創案の背景とテキストの特徴にみられる相違点を示したものである。『キロアティ』においてテキストを神聖な書物と位置付け、教師に従って忠実に学ぶべきとする姿勢は、創案者が生まれ育った中部ジャワにはイスラーム学習の伝統を継承してきたプサントレンが多くあることや、創案者が長年プサントレンで学んだ人物に師事していたこととの関わりがうかがえる。

　イスラームに関する学習は、古来より権威ある師から直接学び、その師によって知識の習得が認定されたように、師弟関係は重要とされてきた。イスラーム社会は書物の普及した社会であったが、書物から独学で得た知識は信用されず、そのような人物には教える資格はないという見方があったことを、秋葉・橋本 (2014: 19-20) らは指摘している。こうした学習形態は、マレーシアにおけるポンドックにおいても見られ (久志本 2014: 87-88)、インドネシアで伝統的に営まれてきたプサントレンにおいても、師にしたがって書物を学び、師と生徒との信頼関係は築かれてきた。生徒であるサントリのいる場所を意味する、イスラームの専門学習の場であるプサントレンでは、教師 (guru) やプサントレンの主宰者であるキヤイ (kyai) のもとで、主としてアラビア語の宗教書キタブの学習が行われてきた。独立後のインドネシアでは、プサントレンにおいて伝統的な学習を継続しつつも、近代的な学校制度を取り入れて発展してきたケースは数多い。プサントレンは、マレーシアのポンドックと同様に、古くから高度なイスラーム学習の拠点とされてきた。『キロアティ』

表4-5　二つのテキストの創案の背景とテキストの特徴

	テキスト創案の背景 （地域性、創案者の学習経験）	テキストと教師の役割・位置づけ
	イスラーム学習の伝統を尊重	
キロアティ	●地域性＝多くのプサントレンがある。 ●創案者の学習経験＝複数のプサントレンのキヤイに師事。	●テキスト＝神聖な書物 ●教師＝生徒が学び従うべき存在
	新しい指導方法を導入	
イクロ	●地域性＝近代学校の設立・発展 　改革派組織ムハマディヤーの発祥地 ●創案者の学習経験＝師範学校出身。 　※学生が集い学ぶ、モスクやプサントレンでの学習経験がある。	●テキストと教師＝ 　学習者主体の学習をサポート 　※日々の学習には、アシスタントによる指導も認める。

　創案者のダハラン・サリム・ザルカシやその師であるトゥルムジが学んだ中部および東部ジャワは、プサントレンが数多く存在し（西野1990: 32（資料1））、師に学び従うことを尊重するイスラーム学習の伝統を維持してきた地域といえる。また、小林（2008: 63-72）によれば、プサントレンは、19世紀頃にはジャワの各地で開設されていたことを、オランダ人らが記録していたという。そうしたジャワに根付くプサントレンでの師と弟子の関係は、『キロアティ』を用いる指導法や教師の役割においても、尊重されているといえよう。

2)『イクロ』を用いた指導

　他方、『イクロ』を用いた学習は、従来からのイスラームの学習における伝統よりも、むしろ新しい指導方法を取り入れることを奨励した。生徒の学びを中心に据え、テキストや教師を、学習者主体の学びをサポートする存在と位置付けていることは、『キロアティ』と大きく異なる部分である。

　創案者のアスアド・フマムが育ったジョグジャカルタは、第1章で論じたように、改革派イスラーム組織ムハマディヤーの発祥の地である。アスアド・フマムが暮らしたコタグデにも多くの改革派の知識人が暮らしていた。

　また、第3章で述べたように、アスアド・フマムは、ムハマディヤー師範学校A課程で学びながら、1950年代〜60年代頃のジョグジャカルタにおいて、学生たちが学び活動していたシュハダ・モスクやプサントレン・クラピヤにも通っていた経験がある。ジョグジャカルタにおいて、近代学校が創設され、発展していくなかで育ったアスアド・フマムは、クルアーン読誦学習に、学習者主体の指導方法を導入し、若者たちに子どもたちの学習を支援するよう働きかけた。

　ジョグジャカルタでは、植民地時代から近代的な学校や幼児教育の思想を柔軟に取り入れてきた歴史がある。独立後は、プリブミのエリートらによって初めて大学が設立された町でもある。ジョグジャカルタが、積極的に新しい指導方法を導入してきた地域性を有していること（第1章および第2章を参照）や、『イクロ』の創案者であるアスアド・フマムの学習経験（第3章参照）は、『イクロ』を用いた指導法に見られる性格に強く反映されているといえるだろう。

第4節　小　括

　『キロアティ』と『イクロ』は、アラビア語で書かれたクルアーンを、正しい発音で読誦できるように、アラビア語を母語としない初学者向けのテキストとして創案されたものである。両テキストの内容は共通する部分が多いが、本章では、両テキストを用いた指導方法や教師の役割が、それぞれ大きく異なっていることを明らかにした。

　テキストの指導方針や教師の役割に着目すると、『キロアティ』は、ジャワで発展したプサントレンにみられるようなイスラーム学習の伝統を尊重したが、『イクロ』は、従来のプサントレンにはなかった新しい指導方法を積極的に取り入れ、学習者中心の学びを尊重してきたことがわかる。ジョグジャカルタにおいて、20世紀初頭から、新しい教育システムや方法を積極的に柔軟に取り入れてきた地域性は、アスアド・フマムが創案した『イクロ』

の指導方法や、『イクロ』を用いる学習指導の際に求められる教師の役割に
反映されていた。また『イクロ』は、特定の団体や組織のみに活用を認める
というような制限はない。むしろ広く一般に普及することを理想としたもの
だったため、安価な一般書として販売されてきた。テキストの活用を、だれ
もが活用できるものとして普及させることを尊重する性格は、『イクロ』創
案者のアスアド・フマムが、「ハティ・ヌラニ」(第 3 章参照) を多くの人々と
共有することに寛容だったことと共通する。『イクロ』を用いたクルアーン
学習施設での学習の機会は、次章で検討する BKPRMI を通して 1980 年代後
半以降、全国に拡がる段階を迎えることとなる。

注

1　2001 年当時の名称は、国家教育省 (Departmen Pendidikan Nasional) だった。
2　例えばロスナニ・ハシム (Rosnani Hasim 2004: 195-196) は、クルアーン読誦の
　ための効果的な学習が必要とされていることを指摘するとともに、1993 年以降、
　マレーシアでは『キロアティ』や『イクロ』が活用されるようになったことを述べ
　ている。
3　2005 年 9 月 13 日スマラン市内にて、ダハラン・サリム・ザルカシの子息ブン
　ヤミン (Bunyamin) への筆者によるインタビューより。
4　ブンヤミンへの筆者によるインタビュー (2005 年 9 月 13 日、スマラン市内) お
　よびトゥルムジへの筆者によるインタビュー (2005 年 9 月 13 日スマラン市トゥ
　ルムジ自宅にて)。
5　トゥルムジへのインタビュー(2005 年 9 月 13 日スマラン市トゥルムジ自宅にて)。
6　トゥルムジへのインタビュー(2005 年 9 月 13 日スマラン市トゥルムジ自宅にて)。
7　ダハラン・サリム・ザルカシは、1994 年にトゥルムジに対して、『キロアティ』
　編集への協力のお礼の証として記念の楯をつくり、トゥルムジに贈っている
　(トゥルムジへのインタビューの際、筆者がトゥルムジから見せていただいた
　(2005 年 9 月 13 日スマラン市))。こうした点からも、『キロアティ』は、師に対
　する敬意を大切にしていることがわかる。
8　スマランの財団を本部とし、2005 年時にはジャワ島を中心に全国に 102 の支部
　を設置していた。支部では『キロアティ』のテキストの販売、『キロアティ』の指
　導教師の選抜試験や教師の研修を実施し、各地域の『キロアティ』教師の試験や

教室運営の管理を行っていた（ブンヤミンへの筆者によるインタビュー（2005年9月12日スマラン市））。

9　『イクロ』の印刷や製本は、少なくとも2010年頃までは、昔からの従業員の手作業に頼って行われてきた。複数の印刷機や製本機を用いるが、一斉に機械化を図ることはしていなかった。アスアド・フマムの家族によると、機械化することで、複数の従業員が職を失ってしまうことのないよう配慮しているとのことだった。『イクロ』はインドネシア全国に限らず海外でも活用されており、その収入は決して小さくない。しかし、『イクロ』の収入を効率良く増やすために、人員を削減し、最新機器を導入することを優先するのではなく、これまでの『イクロ』の販売を支えてきた従業員の手を活用した製本作業を尊重してきた。こうした点からは、利益を効率よく上げることよりも、AMMに関わる人々への敬意と配慮に基づいた事業であることがうかがえる。

10　アスアド・フマムは改良することでより良いテキストになると考え、子どもへの指導を試みながら何度も自らテキストの改良し、『イクロ』の完成させたことを、2005年9月〜2005年12月に筆者がジョグジャカルタに滞在中、AMMの関係者からうかがった。アスアド・フマムだけでなく、AMMのメンバーらによる助言も『イクロ』の創案に反映されたことは、『イクロ』の序文からもうかがうことができよう。

11　1990年7月3日のアスアド・フマムによる序文として記載されているが、それ以前のテキストにおける序文を編集したものであるという（As'ad Humam1990の第1巻〜6巻の序文参照）。

12　第2巻〜6巻では表4-4で示されたことに加え、それぞれの巻号の内容に適した手引きを記載している。

第Ⅲ部

プンガジアン・クルアーンの
標準モデル構築とその経緯

第5章　BKPRMI によるクルアーン学習施設の
全国展開の経緯

『イクロ』を用いるクルアーン学習施設が、全国で開設されていくことに大きな役割を果たしたのが、インドネシア・モスク青年交流会（以下、BKPRMI）だった。本章では、ダッワを展開する若者たちの水平的なつながりが生み出した BKPRMI の結成（結成当初は、BKPMI：Badan Komunikasi Pemuda Masjid だった[1]が、本書では統一して BKPRMI と記す）の背景を明かにしたうえで、BKPRMI が、『イクロ』を活用するクルアーン学習施設の全国展開に向けて活動するようになった経緯を明らかにする。

　第1節では、1970 年代以降、都市部において大学教員や学生たちがモスクを拠点とするダッワ活動に従事するようになった背景を、1960 年代以降の高等教育機関における宗教教育の必修化に対する大学側の対応との関係から考察する。第2節では、BKPRMI 結成の背景および活動実施をめぐる試練の時期があったことを明らかにし、第3節では、BKPRMI による、クルアーン学習施設の全国展開に向けた取り組みを明らかにする。第4節の小括において、BKPRMI は、政治的理由により、活動を規制されていた時期があったが、政治運動とは直接関わりのない、子どものためのクルアーン学習施設の普及活動を通して、組織としての正式な活動を復活させたことの意義を考察する。

第1節　都市部におけるダッワ活動の展開とその背景

1) 高等教育機関における必修科目としての宗教教育の実施をめぐって

　1950 代後半以降、特に 1957 年～ 1965 年のインドネシアでは、スカルノの もとで「指導された民主主義」の体制が創られていく時期だった。ナショナ リズム (Nasionalism)、宗教 (Agama)、共産主義 (Komunism) を結び付けたナサコ ム (Nasakom) 体制のもとで共産主義勢力が各地で勢力を拡大し、小・中学校 でのマルクス主義の教化も進められ (西野 1990: 80-81)、共産党員らによる人 民大学が主要都市で創設された (Lee 1995: 211-215)。共産主義勢力への抵抗を 強く示していた宗教指導者や軍の関係者らは、こうした展開を警戒した。

　1961 年、教育・教授・文化省が分割され、基礎教育・文化省、高等教育・ 学術省、スポーツ省に分かれた。翌年の 1962 年、高等教育・学術大臣に任 命されたのが、西ジャワ州チアミス出身のトイブ・ハディウィジャヤ (Tojib Hadiwidjaja) だった。トイブが大臣に就任した背景には、軍の推薦があったと される (Thomas 1973: 188)。このように、軍が、信頼のおける人物を高等教育 の戦略的なポストに送り込むことで、高等教育段階から宗教教育の実質的な 義務化が開始された (西野 1990: 81)。

　1963 年以降、高等教育・学術省は、教員養成大学を含むすべての高等教 育機関における宗教教育の義務化を進めた。1963 年の高等教育機関におけ る宗教教育育成委員会 (Lembaga Pembina Pendidikan Agama、以下 LEPPA) の設置は その一環だった。LEPPA は、各大学に設置されたが、高等教育・学術省と 宗教省が主導し (Kelabora 1976: 244)、宗教教育を受けるか否かを学生が選ぶ権 利を認めることはなかった。これにより、高等教育機関における宗教教育の 義務的な性格が明確にされた (Kelabora 1976: 243-244, 西野 1990: 81)。しかし、こ うした姿勢に対する共産主義者からの反感は強く、大学内での宗教教育の実 施は容易ではなかった。

　シャヒディン (Syahidin 2001: 134-137, Syahidin 2002: 5-7) は、バンドン教育大学 (IKIP: Institut Keguruan Ilmu Pendidikan) における 1960 年代の宗教教育の状況とし

て、イスラーム教育の実施状況を記している。同大学では、1963年から必修科目としてイスラーム教育が行われた。しかし当初、科目名は、「唯一神の哲学」(Filsafat Ketuhanan Yang Maha Esa) として、学期内に週2時間行われただけだったという。当時、高等教育機関において宗教教育を専門に行う教員は限られたため、イスラーム教育を提供するために、西ジャワ州内のプサントレンのイスラーム指導者らに講義が依頼された。当時、講義は、パジャジャラン大学の教員と複数のプサントレンのキヤイだったという。補佐をするのは、バンドン教育大学の教員で、プサントレンやマドラサで教育を受けた経験のある者たちだった。「唯一神の哲学」として行われたイスラーム教育の講義は、バンドン市内の2カ所で行われていた。バンドン市中心部付近に暮らす学生のためには、町の中心部に近いナリパン通りの施設 (Gedung Pusat Kesenian Rumentang Siang) で行われ、タシクマラヤとガルットのプサントレンの主宰者シャムスル・ハディ (KH.Syamsul Hadi) とアブドゥル・ハミッド (KH. Abdul Hamid) が指導にあたった。学習内容はクルアーンの読誦方法、礼拝前の清め方、礼拝の仕方、クルアーンの短い章句の暗誦、祈りの暗誦などだった。またバンドン市北部に暮らす学生には、バンドン教育大学の校舎の一部 (Gedung Bumi Siliwangi) が活用された。ここではパジャジャラン大学法学部教員のムフシン (H.Muchsin) が指導を担当した。学習内容は信仰、イスラーム法、信仰実践の練習、行動規範 (ムアマラー) だった。学期末に筆記試験と実技試験が行われたが、不合格となる学生は多かったという (Syahidin 2001: 134, Syahidin 2002: 5)。

　当時の社会・政治状況も関係し、バンドン教育大学では、ムスリム学生らによる宗教活動は、共産主義を志向する者たちによって妨害されることは少なくなかった。宗教教育を担当する教師不足は深刻だったため、同大学では、外部から講師を依頼するとともに、独自に教師の養成を試みることで、学内の宗教教育の環境を整えることになった。1964年、言語教育学部にアラビア語・アラビア文学学科を開設し、ここに、宗教師範学校やイスラーム高校 (Madrasah Aliyah)、さらに、その他の高等学校卒業者でプサントレンの教育

経験をもつ学生を受け入れるようになった。アラビア語・アラビア文学学科
のカリキュラムは、言語学よりも、イスラームの教育や研究に重点を置いて
いた。したがって同学科が、学内の宗教教師養成を担っていた部分がある
(Syahidin 2001: 136, Syahidin 2002: 6-7)。

　シャヒディン (Syahidin 2001: 135, Syahidhin 2002: 5-6) は、1963 年当時のバンドン
市内の他の高等教育機関におけるイスラーム教育についても記述している。
当時バンドンでは、市内の複数の一般系の高等教育機関におけるイスラーム
教育担当教員やその補助教員 (asisten dosen) らが集まり、それぞれの大学にお
ける宗教教育の在り方を話し合うようになった。そのような集いは、イスラー
ム教育の補助教員候補者らの関心を引いた。彼らの多くは、イスラームに熱
心な様々な学部の教員らだったという。その後、イスラーム教育の補助教員
候補者の選抜委員会が結成された。バンドンの一般系の高等教育機関におけ
るイスラーム教育の補助教員を希望する者は、バンドン工科大学のモスク (当
時は、まだ正式にサルマン・モスクは設立されていなかった) で金曜礼拝前の講話
をすることが求められた。講話を行った者たちに対する聴衆の反応によって、
補助教員の採用が決定されたという。

　このように 1950 年代から 1960 年代半ばにかけての高等教育機関における
宗教教育は、義務的性格が強化されたとはいえ、実際に宗教教育を行うため
には、さまざまな配慮と工夫を要した。

2) ナシールによるダッワ・トレーニングの展開

　1965 年のスカルノ政権の失脚後、陸軍出身のスハルトが権力を掌握すると、
政治状況は一変した。反共主義および反無神論の立場が強調され、高等教育
機関における宗教教育および宗教活動も活発に営まれるようになった。しか
し、高等教育機関で宗教教育を担当する教師は、十分に養成されていなかっ
たため、宗教教育を担う教師不足は続いた。こうした状況において、一般の
高等教育機関のイスラーム教育担当教師の増加に関わったのが、イスラーム
政党のマシュミ党の元党員らだった。1967 年、元マシュミ党の党首ムハマド・

ナシールが、インドネシア・イスラーム伝道協会 (Dewan Dakwah Islam Indonesia、以下 DDII) を結成し、高等教育機関のキャンパスを、ダッワの拠点のひとつとし[2]、高等教育機関におけるイスラーム教育の実施を支援した。DDII は、以前のマシュミ党が培った国際的な人脈を生かし、学生たちの中東留学や各大学のモスクの創設やダッワ活動を支援したほか[3]、出版事業などに対しても積極的な支援を行った (野中 2011: 105-109)。

　ジョグジャカルタやジャカルタでは、オランダとの独立闘争の末、当時の政府関係者らのイニシアティブにより、マシュミ党の関係者も関わって、新しくモスクを創設する動きがみられた。学生や若い教員たちが主体となって活動するモスクは、ジョグジャカルタにおいては独立直後にシュハダ・モスクの建設が実現された (第 2 章参照)。ジャカルタにおいても、オランダとの独立闘争の直後にアズハル・モスク (Masjid Al-Azhar) の建設が進められた[4]。

　しかし、バンドンにおいて、学生をはじめとする若者らが拠点とするモスクとして、バンドン工科大学のサルマン・モスクなどが創設されたのは、1960 年代後半以降、すなわちスハルト政権のもとで反共政策が展開される時期を迎えてからのことだった。ナシールらによって、バンドンにおける若者主体のダッワのための基盤が整えられ、ナシールの補佐をしたのが、かつてマシュミ党のメンバーとして、西ジャワを中心に活動したエンキン・ザエナル・ムッタッキン (E.Z.Muttaqien: 1925-1985、以下ムッタッキン) だった。ムッタッキンは、1958 年に設立されたバンドン・イスラーム大学 (UNISBA: Universitas Islam Bandung) の学長を、創設時から 1980 年代まで務めた人物であり、同大学の発展に貢献した (Hawe Setiawan et al. 2009: 134-149)。他方、バンドン工科大学の宗教教師も務めていた経験があり、バンドン市内において、大学キャンパスに限らず市内のモスクでのダッワ運動を主導した指導者のひとりだった。HMI や PII のバンドン支部の活動家たちに助言を与える役割も担っていた (A.M.Luthfi 2002: 161)。西ジャワ州のインドネシア・ウラマー評議会 (MUI) の役職にも就き、1970 年代に展開されたさまざまなモスクでの活動には、彼の尽力と支援は欠かせなかった (Moh, Haitami Salim 2002: 29-31)。

　1968年、ムハマド・ナシールは、現職の大学教員らを集め、ジャカルタ郊外のクウィタン (Kwitang) にあるインドネシア巡礼委員会 (PHI: Panitia Haji Indonesia) の施設で、トレーニングを行った (A.M.Luthfi 2002: 160-161, ICG Asia Report 2004: 7, 野中 2011: 106-107)。ムッタッキンは、ナシールが主催する大学教員を対象とするこのトレーニングのプロジェクト責任者を務めた。トレーニングには、バンドン工科大学やパジャジャラン大学、バンドン教育大学などの一般系の高等教育機関から、約40人が集まった。その後、トレーニングに参加した教員らは、大学のイスラーム教育の教員もしくはその補助教員を務めた (A.M.Luthfi 2002: 161)。

　当時、ムッタッキンとともに活躍した者たちのなかに、イマドゥディン・アブドゥルラヒム (Imaduddin Abdulrahim、以下イマドゥディン) も含まれた (A.M.Luthfi 2002: 161)。イマドゥディンは、1960年代後半から70年代半ばにかけて、バンドン工科大学のサルマン・モスクで、キャンパスを中心とするダッワ運動を展開し、学生たちに大きな影響を与えた人物として名高い[5]。1972年、バンドン工科大学に隣接する土地に、大学関係者らの主導によりサルマン・モスクが完成すると、イマドゥディンとともに、多くの学生たちは、サルマン・モスクを拠点として、さまざまなダッワを展開していくことになった。

　このような大学での宗教教師不足を補うことに貢献したダッワの試みは、しだいにさまざまなモスクを拠点とする活動を活性化させていった。既存のイスラーム組織やムスリム学生の組織などの境界を超えた交流も実現し、ネットワークが形成されていくことになった。

第2節　BKPRMIの結成と活動実施をめぐる苦悩

1) 大学キャンパス周辺におけるダッワの展開

　1970年代前半頃のバンドンでは、先述のサルマン・モスクとともに、バンドン市内のイスティコマ・モスク (Masjid Istiqomah)[6]にも学生たちが集まることが多かった。同モスクでは、学生や若者たちが、集団礼拝のために集まる

機会を通して、同世代の若者たちが共に意見交換や討論をする機会をつくっ
た。若者たちは、クリア・スブ（Kuliah Subuh：日の出の礼拝後の講話）や、カダール・
ダッワ（Kader Da'wah：ダッワ研修）などを実施し、イスラームについて共に学
ぶ機会を持つようになった。こうした活動には、バンドン市内の中高生や大
学生が参加するようになった。また、マレーシアやタイの留学生も含まれて
いた（Harianto Oghie 2003: 91）という。1972年には、イスティコマ・モスク青年
会（Ikatan Remaja Masjid Istiqomah）として、モスクで集う者たちの会が結成された。
その数ヵ月後、同様の青年会が次々にバンドン市内で結成されるようになっ
た。例えば、バンドン市中心街に位置するマスジド・アグンでは、マスジド・
アグン青年会（Himpunan Pemuda Masjid Agung）が結成された。大学内でも組織が
結成され、バンドン工科大学ではバンドン工科大学サルマン青年会（Pemuda
Salman ITB）、パジャジャラン大学ではパジャジャラン大学アル・ジハード青
年会（Pemuda Al-Jihad UNPAD）が結成された。こうしたモスクや大学を拠点と
してムスリムの若者たちが集う機会は、バンドンに限らず、複数の都市で見
られるようになった。ジャカルタやスラバヤ、ジョグジャカルタ、スマラン
などのジャワ島内の都市に加え、カリマンタンのポンティアナックでも同様
の会が結成された（Moh.Haitomi Salim 2002: 20-21, Harianto Oghie 2003: 92）。

　モスク青年会は、従来の厳かなモスクでの宗教実践や学習活動とは異なり、
短期プサントレン（Pesantren Kilat）や集中イスラーム学習（SII: Studi Islam Intensif）
など、子どもや若者たちがモスクでの活動に親しむ機会を整えた。その際、
キリスト教徒たちの伝道活動や社会活動の形態を参考にしているとみなされ
る部分もあったという（Moh.Haitami Salim 2002: 21, Harianto Oghie 2003: 92）。モスク
での若者の活動には、フォークソングやギターなどの楽器を利用した企画や、
ムスリム服のファッションショーや演劇、フリーマーケットなどが含まれる
ようになり、こうした新しい形態のイスラーム活動は、年配者から非難され
ることも少なくなかった。しかし、学生や若い知識人らが主体となって、モ
スクでの活動が活発に行われ、多くの若者がモスクの諸活動に関わる契機と
なった。若者たちが取り組むこうしたモスクの活動には、クルトゥム（7分間

講話 (Kuliah tujuh menit; Kultum))、クリア・ドゥハ (Kuliah Dhuha：午前講話)、クリア・スブなどがあった (Harianto Oghie 2003: 92-93, Moh.Haitami Salim 2002: 21)。今日においても、これらと同様の名称の講話活動を実施するモスクは多い。

　モスクをムスリムのためのさまざまな活動の拠点とするためにはどうしたらよいかについて、若者たちが考えていく過程で、特定のモスクだけでなく、インドネシア全国のモスクにおける青年たちの活動を活性化させること、また、一つのモスクが、他のモスクの活動家との水平的なつながりを持ち、交流の機会を充実させることや、モスクでの若者たちの活動の指導が必要であることなども合わせて議論されるようになった (Moh.Haitami Salim 2002: 22, Harianto Oghie 2003: 93-94)。

2) 複数のモスクの青年交流会の結成へ

　バンドンにおいて、モスクにおける若者たちの活動に対して、先述のムッタッキンの尽力は大きかった。彼は、BKPRMI の結成までのプロセスを支えた重要な人物だった (Harianto Oghie 2003: 94, Moh.Haitami Salim 2002: 22)。モスクの活動家たちは、バンドン市内のイスティコマ・モスクでムッタッキンと意見交換を行うことが多かった。当時はバンドン・イスラーム大学の講師や職員をしていたバンバン・プランゴノ (Bambang Pranggono)、ハミッド・サユティ (Hamid Sayuthi)、トト・タスマラ (Toto Tasmara) らは、ムタッキンの他に、ルシャド・ヌルディン (Rusyad Nurdin)、エンダン・サエフディン・アンシャリ (Endang Saefuddin Ansyari) などの著名なイスラーム知識人らの指導を受けて、BKPRMI の結成を目指した (Moh.Haitami Salim 2002: 24, Harianto Oghie 2003: 94)。BKPRMI の結成に関わった者たちの多くは、宗教学校出身ではなく、またイスラーム組織などでの活動経験もなかった。しかし、モスクに集って活動する時間を共有していた (Moh.Haitami Salim 2002: 25)。

　1976 年 10 月、トト・タスマラらは、バンドンやジャカルタの主要なモスク活動家を招いた。この時、理想とされたことは、モスクで活動する若者たちのための場を作ることだった。各地のモスクの活動家らの反応は肯定的で

あり、その後、同様の会合は、バンドン工科大学のサルマン・モスクやバンドン・イスラーム大学のモスク（Masjid UNISBA）、バンドン大モスク（Masjid Agung Bandung）、さらにジャカルタのアズハル・モスクで開催された。こうした複数のモスクでの会合を経て、1976 年 12 月、全ジャカルタ地域モスク青年交流会（Badan Kontak Pemuda Masjid（BKPM）se-DKI jaya）、全バンドンおよびチマヒのモスク青年交流会（BKPM se-Bandung dan Cimahi）、スマラン・モスク青年会（BKPM Semarang）などが結成された。地域ごとに、モスクの活動家間のネットワークが構築されるようになった（Moh.Haitami Salim 2002: 22-23, Harianto Oghie 2003: 94）。

　こうした各地での展開を経て、全国規模のインドネシア・モスク青年交流会（Badan Komunikasi Pemuda Masjid Indonesia, 以下 BKPMI）が結成されることになった。1977 年 9 月 2 日〜 5 日まで開催された最初の全国会議は、バンドン市内のイスティコマ・モスクおよび MUI 西ジャワ州事務所によって開催された。この時出席したのは、モスクで活動する 45 人の若者たちだった。ジャカルタ、バンドン、チマヒ、スマランからモスクの活動家たちが集まった。バンドンからはバンドン・イスラーム大学の講師や学生活動家たちが多く参加した（Moh.Haitami Salim 2002: 23-24, Harianto Oghie 2003: 95）。

　1977 年に開催された最初の全国大会において、BKPRMI は、基本的な定款および付則を定めた。そこでは、イスラームに基づく単独の組織であり、本部をバンドンに置くこと、モスクの若者たちが、信仰心を持ち、倫理観を備え、イスラーム同朋意識を形成することが目的とされた。また、個々のモスクにおける若者の宗教生活の指導を行うため、モスクの活動を充実させることを組織活動の中心に据えた。モスクの活動家たちが、重要な課題を共有し、意見交換する機会を設けることも議論された（Moh.Haitami Salim 2002: 29, 32）。

　BKPRMI は、ダッワに関心のある者であれば、だれでも参加できる組織であった。そのため、メンバーとなった者には、イスラーム系の高等教育機関の出身者もいれば、一般系の高等教育機関の出身者もいた。また、イスラー

ムの法解釈に関してはメンバー間で統一されたものではなく多様だった。そのため、改革派組織ムハマディヤーとの関わりの深い者もいれば、伝統派のナフダトゥル・ウラマー（NU）や他のイスラーム組織とのつながりを持つ者もいた。BKPRMI のメンバーらは、バンドンではイスティコマ・モスクやバンドン工科大学のサルマン・モスクを拠点として活動することが多かった（Moh.Haitami Salim 2002: 32）。

　BKPRMI の結成当初、本部は、バンドン市内の MUI 西ジャワ州事務所内に設けられたが、実際の活動の多くは、チタルム通りのイスティコマ・モスクで行われていた。しかし、BKPRMI の活動がより発展することが望まれたため、先述したムッタッキンの計らいで、1978 年、BKPRMI 本部の事務所は、首都ジャカルタ市内のアズハル・モスクに移転された。当時、BKPRMI 本部の事務所は、MUI 中央事務所とともに設けられた。しかし、事務所の移転後も、バンドンのイスティコマ・モスクはバンドンにおける BKPRMI の活動の拠点だった（Moh.Haitami Salim 2002: 31-32）。

3) BKPRMI 結成後の活動規制

　都市部において、若者たちがダッワを目的として自由に活動する機会は、全国的なネットワークを持つ元マシュミ党のメンバーであり、DDII の活動を支援する者たちによって支えられてきた。結成当初は、ハムカやムッタッキンなどの当時の MUI 関係者の支持を得ていたため、活動は順調であり、雑誌を刊行していた時期もあった（Moh.Haitami Salim 2002: 30）。

　しかし、その後状況は変化していった。モスクに集う若者たちのなかには、スハルト政権の体制批判をする者が現れるようになった。BKPRMI が結成された 1977 年は、インドネシアが独立後、最初に実現した総選挙の年だった。このとき、スハルト政権を支えるゴルカル党が低迷したのを機に、学生たちによる体制批判が活発化した。政府はこうした動きを厳しく規制し、バンドン工科大学では、軍が出動するまでの事態となった。1978 年には大学キャンパス正常化に関する規則が出され（見市 2002: 105-107, 2004: 70-71, 野中 2010a: 29-

31）、これを機に、学生や大学教員らは自由に集会や学習会を開催する際、困難が伴うようになった。学生たちは、ウスロやハラコ（Roasyad 2006（1995）: 44-45, Moh. Haitami Salim 2002: 30 など）と称する小規模な学習集団を結成し、場所を転々としながら学習会や討論の機会を継続させた。第6章で論じるモスク青年会（IMAJID）は、同様の状況から生まれた若者たちによる集団だった。第3章で述べたように、アスアド・フマムとともにクルアーン読誦学習の方法改善やモスクでの学習活動に従事するようになった学生たちもまた、上述のような状況のなかで、活動の機会を失った者たちは多かった。

　BKPRMI が主催する組織活動やさまざまな企画の開催に対する規制もしだいに厳しくなった。この時期、BKPRMI の活動に関わった者たちのなかには、さまざまな事件との関わりを疑われた者も多かったことが関係していた。例えば、1981年のガルーダ機ハイジャック事件やその後のアジア中央銀行（Bank Central Asia）爆破事件には、ムスリムの若者たちが嫌疑をかけられる事態を招いた（Moh.Haitami Salim 2002: 35-37, 53）。

　こうした事態が起きる以前から、若者たちのイスラームに関する活動は警戒されていたため、BKPRMI の第2回全国会議（MUNAS Ⅱ）は開催までに時間と労力を要した。しかし、政府高官のなかに、BKPRMI の活動を支持する者もいたため、そうした人物の尽力によって、かろうじて会議の開催は可能となった。このときの会議名は、「全国ダッワおよび交流週間（Pekan Da'wah dan Silaturrahmi Nasional）」とされた（Moh.Haitami Salim 2002: 34, Harianto Oghie 2003: 98）。申請する会議名には、体制批判を疑われないよう、慎重にならなければならなかった。

　その後、1983年、ジャカルタのアズハル・モスクで開催された BKPRMI 第3回全国会議（MUNAS Ⅲ）では、会長にジムリー・アシディキ（Jimly Ash-Shidieqy）が就任し、アブドゥルラフマン・タルジョ（Abdurahman Tardjo）が副事務局長から事務局長となった。たとえ参加者が17人程度の小規模な会議であっても、組合組織研修（Pelatihan Perkoperasian）の開催として公的な許可を得ることで、BKPRMI の全国会議の開催を実現させた（Moh.Haitami Salim

2002: 37, Harianto Oghie 2003: 98-99）。

　しかしその後、組織活動を自由に行うことはさらに難しくなった。BK-PRMI には、高校生や学生たちの組織メンバーが多かった。そのため、若者による体制批判や関連する活動に関与する者が多い組織とみなされ、1980年代半ばまでには、事実上の活動は不可能となった。1978 年に、ジャカルタの中心部クバヨラン地区のアズハル・モスク内に移転した BKPRMI の本部事務所は、1980 年代初めには、事務所を閉鎖せざるを得なくなり、その後は、メンバーの自宅を事務所としなければならなくなった。1986 年 5 月、第 4 回全国会議は開催されたが、組織をメンバー 5 人が中心となって運営をしていくことになった（Moh.Haitami Salim 2002: 38, Harianto Oghie 2003: 99-100）。

　こうした事態の背景には、1985 年、あらゆる社会組織やそのメンバーらは、建国 5 原則であるパンチャシラを唯一の原則（Azas Tunggal）とし、それを受け入れることが求められることになったことが関係している。これによって、社会活動および言論活動に対し、スハルト政権は統制を図り、中央集権的な国民統合の強化を試みた。BKPRMI は、イスラームを原則として発足した組織だった。組織原則を正式に変更するためには時間を要したが、最終的には、パンチャシラを組織活動の原則に掲げることになった（Moh.Haitami Salim 2002: 38-39, Harianto Oghie 2003: 100）。結果として、政府のコントロール下に置かれるという事態を受け入れ、その後、BKPRMI メンバーらが、自らの活動を維持していくための方法を見出す機会は、1980 年代後半まで訪れなかった。

第 3 節　『イクロ』を用いるクルアーン学習施設の全国展開にむけて

1) モスクでの学生たちによる学習活動の展開

1—FOSIPA によるプンガジアン・クルアーン活性化の展開

　1970 年代〜 80 年代にかけて、学生たちによる政治や社会活動が規制されていたなかで、ムスリムの学生たちが比較的自由に取り組むことが可能だったのは、子どものための学習活動だった。都市部で高等教育機関に通う学生

たちは、キャンパス周辺の地域社会に下宿し、個々の集落内のモスクでのプンガジアン・クルアーンの指導を担当することが多かった。

スハルト政権は、反政府的な言論・社会運動を警戒し、厳しく規制したが、反共の立場から、礼拝施設での宗教実践や宗教学習はむしろ奨励していた。フォーマルな学校での宗教教育は小学校から高等教育機関までの必修科目として徹底した。また、政府は、成人を対象とするクルアーンの朗誦や暗誦に関する活動も奨励した。1977 年にはクルアーン朗誦開発組織 (LPTQ)の結成を認め、これに関する宗教大臣および内務大臣の共同決定文書 (Surat Keputusan Bersama (SKB) Menteri Agama dan Menteri Dalam Negeri Republik Indonesia) を出した (Lembaga Pengembangan Tilawatil Quran Tingkat Nasional 1994: 2)。つまり、モスクを拠点とする若者たちの集いや関連する活動は、宗教教育や宗教実践に直接関わる内容であれば、活動規制の対象にはならず、「安全」だった。社会・政治的な組織活動の機会を奪われた学生運動家たちが、モスクでの子どものための学習活動に従事するようになった背景には、このような事情が大きく関係していた。そのため、子どものための学習活動を展開する学生同士の交流が企画され、各地で開催されるようになった。組織としての活動を規制された BKPRMI のメンバーらも、こうした子どもを対象としたモスクでの学習活動に従事する者は少なくなかった。

1980 年半ば頃から、都市部を中心に学生たちが展開するようになったのが、FOSIPA だった。このフォーラムは、スマラン、ジョグジャカルタ、スラバヤ、マランにおける子どもを対象とするイスラーム学習活動を実施する指導者間の協力・交流を主たる目的として結成された (FOSIPA Sektor I 1993: 1-2)。1987 年、FOSIPA はまず、ジョグジャカルタで開催された。このジョグジャカルタでの開催は、最初の全国大会となり、これに続いて、1988 年にはスラバヤ、1989 年にスマラン、1990 年にはバンドン、1991 年にジャカルタ、1993 年にランプンで開催された。1988 年にスラバヤで行われた FOSIPA では、スマランの『キロアティ』創案者であるダハランが、クルアーン幼稚園における『キロアティ』について紹介した[7] (Moh.Amien Mansoer 1995: 70-71)。

FOSIPAでは、子どものためのクルアーン朗誦会やフェスティバルも行われた。西ジャワ州のバンドンでは、1990年に州内に限ったフォーラムも開催された(FOSIPA Sektor I 1993: 4)。この時のフォーラムの運営事務局は、バンドン工科大学のサルマン・モスク内に設けられ、サルマン・イスラーム青年会のメンバーが事務局長を務めた(FOSIPA Sektor I 1993: 4)。フォーラムには、学生だけでなく地域社会でイスラーム学習活動に従事する教師たちも参加した。

バンドン市内の学生たちは、フォーラムの開催のほかに、1987年と1989年には、バンドン・子ども・イスラーム・ジャンボリー (JAMBORE Anak-anak Islam Bandung) を開催し、モスクで学ぶ子どもを招いて交流の機会を作り、クルアーン暗誦コンテストやイスラームに関するゲームなどの活動を行った。1989年のジャンボリーには、約1000人の子どもたちとクルアーン教師らの参加があったという (FOSIPA Sektor I 1993: 3-4)。

このように、FOSIPAは、個々のモスクにおいて、子どものためのプンガジアン・クルアーンを活性化させるためのイベントを多く開催した。学生などの若者が主体となる集会に対しては、たとえ子どものための活動とはいえ、政府の監視は厳しかった。そのため、フォーラムやジャンボリーの開催も容易なことではなく、活動内容を申告しなければならず、実施の許可を正式に取得するまでには、長い時間を費やさざるをえないことが多かった[8]。

2—ジョグジャカルタのクルアーン幼稚園の紹介

1989年2月にスマランでFOSIPAが開催された時、BKPRMIのメンバーでもあったジャジールが、ジョグジャカルタのAMMを代表して招待された。ジャジールは、後述するBKPRMIのメンバーを対象とする1989年1月の会合で、『イクロ』を用いるクルアーン学習施設での学習内容や方法を紹介した。しかしBKPRMI内に限定せず、新しいクルアーン読誦学習の方法と実践に関することを、より多くの若者たちと共有することに努めた。そのため、ジョグジャカルタのアスアド・フマムらが開設したクルアーン幼稚園の運営経験をもと

に、翌月の 1989 年 2 月、スマランでの FOSIPA において、クルアーン幼稚園
の学習内容や方法および運営方法について紹介した（Muhammad Jazir 1989）。その
際、日々のクルアーン読誦学習の評価方法には、サントリ一人一人が、学習
成果カード（Kartu Prestasi Santri）を持ち、『イクロ』や『キロアティ』などのテキス
トを用いて学習する場合、日付、巻号、ページ、教師によるコメント、備考
欄を設けた表に日々記入する方法を紹介した。クルアーンの読誦の場合にも、
同様の項目を設け、記入する例を示した。また生徒の評価は、半年に 1 回行
うものとして、『イクロ』を用いる学習、クルアーンの読誦の規則、礼拝に関
する評価のための表を紹介している。それらの表は、クルアーンの読誦（テキ
ストの巻号、試験日、評価、試験実施者の署名、備考欄）、クルアーンの朗誦方法
（朗誦に関する理論、試験日、評価（理論／実践）、試験実施者の署名、備考欄）、礼拝
（個々の礼拝時の所作、試験日、評価、試験実施者の署名）といった項目を設けており、
評価の項目を明確にしている。これによって、生徒の成績の内容を親が理解
することも可能となる。従来のプンガジアン・クルアーンは、教師の指導に
従って学ぶことが主であり、クルアーン読誦学習の内容や評価方法が明確に
示されることはなかった。上記のような学習進捗カードや評価方法は、その後、
さまざまなクルアーン学習施設で活用されるようになった。

2) BKPRMI によるクルアーン幼稚園の全国展開に向けた準備

　組織としての活動が厳しく規制されていた BKPRMI は、1989 年 1 月 13 日
から 15 日まで、ジョグジャカルタで、インドネシア・ムスリム知識人交流
会（Silaturrahmi Cendekiawan Muslim Indonesia）を開催する予定だった。このとき中
心的な役割を果たしたのは、アブドゥルラフマン・タルジョだった。この計
画にはイマドゥディン・アブドゥルラヒムも関わっていたという（Moh.Haita-
mi Salim 2002: 41, Harianto Oghie 2003: 100-101）。

　BKPRMI としては、官僚のアラムシャ・ラトゥ・プラウィラヌガラ（Alam-
syah Ratu prawiranegara）[9] からの開催の祝福を得ていたが、本人は海外にいたた
め、警察からの直接の許可を求めなければならず、1989 年 1 月 14 日の開催

許可を得ることになった。しかし、実際に、その許可は下りなかった (Moh. Haitami Salim 2002: 40-41)。そのため、この企画に関して、BKPRMI は主催を務めることは不可能となった。しかし、開催を望む知識人は少なくなかった。そこで、知識人交流会の企画は、ジョグジャカルタではなく、有力な人脈をもつ者たちによって、マランで実施されることになった。翌年、イマドゥッディン・アブドゥルラヒムらが主体となり、ハビビ (第3代大統領：1998年～1999年) の協力を得て 1990 年 12 月、東ジャワ州のマランにて、ICMI (全インドネシア・ムスリム知識人協会) が結成された。ICMI とは、多様な組織的背景や思想的・政治的背景をもつ高学歴の若い世代のムスリム知識人のイニシアティブによって、結成された組織だった。ハビビをはじめ多くの大臣や政府高官の協力を得た組織であったことが特徴とされる (中村 1994: 271-306)。ICMI 結成をめざす展開に関わった BKPRMI の関係者は少なくなかった。他方で、後の BKPRMI によるクルアーン幼稚園の全国展開には、ICMI 関係者の協力と支持も多くあったという[10]。

　BKPRMI が、組織としての活動を展開できない状況において、AMM のメンバーであり、BKPRMI ジョグジャカルタ支部でも活動していたジャジールは、BKPRMI が主体となって行うべき新たな活動として、子どものためのモスクでの学習活動を提案した。ジャジールは、BKPRMI のメンバーらが 1989 年 1 月 13 日～15 日に開催を予定した知識人交流会直前の、1989 年 1 月 9 日～13 日に、ジョグジャカルタのコタグデにおいて、BKPRMI の名称は出さず、「ダッワ運営研修 (LMD: Latihan Managemen Dakwah)」として、BKPRMI のメンバーを集めることを計画した。この時に、『イクロ』及びクルアーン幼稚園を通して、子どものためのプンガジアン・クルアーンの改善を推進することを提案した。これには全国 27 州のうち 16 州から、BKPRMI の中央運営委員会 (Dewan Pengurus Pusat) 役員や AMM のメンバーらが約 100 人集まるなかで、『イクロ』とともに、クルアーンの読誦ができる幼児たちも紹介された。『イクロ』を開発したアスアド・フマムは、この時、インドネシアの隅々にまでクルアーン幼稚園の普及を迅速に進めるよう、BKPRMI 役員らに依頼し

た (LPPTKA-BKPRMI 1996: 19, Moh.Haitami Salim 2002: 41-42, Harianto Oghie 2003: 101)。

　その後、同年 1989 年の 6 月 27 日〜 30 日のスラバヤで行われた第 5 回イ
ンドネシア・モスク青年交流会全国会議では、すべてのムスリムの子ども
たちが、クルアーンを読誦できるようになることを目指して活動を展開す
ることが提案された。この第 5 回全国会議には、全 27 州のうち 21 州から
BKPRMI メンバーが参加した。会議開催の挨拶は、情報相ハルモコ (Harmoko)
に依頼し、政府容認の会議であることを、BKPRMI は社会にアピールした。
政府高官の出席を依頼したことは、BKPRMI の活動に、国家がお墨付きを与
えていることを、公に示すうえでの重要な戦略だったといえる。この時にも
再び、ジョグジャカルタのクルアーン幼稚園のサントリたちが、クルアーン
の読誦を披露した (LPPTKA-BKPRMI 1996: 19, Moh.Haitami Salim 2002: 42)。各州か
らの BKPRMI 関係者とともに、政府関係者の関心を引いた。また、多くの
報道陣が集まったという[11]。これを機に、幼い子どもたちがクルアーンを読
誦する姿が全国に知られ、多くの反響を呼んだことは、BKPRMI によるクル
アーン学習施設の全国展開を後押しする方向に向かわせた。

　この第 5 回全国会議を機に、クルアーン幼稚園の開設と普及は、BKPRMI
が取り組む主要な活動として、全国規模で展開していくことが決定された。
そのため、クルアーン幼稚園のカリキュラムや運営方法に関する規定や全
国展開を重点的に行う部署として、クルアーン幼稚園指導開発部 (Lembaga
Pembina dan Pemgembangan Taman Kanak kanak Al-Qur'an、以下 LPPTKA) が設けられ
た (LPPTKA-BKPRMI 1996: 19-20, Moh.Haitami Salim 2002: 43)。これには、アスアド・
フマムとともに、ジャジール、さらに BKPRMI の南カリマンタン州支部の
タシリフィン・カリムらが中心的な役割を担った。LPPTKA は、BKPRMI の
組織構造と同様に、本部事務所をジャカルタに置き、州事務所、県および市
事務所を各地方に設置した。

　このように、BKPRMI が全国規模で取り組む活動として、『イクロ』を用い
るクルアーン学習施設が全国的に知られるようになった。それによってジョ
グジャカルタの AMM にも大きな変化が見られるようになった。クルアーン

幼稚園／クルアーン児童教室を運営していた AMM は、クルアーン読み書き
指導システム研究開発部として、1991 年 2 月 10 日に宗教大臣ムナウィール・
シャザリのもとで正式に承認された (As'ad Humam et al. 2001: 5)。

　BKPRMI を通して、『イクロ』を活用するクルアーン幼稚園／クルアーン
児童教室が、全国に知られるようになると、AMM は、これらのクルアーン
学習施設に関心をもつ団体から研修の依頼を多く受けるようになり、アスア
ド・フマムとともに AMM のメンバーらは、全国各地を訪問するようになっ
た。また、子どもたちを対象とするプンガジアン・クルアーンだけでなく、
国家家族計画調整委員会 (BKKBN) との協力で、村々において成人を対象と
するプンガジアン・クルアーンとして BKB Iqro' (Bina Keluarga Balita Iqro' (イク
ロ家族育成プログラム)) の実施も依頼されるようになった。それは、子どもの
親たちのうち、クルアーンを読めない者たちを対象にクルアーン読誦学習の
指導を行う活動だった (Mangun Budiyanto1999: 62-63, As'ad Humam et al. 2001: 5-6)。

　政府は、『イクロ』が、さまざまな世代を対象としたクルアーン読誦学習
の機会を提供し得ることに、関心を示すようになった。かつて BKPRMI は、
反政府的なイメージが強かったが、『イクロ』を用いるクルアーン幼稚園／
クルアーン児童教室の普及の過程で、次第に政府および一般の人々から認め
られるようになった。それに伴い、コタグデにおけるクルアーン学習施設は、
全国的に関心を集めることとなった。第 3 章でも指摘したように、AMM が
主催するクルアーン読誦の研修プログラムには、全国から参加者が集まり、
AMM 主催の研修プログラムの修了証を取得したクルアーン学習施設の教師
を多く輩出した。

　ジョグジャカルタの AMM が開始したクルアーン幼稚園の創設と普及は、
BKPRMI が、正式に政府に容認された組織活動を再開する機会をもたらし、
他方、アスアド・フマムら AMM にとっては、創案した『イクロ』を活用す
るクルアーン幼稚園を全国に知らしめるチャンスとなった。

3) BKPRMI の南カリマンタン州支部によるクルアーン幼稚園の開設
1—南カリマンタン州知事によるクルアーン幼稚園への期待

　BKPRMI が、クルアーン幼稚園の運営を全国的に展開していくためには、そのモデルとなる地域を設定することが重要だった。ジョグジャカルタのコタグデにおける試みが、全国レベルで展開される際、率先して運営を試みることを申し出たのが、BKPRMI 南カリマンタン州支部の代表だったハイラニ・イドゥリスだった。南カリマンタン州では、当時の州知事夫妻 (Ir. H.M. Said と Ny.H.Noorlatifah Said) が BKPRMI の活動の良き理解者となり、南カリマンタン州でクルアーン幼稚園を開設することを強く支持した。

　当時の州知事のサイード [12] は、自らの半生をつづった回想録において、クルアーン幼稚園の子どもたちを「天国の蝶たち (kupu-kupu surga)」と称し、クルアーン幼稚園に期待する気持ちを述べている (M.Said 1999: 150-151)。

　　「私ががっかりしたことは、子どもたちのためのクルアーン教師 (guru mengaji) を探すことが困難なことだった。私は、イスラームが崩壊した歴史について読んだことがある。ヨーロッパの一部 (スペイン)、アフリカ、そしてインドにまで勢力を拡大していたイスラームが、やがて一地域ずつ、モンゴルや他の民族の犠牲となり、イスラーム教徒たちは、その後、貪欲さのために自己を見失い、クルアーンは、単なる見せかけのものとなり、クルアーンを読誦する声は聞かれなくなってしまった (一部省略)。このことは、イスラームの祝日の儀式の際、私がサビラル・ムフタディン・モスク (Masjid Sabilal Muhtadin) での、冒頭の挨拶でも述べたことである。
　　私の願いは、ハイラニ・イドゥリス氏を代表とする BKPRMI 南カリマンタン州支部により継承された。ジャワでは、ジョグジャカルタのコタグデにおけるアスアド・フマムによって創案され、BKPRMI が普及につとめた「イクロ」のシステムにより、子どものためのプンガジアン・クルアーンは、発展を遂げた。BKPRMI 南カリマンタン州支部では、1989 年 1 月より、「イクロ」システムの普及の準備として、教師候補者らがトレー

ニングを受けるために派遣され、組織の完成に努めた。他方で、ジョグ
ジャカルタからは、クルアーンを正確に読誦できる幼いサントリたち4
人を招いた。かれらの訪問は、わたしたちを魅了し、非常に喜ばしいこ
とだった。これこそが、このアンタサリ王子の地において拡がり、浸透
していくことが望ましいことである。私は、こうした展開を全面的にサ
ポートした。私は、この運動が、頂点から転がり、しだいに大きくなる
雪だるまのように展開し、バンジャールの子どものうち、クルアーンを
読めない子どもがいなくなるようにしたい。なぜならバンジャール人と
言えば、それはもちろんムスリムであるからである。」

　このように、当時の州知事のサイードは、クルアーン学習テキスト『イク
ロ』やクルアーン幼稚園等の学習施設の普及活動を歓迎し、期待していたこ
とがわかる。実際に南カリマンタン州へのクルアーン学習施設の普及活動に
は、州知事夫人が関わり、他の地方政府高官の妻らとのネットワークを通じ
て展開していくことになった。

2―州知事夫人の協力とクルアーン幼稚園の展開
　サイードは先述した回想録において、以下のように記している（M. Said
1999: 151）。

　「BKPRMIが私の妻が関わる活動である、PKK（家族福祉運動、Pember-
dayaan Kesejateraan Keluarga）の活動家チームと協力することで、（非）公式で
はあったが、行政の第一レベル（州）から村レベルに至るまで、すべての
段階からの賛同を得て、ほぼすべての村でクルアーン幼稚園が設立され
た。建物がなければ、ランガルやモスクが彼らの学びの場となった。ど
の村にもランガルであれば存在するだろう。
　クルアーン幼稚園の子どもは、一般に夕方に学び、午前中は、幼稚園
や小学校に通う。毎日夕方になると、どこにいても、クルアーン幼稚園

の制服を着た子どもたちに出会う。その制服は、BKPMI が販売し、その売り上げを運営費に充てている。実際、子どもたちが必要なことのために、親たちは自発的に費用を工面したのである。天国の蝶たちは、南カリマンタンのあらゆる場所に飛んでいる。これは、私たちが、外部からの訪問客から頻繁に聞く比喩である」

　上述のように、州知事夫人を会長とする PKK のネットワークを通じて各村々にクルアーン幼稚園の開設が進み、就学前の子どもからクルアーン学習に取り組む機会が整えられていった。PKK は、スハルト政権期に、全国に広がった社会福祉運動であり、各州の知事夫人を会長とし、各行政レベルの首長夫人らが主体となって教育や福祉に関する活動が展開された。

　州知事夫人は、南カリマンタン州の BKPRMI のクルアーン幼稚園指導の責任者を務め、多くの関連行事に出席した。1989 年に南カリマンタン州でクルアーン幼稚園の設立後、各県レベルでのクルアーン幼稚園修了式典やクルアーンの朗誦コンテスト等の行事には、各県の県知事らが出席した。こうした地方政府関係者らの強力な支持は、BKPRMI による組織活動として、クルアーン幼稚園の運営とその普及活動の展開を可能とした。

　1994 年までの南カリマンタン州の活動記録 (Tim Penyusun buku 5 tahun TK Al-Qur'an Badan Komunikasi Pemuda Remaja Masjid Indonesia（BKPRMI）Kalimatan Selatan1994）によると、1989 年の南カリマンタン州でのクルアーン幼稚園の設立以来、ジョグジャカルタのジャジールらが、南カリマンタン州を訪問し、クルアーン幼稚園運営の支援を行っていたことや州知事夫妻が活動に関わってきたことが記録されている。また、テレコムなどのインドネシア国内の大手企業などが、クルアーン幼稚園のシステムに関心を示し、南カリマンタン州において、社員教育の一環としてクルアーンの読誦学習を取り入れたこともあったという。さらにイスラーム大祭時のイベントの企画やクルアーン学習施設の修了式、クルアーン読誦会などの企画の際は、個々の地域の首長がその開会を宣言し、民間組織や企業のサポートを得てイベントが実施されるこ

ともあった。こうした取り組みは、南カリマンタン州内のさまざまな地域に、BKPRMI によるクルアーン学習施設を宣伝することにつながった。

第4節　小　括

　1980 年代前半、体制批判を疑われたために、組織的な活動を大きく規制された BKPRMI は、クルアーン幼稚園の創設と普及活動を通して、組織としての活動を復活させた。1980 年代後半から 1990 年代前半にかけて、組織が主催する企画や全国大会などの実施には、政治権力者の支援を得ることが不可欠だった。そのため、BKPRMI が、全国的にクルアーン幼稚園の普及を行う際、州知事からのサポートを得やすかった南カリマンタン州から普及活動を展開できたことは重要な意味を持った。

　BKPRMI 側としては、『イクロ』やクルアーン幼稚園が、政府与党のゴルカル党のコントロール下に置かれ、政治的な「道具」になることへのためらいがあった。しかし、『イクロ』を多くの人々に知らせるため、ジョグジャカルタの AMM から展開されたクルアーン幼稚園をはじめとするクルアーン学習施設の普及と、これまでの BKPRMI のネガティブなイメージを払拭して組織活動を再開させるという理想を優先し、政府の支持を受け入れたという[13]。

　BKPRMI について、ポーター（Porter 2002: 84-85）は、BKPRMI は DMI（Dewan Masjid Indonesia、インドネシア・モスク評議会）の下に置かれた組織であることや LPPTKA-BKPRMI の全国規模のコンテスト（第7章参照）に対して、スハルトの関係者による金銭的支援があったと指摘している。しかし、1993 年以降、BKPRMI は、DMI の下部組織としてではなく、自治組織（Badan Otonom）として単独で活動することとなり、政府機関との協力関係を構築している（Moh. Haitami Salim 2002: 47, 55-57）。例えば 1994 年、BKPRMI は、教育文化省と宗教省、DMI と協力して、当時課題となっていた9年制義務教育の実現の一役を担う、既存の施設を活用する公開中学校（SMP Terbuka）の設立に関連し、モスクを活

用した学校教育の提供に貢献した。またその翌年以降、宗教省のイスラーム社会指導および巡礼事業総局との基本合意のもとで、クルアーンの読み書きと理解に関する教師研修プログラムを開催し、クルアーン幼稚園／クルアーン児童教室の教師らの指導に関わった (Moh.Haitami Salim 2002: 47-48)。このように、BKPRMI は、組織としての自立した立場と活動の幅を広げていく方向に向かった。その背景には、BKPRMI が、クルアーン幼稚園などのクルアーン学習施設の普及に取り組んだことが大きく関わっている。つまり、BKPRMI は、次世代のムスリムを育成するための、『イクロ』を活用するクルアーン学習施設の普及に積極的に取り組むことを通して、社会的に認知され、民間および政府機関との協力関係を築くことが可能な組織へと成長したといえる。

注

1　「青年」を指す語は、"Pemuda" であり、"Remaja" は含まれていなかった。"Remaja" を追記することになったのは、1990 年以降のことである。

2　DDII を結成し、イスラーム指導者を育成することを志向したナシールが対象としたのは、プサントレン、モスク、そして大学キャンパスだった (ICG 2004: 7)。

3　DDII は、1980 年代にはサウジアラビアなどから宣教（伝道）目的に流入した資金の窓口となり、多数のモスクや学校建設の他、バンドン工科大学のサルマン・モスクにおける宣教運動、さらに後に福祉正義党の基盤となった大学キャンパスの宗教運動にも活動資金を提供していた (見市 2007: 109)。

4　ジャカルタにおいては、1953 年にアズハル・モスクの建設が開始された。同モスクの創設には、イスラーム政党のマシュミ党も関わった。創設当初から若者たちがモスクでの教育に関わり、1960 年代以降、小学校から大学までのイスラーム教育機関を創設した。ヌルホリス・マジドをはじめとするプサントレン・ゴントール出身者らが同モスク内の財団が運営する教育機関の充実と発展を支えた (Badruzzaman Busyairi 2002: 51-54, 89-92)。

5　イマドゥディンは、バンドン工科大学に、サルマン・モスクが設置される以前から、キャンパスおよび近隣のモスクで活発に宗教活動を展開していた。卒業と同時にバンドンを離れ、故郷のスマトラに戻る予定だった。しかし、サルマン・モスク建設を提案し、尽力したスレイマン (Tubagus Sulaiman) が、イマドゥディンをバンドンにとどまらせた。スレイマンは、サルマン・モスク建設を提案

した人物であり、インドネシア人で初めて電子工学科の教授になった人物である。アメリカに留学経験を持つ敬虔なムスリムであった。スレイマンは、イマドゥディンが、将来サルマン・モスクを中心として活動することを望んだ。また、バンドンの学生たちのダッワ活動を指導する人物として欠かせないことを主張し、イマドゥディンの父親を説得した。イマドゥディンは、バンドンにとどまることとなり、1962 年に電気工学科を卒業すると、スレイマンの計らいで、修士課程および博士課程をアメリカで学ぶ機会に恵まれた (Asshiddiqie, Jimly 2002: 21-25)。

6　1970 年代前半頃から、若者たちが集い活動するモスクだった (Rosyad 1995: 39-40)。

7　アミン・マンスール (Moh.Amien Mansoer) によると、1988 年のスラバヤにおける FOSIPA にて紹介された『キロアティ』に、ジョグジャカルタのアスアド・フマムが関心を示し、『イクロ』創案に至ったと記しているが、アスアド・フマムとともに『イクロ』を開発した AMM 側によると、それ以前からアスアド・フマムは『キロアティ』創案者のダハランと知り合いであり、すでに『キロアティ』を活用しながら、新しい学習方法を長年探究し、『イクロ』の創案に至った (第 4 章参照)。

8　学生時代に、1990 年の FOSIPA やバンドン・子どもイスラーム・ジャンボリーの開催に関わった教員へのインタビュー (2003 年 7 月 25 日。場所：インドネシア教育大学。中田 2005: 38) より。

9　1978 年〜 1983 年は宗教大臣を、また 1983 年から 1988 年までは国民福祉調整大臣 (Menteri Koordinator bidang Kesejahteran) を務めていた。

10　BKPRMI の LPPTKA 全国理事を務めていたアセップ (Asep Zaenal Ausop) へのインタビュー (2006 年 3 月他) より。

11　Tim Penyusun buku 5 tahun TK Al-Qur'an BKPRMI Kalimatan Selatan1994: 8, Dokumentasi Balai Litbang LPTQ Nasional di Yogyakarta (刊行年不明)、ジャジールへのインタビュー (2005 年 8 月他。場所：ジョグジャカルタ) より。

12　サイード夫妻と筆者との面会は、2005 年 9 月に、ジャジール、ハイラニ・イドゥリス、タシリフィン・カリムらの協力により実現した。

13　ジャジールへのインタビュー (2005 年 8 月他。場所：ジョグジャカルタ) より。

第6章　クルアーン学習施設の開設に伴う
モスクでの学習活動の変容

　1990年代以降、『イクロ』を用いるクルアーン幼稚園／クルアーン児童教室などのクルアーン学習施設は、都市部を中心に、既存のモスクに開設されることが多かった。その際、クルアーン学習施設を開設し、そこでの学習指導を担ったのは、高等教育機関に通う学生たちだった。

　本章では、BKPRMI が推進したクルアーン学習施設の開設における、学生などの若者たちの関わり方を明らかにし、クルアーン学習施設の開設に伴うモスクにおける学習活動の変化を考察する。

　第1節においては、1960年代後半から1980年代頃の都市部のモスクにおけるプンガジアン・クルアーンと大学生の関わり方を、事例を通して概説し、第2節で、1990年代前半に実施された、クルアーン学習施設での学習指導や運営に関する研修活動が各地で実施された状況を明らかにする。第3節では、BKPRMI による研修活動の後、学生たちによって、クルアーン学習施設が都市部のモスクに開設されるまでの経緯とその後の変化を明らかにし、第4節では、本章の小括として都市部のモスクにおいて、プンガジアン・クルアーンが大きく変化してきたことの意義を考察する。

第1節　都市部のモスクでの学習を担ってきた学生たち

　インドネシアの学生たちは、現在でも、大学周辺のコス (kost) と呼ばれる下宿で生活するのが一般的である。コスは男女別であり、コスを運営するの

は、大学近隣に古くから住む地域住民であることが多い。大学周辺のモスク
の活動には、モスク近隣のコスに暮らす学生たちが関与することで、子ども
のためのプンガジアン・クルアーンが行われてきた例はいくつもある。

　1970年代以降、学生たちがモスクでの活動を主体的に営み、さまざまな
活動を展開した。なかでも、インドネシア国内の多くのモスクにインパクト
を与えたのは、一般系の国立高等教育機関であるバンドン工科大学のサルマ
ン・モスクだった。サルマン・モスクでは、多くの学生たちが集ってイス
ラームについて議論することもあれば、子どものための学習活動を担うこと
もあったことが知られている。第5章でも述べたように、サルマン・モスク
に限らず、バンドン市内の他のモスクにおいても、学生たちが主体的にさま
ざまな教育活動に従事する例は、1960年代後半から1970年代後半にかけて
各地で見られるようになった。

　例えば、バンドン工科大学の近隣にあるバンドン市プレシラン地区のモス
ク（Masjid Darud Dakwah）では、1960年代以降、近隣のバンドン工科大学のほか、
バンドン教育大学（現・インドネシア教育大学）、パジャジャラン大学の学生た
ちが集ったモスクである。モスク内に寝泊まりするスペースを設け、若者た
ちが、モスクで学ぶ機会もあったという。このモスクでは、1986年に改築
された後、イスラーム宗教学校（マドラサ・ディニヤー）が創設され、プンガジ
アン・クルアーンは、カリキュラムを整えて行う形態へと改革された。2002
年の時点で、生徒数は47人であり、そのうち小学生が28人、中学生が11人、
高校生が4人、不就学者が3人だった（マドラサ・ダールッド・ダッワの2002年
生徒数より）。イスラーム宗教学校の教師（pembina）のうち約70％は、近隣の
バンドン工科大学の学生であり、月曜日から土曜日までのクラスは、31人
の大学生や地元の若者たちが、手分けして学習指導にあたっていた。

　また、インドネシア教育大学の近隣の小さなモスクには、モスクのなかに
学生が下宿する小部屋が設けられているところがある。この小部屋には、イ
ンドネシア教育大学の言語教育学部の学生が住まい、モスクでの子どものた
めの学習指導を担当してきた。

　このように、1960年代以降の高等教育機関の創設や高等教育段階への進学率の向上に伴い、全国から集まったムスリム学生たちが大学近隣に下宿し、その地域のモスクで活動する例が多く見られるようになった。最高学府で学ぶ学生たちが、地域のモスクにおける学習活動を担当することを、モスク周辺に暮らす住民らは快く受け入れた。1990年代以降、BKPRMIが推奨するクルアーン幼稚園／クルアーン児童教室に関連する研修が都市部で実施され、それらに参加した学生たちが中心となり、モスクにクルアーン幼稚園やクルアーン児童教室を開設していくようになった。

第2節　BKPRMIによるクルアーン学習施設の普及にむけた研修活動

1) クルアーン学習施設における学習指導モデルの構築と各地での教師研修の展開

　BKPRMIのLPPTKAによるクルアーン幼稚園／クルアーン児童教室のカリキュラムの編成などが行われると、1991年以降、各地で研修が行われ、それに参加した者たちによって、クルアーン学習施設がさまざまなモスクで開設された。

1―クルアーン学習施設における学習指導モデルの構築へ

　BKPRMIは、ジョグジャカルタのAMMのジャジールらを介して、ジョグジャカルタで開設されたクルアーン幼稚園（第3章参照）をモデルとし、クルアーン学習施設の学習指導内容の標準化を試みることになった。『イクロ』を創案し、AMMの若者たちとともにクルアーン幼稚園を開設したアスアド・フマムは、クルアーン幼稚園をAMM独自で運営する学習施設としてだけでなく、より広く普及することで、子どものためのクルアーン学習の改善が各地で試みられることを望んだ。

　アスアド・フマムの理想、すなわちクルアーン学習施設の全国的な普及は、スラバヤで1989年に開催された、BKPRMIの第5回全国会議において、重要な決定事項とされた。その2カ月後、南カリマンタン州では、クルアーン

幼稚園の最初の一校を開設することが決定した。第5章で述べたように、南カリマンタン州では、州知事夫妻が、クルアーン幼稚園の開設に好意的であったため、クルアーン幼稚園は、州内の各地で急速に開設されていった。地方の首長が、クルアーン幼稚園等の普及を手がける BKPRMI の活動を容認したことは、その後のクルアーン学習施設の普及の足掛かりとなった。

　1990年8月14日、BKPRMI の南カリマンタン州支部によって、複数のクルアーン幼稚園の生徒たちを対象とする合同の修了式が行われた。これと併せて、クルアーン幼稚園運営のためのワークショップ (Lokakarya Nasional Pengelolaan TK Al-Qur'an BKPMI) が開催され、南カリマンタン州におけるクルアーン幼稚園での学習と運営の経験をもとに、BKPRMI によるクルアーン学習施設の学習指導モデルとして、カリキュラムや手引書が作成されることになった。

　ワークショップの後、クルアーン幼稚園のカリキュラム編成チーム (Tim Perumus) によって、クルアーン幼稚園の標準カリキュラムが、BKPRMI のメンバーのジャジール、ファジリ・グマイ (Fajri Gumay)、アブドゥルラフマン・タルヨ (Abdurrahman Tarjo)、ハイラニ・イドゥリス (Chairani Idris)、タシリフィン・カリム (Tasirifin Karim) によって作成された。南カリマンタン州出身のハイラニ・イドゥリスとタシリフィン・カリムが、クルアーン幼稚園の指導と開発に関する手引書 ("Buku Pedoman Pembinaan dan Pengembangan TK Al-Qur'an BKPMI") を作成し、これにカリキュラムが含まれた。この手引書は、BKPRMI の中央運営委員会によって、1990年9月に発行された (Syamsuddin MZ et al. 1998: 1-2)。

　開設当初のクルアーン幼稚園における主要な学習内容は、クルアーンの読誦とクルアーンの一部の章句の暗誦の学習であり、アスアド・フマムが創案した『イクロ』と『暗誦内容集 (Buku Kumpulan Materi Hafalan)』が用いられた[1]。クルアーン幼稚園だけでなく、クルアーン児童教室、さらに継続クルアーン学習会の標準的なカリキュラムや運営方法の整備が、まだ十分ではない段階から、BKPRMI の関係者らは、まず『イクロ』を用いたクルアーン読誦学習の指導方法を、モスクでの子どもの学習指導に関わる人たちと共有すること

を目指した。そのため、1991 年以降、各地で積極的に『イクロ』の活用に関する研修が実施され始めた。

2―各地のクルアーン学習施設の学習指導に関する研修の開催
①ジャカルタとスラバヤにおける展開

『イクロ』の活用方法を中心とするクルアーン幼稚園／クルアーン児童教室の学習指導に関する研修は、1991 年以降各地で開催された (Moh.Haitami Salim 2002: 115-139)。ジャカルタ首都特別州 (DKI Jakarta) では、1991 年 1 月にイスティクラル・モスクで開催され、54 名が参加したという。また同年 4 月に開催された研修では、プサントレン・エル・シーファ（Pesantren El Syifa）との共催で行われ、118 人が参加した。この時、BKPRMI のジャカルタ首都特別州事務所の代表だったシャムスディン (Syamsuddin MZ) が幹事を務め、研修においては、ジョグジャカルタから AMM のジャジールや南カリマンタン州のハイラニ・イドゥリスやタシリフィン・カリムらが指導を行った。LPPTKA ジャカルタ事務所が創設された後も、さまざまな研修が実施された。ジャジールは 1991 年以降にジャカルタで実施された研修においても、指導を担当した。

東ジャワ州の州都スラバヤでは、クルアーン幼稚園／クルアーン児童教室の開設のための努力は以前から行われてきた。スラバヤのアルファラ・モスク (Masjid Al Falah) 内の教育財団のもとで試験的に開設の準備が進められていた。しかし、アルファラ・モスク財団長は、BKPRMI が合法的な組織として認められなければ、クルアーン幼稚園等の学習施設をモスク内に正式に開設することは許可しないという姿勢を貫いた。BKPRMI が組織活動を正式に認められたのは、1989 年のスラバヤで開催された BKPRMI 全国会議の後であり、実際に同モスクにクルアーン幼稚園が開設され、関連する研修活動を展開する環境が整ったのは、1991 年以降のことだった。

BKPRMI 東ジャワ州事務所が LPPTKA を組織し、クルアーン幼稚園／クルアーン児童教室開設後、関係者らは、BKPRMI 南カリマンタン州支部が 1991 年 8 月に実施したクルアーン幼稚園の修了式およびクルアーン幼稚園

のスーパーバイザー会議に出席した。その他、スマランの『キロアティ』や
ジョグジャカルタの『イクロ』を学ぶ者もいた。その後、同年9月と10月に
は、東ジャワ州内のモスク関係者を対象とし、クルアーン幼稚園教師のため
の研修を実施することが計画された。研修の際に指導役をつとめたのは、ジョ
グジャカルタの AMM からジャジール、BKPRMI 南カリマンタン州事務所の
ハイラニ・イドゥリスとタシリフィン・カリムの3人だった。1992年以降は、
LPPTKA スラバヤ事務所が主体となって、クルアーン幼稚園／クルアーン児
童教室の教員候補者らのために、クルアーン学習施設の学習指導や運営に関
する指導や研修を行った。

②バンドンにおける展開

　西ジャワ州においても、1991年以降、クルアーン学習施設の学習指導に
関する研修が、モスクでの学習活動に関わる者たちを対象に開かれた。バン
ドン市では、1991年1月、チパガンティ・モスクで、初めて『イクロ』の学
習方法に関する研修が開催された (Dewan Keluaga Masjid At-Taqwa KPAD Gegerka-
long 1993: 19)。

　その後、同州内での『イクロ』やクルアーン幼稚園および児童教室の展開
の中心的役割を担ったのは、BKPRMI のアセップ・ザエナル・アウソップ
(Asep Zaenal Ausop、以下アセップ) やアデ・ブンヤミン (Ade Bunyamin) らであった。
二人は、バンドン市北部の陸軍居住区 (Komplek Angkatan Darat、略語 KPAD) 内
のアッタクワ・モスク (Masjid At-Taqwa) での活動に従事していた。アセップ
は、当時からバンドン工科大学の宗教教育を担当しており、サルマン・モス
クでの子どもの学習活動にも関わっていた人物だった。アセップらは、同年
1991年8月、LPPTKA 西ジャワ州事務所[2]をアッタクワ・モスクに設置した[3]。
したがって、同モスクが西ジャワ州におけるクルアーン幼稚園／クルアーン
児童教室に関する研修の中心となったといえる。しかし、LPPTKA 西ジャ
ワ州事務所を設置する以前から、同モスクは、モスク周辺の人々を対象に『イ
クロ』の活用方法に関する研修の開催に関わった。1991年3月に開催された

研修には、ジョグジャカルタの AMM が全面的にサポートしたものも含まれた。また、同年 4 月 6、7 日の『イクロ』活用に関する研修会では、さまざまな地域から参加者を募り、西ジャワ州全域から約 250 人がアッタクワ・モスクに集まったという（Dewan Keluarga Masjid At-Taqwa KPAD Gegerkalong 1993: 20）。

BKPRMI の LPPTKA 西ジャワ州事務所開設後も、同モスクにおいて、『イクロ』の活用方法およびクルアーン幼児教室運営のための研修が数多く開催された[4]。研修の実施には、同モスクで活動するアッタクワ・モスク青年会（PERMATA: Persaudaraan Remaja Masjid At-Taqwa）の関係者らが関わった（Dewan Keluarga MasjidAt-Taqwa KPAD Gegerkalong 1993: 20）。

アッタクワ・モスク青年会のメンバーの多くは、上述したバンドン市内のチパガンティ・モスクでの研修に参加した若者たちだった（Dewan Keluarga Masjid At-Taqwa KPAD Gegerkalong 1993: 12, 19-20）。アッタクワ・モスクでは、彼らが中心となって 1991 年 3 月 24 日、クルアーン幼稚園／クルアーン児童教室での教育を開始し、その後、BKPRMI の LPPTKA 西ジャワ州内におけるクルアーン幼稚園／クルアーン児童教室の模範校と指定された（Dewan Keluarga Masjid At-Taqwa KPAD Gegerkalong 1993: 12-13）。

このように、BKPRMI によるクルアーン学習施設の学習指導に関する研修は、1991 年以降、複数の州で開催された。その際、ジョグジャカルタの AMM のメンバーらは、研修が開催される地方を訪問し、指導を行った。他方、地方の BKPRMI のメンバーらが、ジョグジャカルタの AMM を訪問して、プンガジアン・クルアーンの学習内容や指導方法などを学ぶこともあった。各地方の BKPRMI メンバーらのイニシアティブと AMM の協力のもとで、『イクロ』の活用方法をはじめとする、新しいクルアーン学習指導の方法が各地で共有されていった。

第 3 節　バンドン市内におけるモスクでの学習活動への学生たちの関与

1991 年以降、上述した BKPRMI による、『イクロ』の活用方法などの学習

指導に関する研修に参加した学生たちは、自らが活動に関わるモスクにおいてクルアーン学習施設を開設することを試みた。

　では、学生によってクルアーン幼稚園やクルアーン児童教室が開設されることになったモスクでは、どのような変化がみられるようになったのだろうか。以下では、1980 年代から 2000 年代前半頃のバンドン市内で、学生たちが多く下宿してきた地区のモスクの学習活動の変化を示した。以下に示す二つのモスクでは、1991 年にクルアーン幼稚園／クルアーン児童教室を開設したことが共通する。

1) バンドン工科大学近隣のモスク：アンヌル・モスク[5]

1―「学生のモスク」における学生たちによるイスラーム学習の展開

　アルヌル・モスクは、バンドン工科大学の近くの集落にあり、多くの学生たちが活動に参加してきたモスクである。しかし、1980 年代までは、スンダ語でタジュグ (Tajug) と呼ばれる小規模礼拝所にすぎなかった。その後、1986 年に寄付を受け、2 階建てのモスクが完成し、その際、イスラーム宗教学校を開設した。このイスラーム宗教学校は、当時、近隣に下宿していたバンドン工科大学の学生だった 3 名が中心となって創設したものだった。そのひとりの I 氏は、この集落に暮らすようになり、2002 年には、モスク組織 (Dewan Keluarga Masjid) の代表を務めていた。

　1986 年にモスクが完成する以前は、住民と学生がそれぞれ別々にイスラーム活動を行っていたという。当時モスクは、「学生のモスク (Masjid Maha-siswa)」と呼ばれるほど、近隣に下宿する多くの学生たちが、モスクで礼拝や学習指導に従事していた。1986 年にモスクが改築された時に、住民によるイスラーム学習と学生たちによるイスラーム学習を共同で行うことができるように、モスク組織委員会の許可を得た。それによって、学生たちのイニシアティブのもとで、イスラーム宗教学校が創設された。カリキュラムを整え、宗教省により、教師への補助を多少得ていたこともあった[6]という。イスラーム宗教学校の教師は、近隣のバンドン工科大学やバンドン・イスラーム大学

の学生が務めていた。

2―学生主体から住民主体の学習活動へ

　1991年、モスクでの教育に従事する学生たちは、BKPRMIによるクルアーン幼稚園／クルアーン児童教室を開設した。1986年に創設されたイスラーム宗教学校はモスク組織のもとで運営されてきたが、クルアーン幼稚園／クルアーン児童教室は、新しく財団を創設し、その下で運営されることになった。

　1990年代以降の大きな変化は、イスラーム宗教学校やクルアーン幼稚園／クルアーン児童教室で、学生たちによる指導を受けた地元の生徒たちが、今度はクルアーン学習施設での教育の担い手として役割を果たすようになったことである。1986年～92年頃までは、上述した通り、同モスクのイスラーム宗教学校は、近隣に下宿していたバンドン工科大学やバンドン・イスラーム大学の学生たちが中心となって教えていた。その後、1990年代半ば以降は、教え子である地元住民が育ち、2002年には、ほとんど地元の住民である女性たちが子どもたちの指導にあたるようになっていた。旧来のイスラーム宗教学校は、1992年にクルアーン幼稚園／クルアーン児童教室と統合した。クルアーン幼稚園／クルアーン児童教室は、このモスク周辺の集落に限らず、外部から通う生徒も増え、2001年には、生徒数は158人が登録されていた。2002年の時点では、クルアーン幼稚園／クルアーン児童教室の教師を務める地元の女性たちは、BKPRMIによる教師研修や、その他の組織が運営する私立の幼稚園師範学校（PGTK）で学んだ経験を持ち、クルアーン幼稚園およびクルアーン児童教室での教育に役立てていた。

　また、地元住民たちは、1996年に、モスクのレマジャ（若者）のための組織を結成し、モスク周辺で暮らす女性たちや高校生、高卒者らが主体でモスクの宗教学習関連の活動を担うようになった。かつては、学生が主体で行っていた地元の若者のための宗教学習活動は、地元住民が中心となって行うようになった。集落の若者の為の講話会を開催する際には、講師としてバンド

ン工科大学の学生が招聘されるようになった。このように地域住民らが主体的にモスクでの諸活動の企画等を主宰するようになった。

3—まとめ

　アンヌル・モスクでの学習活動の変化は、**図6-1**のように示すことができる。小規模礼拝所だった場所にモスクが建設された後、近隣に下宿していた学生たちによってイスラーム教育の場が設けられ、従来のプンガジアン・クルアーンの場からイスラーム宗教学校の創設、さらにクルアーン幼稚園などのクルアーン学習施設の創設へと続いた。こうした学生たちによるイスラーム学習の場の創設は、近隣に下宿する学生たちが担い手を務めるのではなく、モスク周辺に暮らす地域住民に受け継がれ、住民主体でモスクにおける学習活動が取り組まれるようになった。興味深いのは、モスク周辺に暮らす住民らが、モスクにおける学習施設の教師として子どもの指導に関わるだけでなく、1990年代半ばには、主体的にモスクでの活動を担う組織を結成し、自ら活動を展開したことである。

　モスクのさまざまな活動は、かつて外部からやってきて、モスク周辺に下宿するようになった大学生たちが担っていた。学生たちによる取り組みは、

	住民による学習活動	学生による学習活動
1960-1970年代	小規模な礼拝所だった頃	
1980年代	住民と学生の学習活動を共同で行う方向へ モスク組織によるイスラーム宗教学校の運営——学生による開設・運営	
1990年代	新財団によるクルアーン幼稚園／児童教室の創設——学生による開設・運営 （イスラーム宗教学校を統合） レマジャの活動組織結成→住民によるさまざまな学習プログラム	
2000年代以降		

図6-1　アンヌル・モスクの学習活動の担い手の変化

（出所：筆者作成）

1990年年代半ば以降、クルアーン学習施設を開設した後大きく変化し、ア
ンヌル・モスク周辺では、住民主体でモスクでの諸活動が展開される方向に
向かった。

2) バンドン教育大学近隣のモスク：アルヒクマ・モスク

　アルヒクマ・モスク[7]は、バンドン市北部のバンドン教育大学 (現インドネ
シア教育大学)[8] の近隣のモスクである。アンヌル・モスクとは異なり、この
モスクは、かつてプサントレンとして、外部から多くのサントリを迎え入れ、
住民主体で運営していた時期があった。しかしその後、プサントレンを主宰
するキヤイの候補者がおらず、1960年代以降プサントレンは消失してしまっ
た。そのため同モスクは、村のモスクとして存続してきた。プサントレンと
しての活気を失ったところに、1960年代以降、バンドン教育大学の学生た
ちが、モスク周辺に下宿するようになり、新たな変化が生じた[9]。

1—モスク周辺の村の概況

　バンドン市内は、以前は小さな集落と田畑が広がる地域が多数見られた土
地だった[10]。しかし、オランダ植民地政府が拠点とした都市でもあり、植民
地政府関係者の居住地域が多かった。そのため、市内には、中部ジャワや東
部ジャワのように、規模の大きなプサントレンは開設されてこなかった。そ
のなかで、A村[11]にはバンドン市北部で最も歴史の古いモスクの一つ[12]が
あり、1960年代前半までは、プサントレンが存在した。1920年代に、住民
の一人がワカフ (イスラーム寄進財) の土地にモスクを設置した。その息子が、
西ジャワ州チレボンのプサントレンなどで学んだ後、この村に戻り、モスク
でのイスラーム学習の指導を開始した[13]。村外出身のサントリの増加に伴い、
アスラマ (寄宿舎) が設置され、プサントレンとしての形態が整えられた。当
時のサントリは、日中はキヤイと共に田畑で農作業をし、日没後に学習を行っ
た。

　しかし、1960年代以降、キヤイの後継候補者たちは、国家公務員など村

外で仕事に就くケースが多くなった。サントリと生活を共にしながら指導に
あたることができる者がいなくなり、サントリは減少した。しかし、村の子
どもを対象とした日没後のプンガジアン・クルアーンだけは継続されたとい
う。1960年代頃まで、A村の子どものためのプンガジアン・クルアーンは、
村のモスクだけでなく、個人の家でも行われていた[14]。教師が一人一人の生
徒を指導するソロガン[15]や、教師を囲んで生徒たちが座り、学習するバン
ドンガン[16]などの教授法が用いられた。日没（マグリブ）の礼拝を、男子生徒
はモスクで、女子生徒は教師宅で行い、その後、学習は同じ場所で実施された。
1970年代までは、学習の後宿泊し、翌日の夜明け（スブ）の礼拝を合同で行っ
た後、帰宅するのが一般的だった[17]。しかし、次第にこうした「泊り」の学
習形態から「通い」の形態に変化していった。

　A村は、バンドン教育大学から徒歩10分以内にある集落だったため、大
学創設後、多くの学生たちが下宿していた。学生たちのなかには、モスクで
のイスラーム学習活動を手伝う者も出てきた。また、成人を対象とするイス
ラーム講話会で講話者を務めたり、金曜礼拝の説教を任されることもあっ
た[18]。そうした学生たちは、バンドン教育大学の学生が多く、特にアラビア
語学科で学ぶ学生が積極的に役割を果たした。第5章で記述した通り、バン
ドン教育大学のアラビア語学科は、宗教師範学校やイスラーム高校出身者が
多く、プサントレンでの学習経験を持つ学生も含まれた。アラビア語学科で
は、アラビア語の学習とともに、イスラームの学習に重点が置かれ、学生た
ちはキャンパス内モスクで行われるイスラーム学習活動に積極的だった（Sya-
hidin 2001: 136-137, Syahidin 2002: 7）。

　当時、A村のモスクは正式な名称をもたず、単に「A村のモスク」とよば
れていた。それに「アルヒクマ（Al-Hikma）」と命名の提案をした学生も、アラ
ビア語学科に在籍し、A村に下宿していた[19]。住民側も学生たちの提案を受
け入れ、現在でもその名称が用いられている。

2―モスクでの学習活動への学生たちの関わり

①学生による一般学校の設置

　1960 年代頃の A 村では、子どもたちの学校教育の機会は非常に限られており、学生たちは、モスクやプサントレンの寄宿舎[20]を利用して、子どもたちのために一般科目を教え始めた。学生たちが、正式に小学校の設置を提案すると、アルヒクマ・モスク組織委員会はその提案を受け入れた。そして、モスクに隣接するワカフの土地に校舎が建てられ（Muslim Buchori 2000: 1）、学生たちが教師を務めた[21]。

　1966 年、A 村の学校は私立の一般小学校として教育文化省に登録され、その後、1973 年に一般中学校も設置された。バンドン教育大学の学生は、卒業後は教員になることが義務付けられていた[22]ため、当時の学生 G は、大学卒業後、国立一般中学校で教員を務めた。その傍ら、G は 1970 年代に財団 H を創設した。A 村の小・中学校は、この財団の下で運営されるようになった。1975 年に中学校の最初の卒業生を送り出した時、中学校は、教育文化省の「登録（Terdaftar）」のステイタスにあった[23]。国立学校と「同等」のステイタスではなかったため、高校進学を希望する生徒は、G が勤務していた国立中学校で前期中等教育修了のための全国最終段階学力試験（EBTANAS: Evaluasi belajar tahap akhir nasional）を受けなければならなかった。その後、1977 年頃から G は A 村の小・中学校で教える大学生に、正式な教員資格を取得するよう勧めた[24]。教員資格を持つ教員数を増やし、中学校を「登録（Terdaftar）」レベルから「認定（Diakui）」レベルへと昇格させた。当時、小・中学校では、授業料はほとんど徴収できなかった[25]。財団の下での運営とはいえ、運営資金はわずかな授業料に依存し、極めて乏しかった。しかし、学生たちは、学校での授業を無償で支えた。

　1960 年代から 70 年代にかけて、学生たちは学校教育の提供に取り組み、A 村の教育を充実させることに貢献した。1989 年以降、学生の一人が A 村の女性と結婚し A 村に居住した頃から、A 村の小・中学校を卒業した住民のなかに、教員を務める者が増え始めた。

②学生たちによるクルアーン学習施設の創設と地域住民の対応

(1) モスク青年会 IMAJID の結成とイスラーム宗教学校の開設

　1980 年代初頭から、A 村のイスラーム学習に変化が見られ始めた。A 村に下宿していた学生たちは、1983 年 9 月 24 日にモスク青年会 (Ikatan Remaja Masjid、以下 IMAJID) を結成し (Nanay P Patonah 1989: 3)、アルヒクマ・モスク組織委員会の許可の下、モスクで活動を行うほか、それぞれの下宿でもイスラーム学習活動を行うようになった [26]。モスクだけでなく、場所を転々として学生たちが集まり、議論し、意見交換する機会をつくる必要があったのは、第 3 章および第 5 章においても指摘したように、1970 年代後半から 1980 年代にかけてのインドネシアの政治・社会状況が大きく関係している。若者たちが集う際には、政府への登録が求められたことも多かったという。IMAJID には、アラビア語学科の学生だけでなく、理科系の学生も加わった [27]。当時、学生の活動への規制は厳しかったが、敬虔なムスリムの退役軍人のなかには、学生たちの活動を支援する人々も少なくなかった [28]。IMAJID の活動は、A 村内での学習活動に留まらなかった。1988 年以降は、イスラーム講話会の説教師や様々なイスラーム活動の運営を担当できる人材育成のための研修を行うようになった。研修を受けた学生たちは、A 村以外の地域に活動を広げ、農村でダッワ活動も行った。こうした活動には、IMAJID のメンバー以外の学生も積極的に参加した。

　A 村の若者のなかには、IMAJID の活動に参加し、学生と共に活動する者もいた。そのなかには A 村のプンガジアン・クルアーンを組織的に営むことを志向する者がいた。1980 年代半ば頃、西ジャワ州バンドン県、タシクマラヤ県のプサントレンで学習を終えて帰郷した A 村の若者たちが中心となって [29]、イスラーム宗教学校が開設された。

　以前は、モスクやクルアーン教師宅などの、複数の場所でプンガジアン・クルアーンは行われていた。しかし、1980 年代半ばに、このイスラーム宗教学校が開校してからは、A 村の子どものためのプンガジアン・クルアーンの場が一ヶ所にまとめられた。イスラーム宗教学校は、アルヒクマ・モスク

と小・中学校校舎が使われ、基礎的なプンガジアン・クルアーンが従来通り教えられた。それに加え、基礎学習を終えた者を対象として、プサントレンでの学習経験を持つ者が、例えばイスラーム法やイスラーム倫理など、イスラーム教義に関する内容のうち、それぞれ得意とする分野を教えた[30]。

(2) クルアーン幼稚園／クルアーン児童教室の設置とその影響

　IMAJID の学生たちのなかには、BKPRMI による『イクロ』活用方法に関する研修に参加し、子どものためのプンガジアン・クルアーンの組織化に関心を持つ者がいた。そうした学生たちが、1991 年、A 村にクルアーン幼稚園とクルアーン児童教室を開設することを提案した。アルヒクマ・モスク組織委員会は、標準化されたプンガジアン・クルアーンの実施に賛同し、A 村でのクルアーン幼稚園とクルアーン児童教室の設置を認め、学生たちが教育の主たる担い手となった[31]。

　従来、子どもたちのプンガジアン・クルアーンが行われるのは、日没の礼拝後であった。主として小学生以上が参加するイスラーム宗教学校はあったが、就学前の幼児のための学習は組織的に営まれていなかった。また、午前中の小・中学校の授業の終了後、校舎は、日没後のイスラーム宗教学校の時間まで使用されることはなかった。しかし、1991 年、クルアーン幼稚園とクルアーン児童教室が設置されると、夕方 4 時には、イスラーム服を身に着けた幼児たちが学校の校舎に集まって学習を開始するようになった。

　クルアーン幼稚園／クルアーン児童教室では、BKPRMI の LPPTKA が作成した標準カリキュラムに依拠した学習指導が行われた。これらのクルアーン学習施設の開設は、イスラーム宗教学校での指導方法にも影響を与えた。プサントレン等で学んだ経験のある A 村の若者たちは、A 村近隣に下宿する学生たちが用いる『イクロ』を、イスラーム宗教学校でも活用することを決定した。また、生徒の性別及び習熟度別に学習グループを作り、グループ別に年間の学修計画を立てるようになった。半年に 1 回は、学習した内容の習熟度テストも実施するようになった。A 村の若者らは、学習指導及び運営

の中心的な担い手として、イスラーム宗教学校を独自に発展させることを志向した。

　イスラーム宗教学校が対象とする生徒は、就学前児童から中学生程度である。したがって、部分的にクルアーン幼稚園／クルアーン児童教室が対象とする就学前児童や小学生と、対象者が重複している[32]。また、イスラーム宗教学校の就学前児童から小学生程度を対象とする学習内容とクルアーン幼稚園／クルアーン児童教室の学習内容はほとんど同じである。両方とも、イスラームの基礎を学習することを目的としており、内容は、クルアーンの読誦学習、日々の祈りの暗誦、礼拝の仕方等である。

　しかし、イスラーム宗教学校とクルアーン幼稚園／クルアーン児童教室は、一つの教育組織をつくるのではなく、別個に運営されてきた。クルアーン幼稚園／クルアーン児童教室の教師を務めたのは学生たちであった。しかしその運営は、地域住民が結成した財団 M が担当することにした。クルアーン幼稚園／クルアーン児童教室が、BKPRMI の LPPTKA の認定を得るためには、モスク組織委員会もしくは財団等が、教室運営にあたることが必要とされた（Syamsuddin MS 1999: 44、第7章参照）。イスラーム宗教学校のように、アルヒクマ・モスク組織委員会の下で、クルアーン幼稚園／クルアーン児童教室を運営することも可能であった。しかし、新たに財団 M が組織されたことは、従来からあるモスク組織委員会の関係者に頼らず、また、学生に全てを任せるのではなく、A 村の住民たちが主体的にモスクでの学習活動を運営することを志向する姿勢の表れでもあった。

③教師の大半が地域住民に

　A 村における学習施設は大きく三つに分けられる。一つは、私立の小・中学校である。開校当初は大学生が教師を務めていた。2003 年には、教員資格を有する者はわずかではあるが、多くの地域住民が教員を務めていた。小学校は、校長のみが教育大学で学士を取得しており、教員資格[33]を有している。他の教員 8 人は教員資格を満たしていなかった。8 人中 6 人が師範学

校卒業者、2 人は一般高校卒業者である。**表6-1** に示したように、8 人の教員は、A 村で育ち、イスラーム学習も小・中学校の教育もこの村で受けた。校長を務めるのは、学生時代にこの学校で教えていた経験がある者である。A 村の女性との結婚後、A 村の住民となり、1989 年以降、アルヒクマ・モスク組織委員長も務めていた。2003 年の時点では、中学校でも教員資格を持つのは校長のみだった。その他 12 人の教員は、教員資格を満たしていなかった。そのうち 2 人が A 村で育ち、高校、大学以上の学歴を持つ。残りの 10 人は現役の大学生が交代で教員を務めていた[34]。

　二つ目は、クルアーン幼稚園／クルアーン児童教室である。1991 年に創設された当初は、IMAJID の学生が教育の担い手であった。2001 年現在では、教師は全て女性であり、そのほとんどを高校もしくは師範学校卒業以上の学歴を持つ A 村住民が占めている。全員が BKPRMI による教師研修を受けた者たちである。

　三つ目のイスラーム宗教学校は創設当初、西ジャワ州のバンドン県、タシクマラヤ県のプサントレンでの学習経験者によって営まれた。表6-1 に示したように、2001 年、プサントレンで学習した教師が 5 人いる。しかし、大半の教師は、プサントレンでの経験を持たない。教師たちは、クルアーン幼稚園およびクルアーン児童教室の教師と同様に、A 村で育ち、A 村においてイスラーム学習と学校教育を学んだ。教師の学歴を見ると、高校卒業以上の学歴を持つ者が多く、18 人中 10 人を占める。教師の半数を占める高校・大学在籍者らは、プサントレンでの学習経験者とは異なり、イスラーム教義の専門知識を学んではいない。彼らは学校で学ぶ傍ら、子どものためのプンガジアン・クルアーンの指導にあたってきた。

　A 村に下宿をしていた学生やプサントレンでの学習経験のある A 村の住民から、学校教育とイスラームの知識を学んだ A 村の若者たちが、今度は村のモスクを拠点とする学習活動の担い手となった。

　④住民主体の運営をめぐって

　A 村の三種の学習施設は、それぞれ異なる組織の下で運営されてきたが、

表6-1　A村アルヒクマ・モスクの小・中学校教員とクルアーン幼稚園／クルアーン児童教室及びイスラーム宗教学校の教師の特徴（2001年）

	①小学校	中学校	②クルアーン幼稚園および児童教室	③イスラーム宗教学校
人数	9 (8)	13	6 (6)	18 (9)
A村在住者	8 (7)	3	5 (5)	18 (9)
A村小学校卒業者	8 (7)	2	2 (2)	12 (6)
A村中学校卒業者	8 (7)	2	5 (5)	11 (7)
A村小・中学校卒業者	8 (7)	2	2 (2)	9 (6)
A村でイスラーム学習をした者	8 (7)	2	5 (5)	17 (9)
プサントレンでの学習経験者	2 (1)	1	1 (1)	5 (1)
現役高校生	—	—	0	7 (5)
現役大学生	—	10*	1 (1)	2 (2)
中学卒業者	—	—	1 (1)	1 (1)
高校/師範学校卒業者	8 (7)	1	3 (3)	7 (1)
大学卒業者	1	2	1 (1)	1 (0)

※（ ）内は、女性の人数、＊は、男女合計の人数。
①のデータは、2003年7月24日に実施したA村住民の元イスラーム宗教学校教師J氏とのインタビューに基づく。②、③は、2001年2月24日、9月5日〜12日に実施した教師らとのインタビューに基づく。

　2001年、新たな運営の構想が持ち上がった。小・中学校は、教員の大半をA村住民が務めるにもかかわらず、学校の運営権はA村の住民ではなく依然として財団Hが保持している。小・中学校の創設に直接関わった学生で、インドネシア教育大学教員を務めるGが、2000年代前半も財団Hを主宰していた。一方、イスラーム宗教学校は、アルヒクマ・モスク組織委員会の下で運営されている。また、クルアーン幼稚園／クルアーン児童教室は、モスク組織委員会の一部のメンバーや地域住民で構成された財団Mが営んでいる。2000年以降、クルアーン幼稚園／クルアーン児童教室とイスラーム宗教学校だけでなく、小・中学校を含めた3つの教育施設をA村住民が主体となる一つの財団の下で運営していくことが検討されるようになった。

　しかし、小・中学校の運営権に関しては、他の2つとは異なり、A村の住民らは、財団Hに対して慎重な対応が必要と考えてきた。なぜなら1960年代、

財団 H の関係者が大学生だった時に、彼らが中心となって A 村に学校を設置し、A 村住民の多くがその学校教育の恩恵を受けてきた背景があるためである。2000 年以降も、運営権は元学生が保持し、A 村の小・中学校は財団 H の下にある複数の学校の一つとして運営されている[35]。そのため、A 村の小・中学校が、単独で寄付金や補助金を受けた場合、その使途には、A 村住民の意向が直接反映されるのではなく、全て財団 H の判断でその使途が決定される。

　A 村及びその周囲のモスクにおけるさまざまな学習活動には、学生が関与してきた。かつて A 村やその周辺に下宿し、現在は大学教員になっている者たちのなかには、今日でも住民らと共に交代で金曜礼拝時の説教師を務める者もいる。つまり、A 村住民にとって、元学生で、大学教員となった人々は、信仰生活上、密接な関係にある人々もいる。運営権を財団 H から譲り受ける場合、慎重に対応したいと考える住民が多い。アルヒクマ・モスクでの学習活動に関わる住民の代表者たちは、「お願いするからには、教師がほとんど住民であることに加え、活動運営や資金調達の面でも、自分たちでやっていけることを示した上で、快く権利を譲ってもらいたい」[36] と言う。

　A 村に限らず、大学キャンパス周辺の地域社会における教育の機会は、学生たちが担い手として、大きな役割を果たしてきたと自負する大学教員は少なくない[37]。A 村の住民もその点は充分承知しており、だからこそ、今後も彼らと良い関係を保持できるよう願っている。運営権をめぐるこうした課題は、住民たちにとっての難題である。住民の大部分が、A 村のモスクにおける学習活動の運営に関わるように変化したにも関わらず、その運営権の一部は、A 村住民以外の者が依然として有している。住民たちが、この状況を改善することを検討し始めたことは、彼らのモスクでの学習活動に対する意識の高まりを示すものであるといえるだろう[38]。

3―まとめ

　アルヒクマ・モスクは、かつてプサントレンだった土地に創設されており、

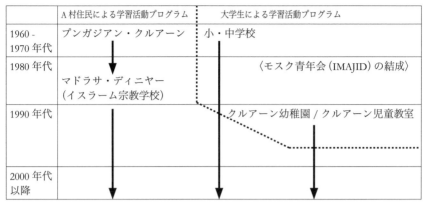

	A村住民による学習活動プログラム	大学生による学習活動プログラム
1960 - 1970 年代	プンガジアン・クルアーン	小・中学校
1980 年代	マドラサ・ディニヤー （イスラーム宗教学校）	〈モスク青年会（IMAJID）の結成〉
1990 年代		クルアーン幼稚園／クルアーン児童教室
2000 年代 以降		

※点線 (----) は住民を主体とする学習活動と学生を主体とする学習活動の境界を示す。
出所）筆者作成。

図 6-2　アルヒクマ・モスクを拠点とする学習活動の担い手とその変化

モスクが有する敷地には、1960 年代以降、教育大学の学生たちが創設した小・中学校が運営された。その後プサントレンでの学習経験のある A 村出身の者たちがマドラサを創設し、旧来のプンガジアン・クルアーンの組織化を試みた。1990 年代以降、学生たちと A 村在住の若者らが、BKPRMI に登録するクルアーン幼稚園／クルアーン児童教室を創設すると、しだいに地域住民が主体的にモスクでのすべての学習活動の運営に関わることが構想されるようになった。それには、1960 年代に学生たちが創設し、その後教師の大部分が村の住民を占めるようになった小中学校も含まれた。クルアーン幼稚園／クルアーン児童教室の開設後、住民の間で主体的にモスクでの学習活動に関わろうとする意識が生成されたことは、アンヌル・モスクの事例と共通していた（**図 6-2**）。

第 4 節　小　括

　本章では、1980 年代後半以降、BKPRMI が、クルアーン学習施設における学習指導に関する研修を各地で開催した後、従来からの地域のモスクでの

プンガジアン・クルアーンに変化が見られたことを、バンドンでの事例を通して明らかにしてきた。

『イクロ』の指導方法をはじめとするクルアーン学習施設での学習指導や運営の方法は、モスクでのプンガジアン・クルアーンの学習指導に取り組んできた者たちにとって、画期的なものだった。研修に参加した学生たちが、日々のモスクでの学習指導において、BKPRMIによるクルアーン学習施設を開設した後、今度は、学生たちから学んだ住民が、クルアーン学習施設を含む、モスクでのさまざまな学習の指導や運営に主体的に関わるように変化したことが、2つのモスクの事例に共通していた。

つまり、クルアーン幼稚園などのクルアーン学習施設の創設は、モスクでの学習形態や指導方法の改革にとどまらず、住民のモスクでの学習指導への関わり方にも変化をもたらし、モスクでの学習の充実と活性化を促したといえる。

では、BKPRMIによるクルアーン学習施設の学習内容や方法、運営システムには、学生から住民へと学習活動の主体が移行してもなお、担い手となった住民たちが自律して学習活動を継続していくことをサポートする仕組みがあるのだろうか。次章の第7章では、BKPRMIが構築したクルアーン学習施設の教授・学習とその運営の標準モデルにおける、学習の担い手の自立性を育む要素について検討する。

注

1　アスアド・フマムとAMMは、『イクロ』に加え、クルアーンの暗誦に関するテキストや、基本的なハディースの内容の解釈に関する書籍なども出版してきた。

2　後にLPPTKAの西ジャワ州事務所は、バンドン市内のガルンガン・クロン（Garungan Kulon）地区へ移動。2002年には、西ジャワ州中央ダッワ・モスク（Masjid Pusat Dakwah Islam: PUSDAI）内にも事務所を構えていた。

3　アセップへのインタビュー（2003年7月26日。場所：アセップが営むイスラーム教育財団事務所）、N氏インタビュー（2001年2月26日、8月5日、12月8日。場所：アッタクワ・モスク）より。

4　アセップへのインタビュー（2003年7月26日）より。

5　モスクの特定を避けるため、仮称を用いた。このモスクの活動の歴史やイスラーム学習活動の変容については、I氏およびクルアーン学習施設の教師H氏らへのインタビュー（2002年9月23日）に基づく。

6　I氏インタビュー（2002年9月23日）より。

7　A村の匿名性を保つため、モスクの名称は仮称を用いた。

8　バンドン教育大学（IKIP Bandung）は、2000年にインドネシア教育大学（UPI）へと改称した。

9　中田（2005）を加筆・修正した内容が中心となっている。

10　20世紀初め、バンドン工科大学近辺のチカプンドゥン川周辺は、段々畑の広がる田園地帯であったことがうかがえる（HaryotoKunto 1984:281、写真資料）。

11　2001年9月現在、2311人の住民が暮らしていた（Pemerintah Kota Bandung 2001）。

12　1920〜30年代頃までに、設置されていたと言われている（MuslimBuchori 2000:1、M氏インタビュー（2001年2月24日、25日、5月11日、6月9日、9月4日、26日他。場所：M氏自宅）より）。

13　M氏インタビュー（2001年2月24日、25日、5月11日、6月9日、9月4日、26日他。場所：M氏自宅）より。

14　D氏およびA氏インタビュー（2001年9月12、13日。場所：A村）、婦人Aおよび婦人Bインタビュー（2001年9月12、13、26日。場所：A村）より。

15　ソロガンでは、生徒が学んでいるキタブの写しを一人ずつ持って教師の所に行く。教師の前で、生徒がそれを朗誦し指導を受ける（西野1990:37-38）。

16　バンドンガンとは、生徒が教師の周りに輪になって座り、教師は講義をするようにテキストを読み、注釈を加える方法。ソロガンと共に、プサントレンでの主たる教授法の一つ（西野1990:37-38）。

17　婦人Aおよび婦人Bインタビュー（2001年9月12、13、26日。場所：A村）より。

18　G氏インタビュー（2002年9月18日。場所：インドネシア教育大学）、およびDI氏インタビュー（2002年9月20日。場所：DI氏自宅）より。

19　G氏インタビュー（2002年9月18日。場所：インドネシア教育大学）より。

20　2002年時には、大学生が住まう宿舎として使われていた。

21　G氏インタビュー（2002年9月18日。場所：インドネシア教育大学）より。

22　DI氏インタビュー（2002年9月20日。場所：DI氏自宅）より。

23　私立学校のステイタスは、当時、教育文化省によって「登録（Terdaftar）」、「認定（Diakui）」、及び「同等（Disamakan）」の3つが与えられた。施設・設備の状況

や資格取得教員の人数などの条件に基づいて審査が行われ、ステイタスが決定された。しかし、この方式は、地方分権化に伴い改訂された。2002年以降の小・中学校の場合は、県もしくは市政府が設置する学校基準認定委員会（BAS: Badan Akreditasi Sekolah）によって、学校ごとに基準認定が行われるようになった（Keputusan Menteri Pendidikan Nasional Republik Indonesia（インドネシア共和国国家教育大臣決定 Nomor.087/U/2002 Akreditasi Sekolah（学校認定））。

24 G氏インタビュー（2002年9月18日。場所：インドネシア教育大学）より。

25 DI氏インタビュー（2002年9月20日。場所：DI氏自宅）より。

26 T氏インタビュー（2001年10月29日。場所：A村）より。

27 モスク青年会結成に関わった元学生の一人は、理化学系の学部で学び、ドイツ留学の経験があるインドネシア教育大学の教員。

28 E氏インタビュー（2001年7月16日、10月18日、29日。場所：E氏自宅）より。

29 D氏およびA氏インタビュー（2001年9月12、13日：場所：A村）より。

30 J氏インタビュー（2001年11月30日、12月1日。場所：A村）。

31 B氏インタビュー（2001年9月21日：B氏自宅）より。

32 イスラーム宗教学校およびクルアーン幼稚園／クルアーン児童教室の生徒の大部分は、A村の子どもである。しかし2001年には、クルアーン幼稚園／クルアーン児童教室の生徒は、A村外から通う生徒も存在した。

33 学校教員は教育大学及び総合大学の教育学部の教職課程で学び資格を得る。2002年時においては、小学校教員の養成には、高校卒業後、2年間のディプロマ課程で行われる。他方、中学校教員は学士号取得が必要とされる。現在では、小学校教員にも学士が求められる。

34 O氏インタビュー（2002年9月22日。場所：A村）および、J氏インタビュー（2003年7月24日。場所：A村）より。

35 2002年、A村の小・中学校の他に、財団Hは小学校、中学校、高校を他の地域で運営していた。

36 O氏インタビュー（2002年9月22日。場所：A村）およびJ氏インタビュー（2002年9月26日。場所：A村）より。

37 複数の大学教員との対談（2002年9月、2003年7月）より確認。

38 A村におけるモスク名や関係者氏名を匿名にしたのは、人物の特定を避けることで、A村住民とA村の教育機会の充実に貢献した元学生であり現大学教員との関係に、マイナスになるような影響を与えることを避けるためである。

インタビュー対象者概要

N 氏	アッククワ・モスクのクルアーン学習施設運営の関係者
I 氏	バンドン工科大学教員
M 氏	アルヒクマ・モスク組織委員長
D 氏	アルヒクマ・モスクのイスラーム宗教学校教師。A 村在住者。
DI 氏	学生時代に A 村の教育に関わっていたインドネシア教育大学教員
A 氏	A 村小学校校長
婦人 A	A 村在住者で、アルヒクマ・モスクの成人向けのイスラーム学習会の参加者。
婦人 B	同上
G 氏	インドネシア教育大学教員。財団 H 創設者。学生時代に A 村に下宿。
T 氏	アルヒクマ・モスクのモスク青年会元メンバー。A 村の外に在住。
E 氏	アルヒクマ・モスクのモスク青年会元メンバー。A 村在住者。
J 氏	アルヒクマ・マスクのイスラーム宗教学校元教師。A 村在住者。
B 氏	前アルヒクマ・モスク組織委員長
H 氏	アンヌル・モスククルアーン学習施設の教師
O 氏	A 村小学校教員

第7章　クルアーン学習施設における学習指導と
運営の標準モデル構築へ

　ジョグジャカルタの AMM が 1988 年に運営を開始したクルアーン幼稚園
やクルアーン児童教室（第 3 章）をモデルとして、1989 年、BKPRMI は南カリ
マンタン州において、最初のクルアーン幼稚園を試験的に開設した（第 5 章）。
その経験を活かし、1990 年以降、クルアーン学習施設における標準的な学
習指導および運営方法を整備してきた。

　以下では、従来からのプンガジアン・クルアーンが、クルアーン学習施設
として営まれることで生じた変化について、BKPRMI によるクルアーン学習
施設での学習指導や運営方法の標準モデルの内容を通して考察する。

　まず、1990 年に BKPRMI によるクルアーン幼稚園の標準カリキュラムが
整備されて以降、1997 年に至るまで、クルアーン幼稚園だけでなく、クルアー
ン児童教室の標準カリキュラムも整えられてきた経緯を明らかにする（第 1
節）。その後、1997 年のクルアーン学習施設（クルアーン幼稚園／クルアーン児
童教室）のカリキュラム内容（第 2 節）、個々の学習施設の運営に関する管理や
サポートのシステム（第 3 節）を整理したうえで、プンガジアン・クルアーン
からクルアーン学習施設への変容を促した BKPRMI による標準モデルの意
義を考察する。

第1節　BKPRMI によるクルアーン学習施設の標準カリキュラムの編成

1) 1990 年〜 1997 年までのカリキュラム改革の動向

1—標準カリキュラムの編成の経緯

　1990 年以降、BKPRMI は、ジョグジャカルタの AMM の経験と、南カリマンタン州におけるクルアーン学習施設の試験的な開設の経験から、標準カリキュラムの編成を進めた。1990 年当時、クルアーン幼稚園のカリキュラムは、「『イクロ』の読誦 (Bacaan Iqro')」と、日々の祈りやクルアーンの一部の章句からなる「暗誦内容 (Materi Hafalan)」のみで構成されていた。これらの学習には、アスアド・フマムが創案し、まとめた『イクロ』(第4章参照) と『暗誦内容集』が使用された (第6章参照)。『暗誦内容集』は、日々の礼拝や日常生活での祈り、暗誦すべきクルアーンの章句が掲載されたテキストである。当時、クルアーン幼稚園での学習期間は 6 か月間だった。BKPRMI は、当初、就学前の子どもを対象としたクルアーン幼稚園のみの標準カリキュラムを構築したが、その後、クルアーン幼稚園に続く学習の機会も整備されることになった (Syamsuddin MZ et al. 1998: 2)。

　1992 年〜 1997 年にかけて、クルアーン幼稚園を修了した子どもたちのために小学生対象のクルアーン児童教室が開設された。学習内容については、クルアーン幼稚園およびクルアーン児童教室において、それぞれ基礎科 (パッケージ A: PaketA) と本科 (パッケージ B:PaketB) に分けられた。基礎科は、クルアーン読誦の基礎から学ぶクラスの学習内容であり、『イクロ』1 巻の学習から開始する生徒を対象とする。他方、本科は、クルアーンを読めるレベルに達した生徒を対象とした内容である。学習内容には、クルアーンの読誦や暗誦すべき内容だけでなく、補足科目 (Paket Penungjang) を設け、各科目で学ぶ内容の標準モデルが構築された。補足科目には、イスラーム倫理 (Aqidah-Akhlaq)、礼拝実践 (Ibadah Shalat)、(アラビア文字の) 書き方 (Menulis: Tahsinul Kitabah) なども含まれた (Syamsuddin MZ et al. 1998: 3-4)。

　1990 年以降に開設されたクルアーン学習施設のなかには、ローマ字の読

み方やアラビア語、英語の語彙学習、さらに基礎的な算術などの学習の機
会を提供する学習施設もあった。BKPRMI 側は、こうした学習がクルアーン
学習施設で提供されるケースを容認しつつも、子どもたちが楽しんで実践
できるような内容とすることを提案した。「地域性を考慮した科目（地域科：
Muatan Lokal）」[1] として、補足科目のひとつに位置付け（SyamsuddinMZ et al. 1998:
4）、各教室で可能な科目を設けることができるようにした。さらに、クルアー
ン幼稚園／クルアーン児童教室での学習で、クルアーン読誦ができるように
なった者たちのために、クルアーンの読誦学習を継続できるように、クルアー
ン継続学習会（TQA）も開設されることになった。こうした一連の改革を反映
し、1997 年カリキュラムが整えられた（Syamsuddin MZ et al. 1998: 3-5）。

2―カリキュラム改訂に関する BKPRMI の全国ワークショップ

　1997 年 10 月 7 日〜 9 日、クルアーン幼稚園／クルアーン児童教室のカリ
キュラム改訂に関する全国ワークショップ（Lokakarya & Sarasehan Nasional Pemba-
haruan Kurikulum TKA/TPA BKPRMI）が、ジャカルタのアスラマ・ハジ・ポンドッ
ク・グデで開催された（Syamsuddin MZ et al. 1998: 5-10）。

　ワークショップは、BKPRMI によるクルアーン幼稚園／クルアーン児童教
室の全国展開を開始してから 8 周年の記念行事でもあった。そのため、『イ
クロ』の指導方法やクルアーン幼稚園／クルアーン児童教室の管理・監督に
関する全国規模の研修会、イスラーム的価値を取り入れた童謡の作曲コンテ
ストなども行われた。この時、BKPRMI メンバーのファジリ・グマイ（H.Fajri
Gumay）が委員長となり、アンディ・カスマン（Andi Kasman, SE）が事務局長を
務めた。このワークショップは、宗教大臣のタルミズィ・タヘル（Tarmizi Ta-
her）夫妻の協力を得て開催された。

　このワークショップで講演した人物と講演テーマは**表 7-1** に示した通りで
ある。ワークショップの後半は、BKPRMI の関係者らによる講演であること
がわかる。アスアド・フマムとともにクルアーン幼稚園の開設や『イクロ』
の創案に関わってきたジョグジャカルタのブディヤントやジャジル、さら

**表 7-1　BKPRMI のクルアーン幼稚園／クルアーン児童教室のカリキュラム
改訂に関する全国ワークショップおよび集会の講演プログラム**

順番	講演者と講演タイトル
1	スバギオ（Drs. H.Subagio）、宗教省イスラーム宗教教育局長（宗教大臣代理） 「クルアーンの読み書きと理解のための展開における宗教省のパートナーとしての BKPRMI の役割」（開会の言葉）」
2	ウマエディ（Drs. H.Umaedi, M.Ed ）、私立学校局長（教育文化大臣代理） 「国家教育のサブシステムとしてのクルアーン幼稚園／クルアーン児童教室の位置づけと役割」
3	ブホリ・ナスティオン（Ir. H. Buchori Nasution）、インドネシア・ムスリム知識人協会本部（教育オブザーバー） 「幼児期から行うイスラームのリーダーシップ教育のコンセプト」
4	エリー・リスマン（Dra Hj. Elly Risman）、スリンド・ウタマ代表 「創造的で自立した子どもの人格形成における成功の秘訣（教育心理学的アプローチ）」
5	ニブラス（Hj Nibras OR. Salim）、イスラーム幼稚園指導者会本部長 「幼少期からの IMTAQ（信仰心や畏敬の念）の自覚と IPTEK（知識や技能）を育む取り組み（統合カリキュラムの概念）」
6	ムハマド・ジャジール（H Muhammad Jazir ASP）、草創期のインドネシア・モスク青年交流会クルアーン幼稚園指導開発部本部代表 「クルアーン幼稚園教育の基本概念」
7	タシリフィン・カリム（Drs. H, Tasyrifin Karim）、インドネシア・モスク青年交流会クルアーン幼稚園指導開発部本部代表 1997-2000. 「インドネシア・モスク青年交流会クルアーン幼稚園／クルアーン児童教室のカリキュラム編成の歴史（歴史、哲学、方法論のレビュー）」
8	ブディヤント（Drs. HM.Budiyanto）、クルアーン朗誦開発組織研究開発センター（AMM ジョグジャカルタ） 「ジョグジャカルタ AMM におけるクルアーン幼稚園の 8 年間の運営経験と、オルタナティブなカリキュラム開発とその編成管理」
9	シャムスディン（U.Syamsuddin MZ）、インドネシア・モスク青年交流会本部クルアーン幼稚園指導開発部教育指導部門長 「インドネシア・モスク青年交流会クルアーン幼稚園／クルアーン児童教室カリキュラムのオルタナティブな発展と改革（ある効果的なアプローチ）」

（Syamsuddin MZ et al. 1998: 6）

に BKPRMI のメンバーでクルアーン学習施設の運営やカリキュラム整備に
関わったタシリフィン・カリムらが、クルアーン幼稚園／クルアーン児童教
室のコンセプトや開設までの歴史的経緯、カリキュラム等の特色などの説明
を担当した。しかし前半の講演は、宗教省および教育文化省の両省庁の大臣
代理、ICMI の関係者、さらに教育心理学やイスラーム幼児教育の専門家ら
5 名によるものであった。BKPRMI が主催するワークショップであるが、政
府や他のイスラーム組織関係者も招待され、講演者となっている。宗教省
を代表して参加したスバギオ氏は、クルアーン読誦学習の重要性や BKPRMI
とのパートナー関係を講演のテーマとした。また、教育文化省を代表して参
加したウマエディ氏は、国民教育とクルアーン学習施設との関係を講演の
テーマとした。また、ICMI や幼児教育の専門家らは、幼少期からの教育に
ついて特に、イスラームに関する学習の重要性を講演のテーマとした。こう
した講演のテーマからは、BKPRMI が提供するクルアーン学習施設が、同組
織の関係者間でのみ共有されるような、閉じられたものではなく、むしろ政
府が容認し、ムスリム知識人や教育の専門家らも奨励する、国家規模で取り
組む価値のある教育プログラムであることを示している。BKPRMI の関係者
らが全国展開するクルアーン学習施設の意義を認識するための、重要な機会
になったといえる。

第 2 節　クルアーン学習施設における標準カリキュラムの構成

1) クルアーン幼稚園／クルアーン児童教室の進級システム

　図 7-1 は、BKPRMI の LPPTKA による、クルアーン学習施設における進
級システムを示したものである。クルアーン幼稚園を修了した生徒は、これ
に続いてクルアーン児童教室で学ぶことができる。さらに、これらの学習施
設で、クルアーンを正しく読誦し、かつ基本的なクルアーンの暗誦、礼拝の
仕方を身に着けた生徒が、継続してクルアーンの読誦について学ぶためのプ
ログラムとして、継続クルアーン学習会が開設されることになった。

　クルアーン幼稚園／クルアーン児童教室では、生徒の年齢に応じてクルアーン幼稚園かクルアーン児童教室のどちらに入るか、また、クルアーンの読誦レベルに応じて、基礎科か本科に入るかが決定される。アラビア語でクルアーンをまだ読めない子どもは、基礎科で『イクロ』の学習から始める。『イクロ』最終巻の 6 巻まで修了した者は、本科で学習する。基礎科において、『イクロ』全 6 巻の学習を終えて、クルアーンを読めるようになった者のうち、就学前の児童は、クルアーン幼稚園の本科で、小学生はクルアーン児童教室の本科で学ぶ。

　本科での学習を修了すると、口頭および筆記による試験を受ける。クルアーン幼稚園もしくはクルアーン児童教室の修了試験（Munaqosya）に合格した者は、市もしくは県レベルで、BKPRMI が主催する合同修了式に参加すること

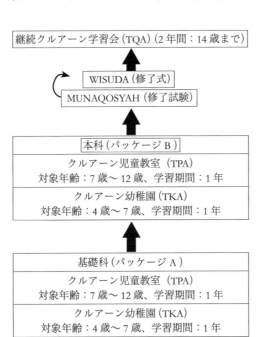

図 7-1　クルアーン学習施設における進級システム

（Mamsudi Abdulrahman（1999: 12）を参照し、筆者作成）

ができる (Mamsudi Abdulrahman 1999: 32)。そこで、BKPRMI の LPPTKA による修了証明書が、修了認定を受けた生徒一人一人に授与される。式典の開催費は、地域の民間組織や企業に限らず、政府関係者からの寄付等によっても支えられており、地方の政府官僚を招いて盛大に行われるケースもある。修了試験に合格し、修了式を終えた生徒は、継続クルアーン学習会 (TQA) に参加することが可能となる。

2) クルアーン幼稚園／クルアーン児童教室における学習内容とその指導方法

1—基礎科目と補足科目から成るカリキュラムの構成

クルアーン幼稚園とクルアーン児童教室の基礎科目は、クルアーン幼稚園およびクルアーン児童教室の基礎科の学習科目 (表 7-2) と本科の学習科目 (表 7-3) で示した通りである。『イクロ』の読誦もしくはクルアーンの読誦、礼拝の実践と関連する知識 (清めの方法や礼拝時に唱える内容の暗誦を含む)、クルアーンの一部の章句、すなわち、ジュズ・アムマに含まれる短い章句 (スラット・ペンデック) の暗誦や、クルアーンから選択された複数の章句 (アヤット・ピリハン) の暗誦が含まれている。補足科目には、日々の祈りと作法、イスラームの教え (イスラームの信仰・法・倫理の基礎)、クルアーンに用いられる文字と数の書き方学習、地域性を考慮した学習などが含まれる。

基礎科目のすべての科目と補足科目の一部は、マフムド・ユヌスが指摘したプンガジアン・クルアーンの内容、すなわち、1) アラビア文字、クルアーンの読誦、2) イバダー (信仰実践 (礼拝や清めなどの実践))、3) クイマナン (信仰 (アッラーの 20 の性質))、4) アフラック (イスラームの倫理 (逸話、模範的な人物伝など)) (Mahmud Yunus 1996 (1960) : 34-41) として、個々の教師の裁量で教えられていたことである。BKPRMI による学習内容の標準化によって、個々の科目として整備されたことにより、年齢や学習段階を考慮した、1 年間の学修計画 (187-195 頁資料編表 1、2、3、4 を参照) が整えられた。

クルアーン幼稚園およびクルアーン児童教室の名称に“Taman”＝園という語が用いられているように、清潔で落ち着いていて、楽しい環境において、「遊

表 7–2　クルアーン幼稚園／クルアーン児童教室の基礎科（パッケージ A）の科目

クルアーン幼稚園（TKA）基礎科（パッケージ A ）
対象年齢：4 歳〜 7 歳、学習期間：1 年
1.　基礎科目　　　1）イクロ（Iqro'）の読誦（Bacaan Iqro'） 　　　　　　　　　2）礼拝時の祈りや文句の暗誦（Hafalan Bacaan Sholat） 　　　　　　　　　3）クルアーンの短い章句（スラット・ペンデック）の暗誦（Hafalan Surat Pendek） 　　　　　　　　　4）礼拝の練習（Latihan Praktik Shalat） 2.　補足科目（Materi Penunjang）　　1）日々の祈りと作法（Do'a dan Adab harian） 　　　　　　　　　　　　　　　　　2）アラビア文字の書き方（Tahsinul Kitabah）
クルアーン幼稚園（TPA）基礎科（パッケージ A ）
対象年齢：7 歳〜 12 歳、学習期間：1 年
1.　基礎科目　　　1）イクロ（Iqro'）の読誦（Bacaan Iqro'） 　　　　　　　　　2）礼拝時の祈りや文句の暗誦（Hafalan Bacaan Sholat） 　　　　　　　　　3）クルアーンの短い章句（スラット・ペンデック）の暗誦（Hafalan Surat Pendek） 　　　　　　　　　4）礼拝の実践（Amalan Ibadah Sholat） 2.　補足科目（Materi Penunjang）　　1）日々の祈りと作法（Do'a dan Adab harian） 　　　　　　　　　　　　　　　　　2）アラビア文字の書き方（Tahsinul Kitabah） 　　　　　　　　　　　　　　　　　3）地域性を考慮した学習　（Muatan Lokal）

（Syamsuddin et al, 1998: 51-53, 56-59 を参照し、筆者作成）

表 7–3　クルアーン幼稚園／クルアーン児童教室の本科（パッケージ B）の科目

クルアーン幼稚園（TKA）本科（パッケージ B）
対象年齢：4 歳〜 7 歳、学習期間：1 年
1.　基礎科目　　　1）クルアーンの読誦（Tadarus ） 　　　　　　　　　2）礼拝時の祈りや文句の暗誦（Hafalan Bacaan Sholat） 　　　　　　　　　3）クルアーンの短い章句（スラット・ペンデック）の暗誦（Hafalan Surat Pendek） 　　　　　　　　　4）礼拝の実践（Amalan Ibadah Sholat） 2.　補足科目（Materi Penunjang）　　1）日々の祈りと作法（Do'a dan Adab harian） 　　　　　　　　　　　　　　　　　2）アラビア文字の書き方（Tahsinul Kitabah）
クルアーン児童教室（TPA）本科（パッケージ B）
対象年齢：7 歳〜 12 歳、学習期間：1 年
1.　基礎科目　　　1）クルアーンの読誦（Tadarus ） 　　　　　　　　　2）クルアーン読誦の規則（Ilmu Tajwid） 　　　　　　　　　3）クルアーンから選択された章句（アヤット・ピリハン）の暗誦（Hafalan Ayat Pilihan） 　　　　　　　　　4）礼拝の実践（Amalan Ibadah Sholat） 2.　補足科目（Materi Penunjang）　　1）イスラームの教え（Dinul Islam） 　　　　　　　　　　　　　　　　　2）アラビア文字の書き方（Tahsinul Kitabah） 　　　　　　　　　　　　　　　　　3）地域性を考慮した学習（Muatan Lokal）

（Syamsuddin et al. 1998: 54-55, 60-62 を参照し、筆者作成）

びながら学ぶ」もしくは「学びながら遊ぶ」ことで、生徒たちの心理や気質に応じた発達ができるように、教師は導かなくてはならない（Syamsuddin et al. 1998: 38）とする。

　従来のプンガジアン・クルアーンでは、学習の際に年齢別に分けて個々の科目として学習内容が明確にされた標準的なカリキュラムなどはなかった。学習内容や方法については、個々の教師に一任されてきた。したがって、BKPRMI が提供するクルアーン学習施設が、クルアーン読誦のレベルだけでなく、対象者の年齢に配慮して標準カリキュラムを整えたことは画期的なことだった。以下では、クルアーン幼稚園とクルアーン児童教室において、各科目で学ぶ具体的な内容と指導方法を整理する。

2―基礎科目の内容
①クルアーンの読誦学習

　クルアーン幼稚園およびクルアーン児童教室の基礎科では、クルアーン読誦学習として、「イクロの読誦（Bacaan Iqro'）」を行う。巻末の資料編の表 1（クルアーン幼稚園基礎科）および表 3（クルアーン児童教室基礎科）に示したように、クルアーン読誦学習については、1 年間を『イクロ』第 1 巻～第 6 巻までの学習時間に充てている。

　『イクロ』を用いる学習は、第 1 巻から順番に進めるものであり、生徒一人一人個別に行う学習である。文字の名称や母音などの発音記号の名称を読み上げずに、発音記号が付されたアラビア文字を読み上げるという方法で学習を進める（第 4 章参照）。生徒は、教師による直接の学習指導を受けるが、教師の指示に従って読誦練習を行うだけでなく、生徒が積極的に学ぶ方法（Cara Belajar Santri Aktif）を奨励している。教師だけでなく、アシスタントが指導を担当し、学習を進めることも可能としている（Syamsuddin MZ et al. 1998: 38）。

　クルアーン幼稚園およびクルアーン児童教室のそれぞれの学習目標（Syamsuddin MZ et al. 1998: 32-37）によると、クルアーン幼稚園の基礎科とクルアーン児童教室の基礎科では、『イクロ』の各巻の学習を通して、「クルアーンの文

字や章句の一部を理解し、読むことができる」ことを目標としている。

　他方、クルアーン幼稚園もしくはクルアーン児童教室の本科では、『イクロ』第 6 巻まで学習を終えて、クルアーンを読誦する段階に入った生徒を対象としているため、「クルアーンの読誦」についての学習は、クルアーンを 1 ジュズ（巻）ずつ学ぶ。クルアーンの読誦指導は、教師によって、生徒の進度に応じた個別指導（privat）のほか、教師の指導のもとで、集団学習（kelompok privat）が行われる。クルアーンの読誦学習は、生徒たちが読誦するクルアーンのジュズ（巻）と読誦レベルでクラスが分けられ、クルアーンを読誦する際のタジュウィードも学ぶ（Syamsuddin et al. 1998: 43）。クルアーン幼稚園とクルアーン児童教室では、異なる内容を学習の達成目標として掲げている。すなわち、クルアーン幼稚園本科では、「クルアーンの 10 ジュズ（巻）の内容を流ちょうに読むこと」としているのに対し、クルアーン児童教室本科では、「少なくとも 20 巻を読誦すること」（Syamsuddin MZ et al. 1998: 33, 35）とし、小学生を対象とするクルアーン児童教室の本科では、クルアーン幼稚園よりも多くのクルアーンの巻数を読誦することを目標としていることがわかる。

　クルアーン児童教室の本科で、タジュウィードは、9 歳以上、すなわち小学校 3 年生以上を対象としている。クルアーン幼稚園の本科では、正しい読誦の仕方を習得させることを優先する。タジュウィードを学ぶ場合、子どもたちが覚えやすい内容を中心に学習する。タジュウィードの学習においても生徒が楽しみながら学ぶことが重要とされており、子どもが興味を持ちそうなゲームや歌などの教材を使用することも認めている。読誦の量よりも質を重視した学習が行われる。特に、クルアーンの第 1 ジュズから第 3 ジュズの第 3 章（イムラーン家：アル・イムローン）までは、読誦の方法（質）を重視するが、それ以降のジュズの読誦は、教室での学習に加え、生徒各自が自宅でも学習することを奨励している（Syamsuddin et al. 1998: 43-44）。これは、教師による指導に従って学習するだけでなく、日常的に、クルアーンを読誦する練習に励むことで、「クルアーンの読誦をせずに過ぎていく日はない」ように、生徒自らが実践することをモットーとしていることと関係している（Syamsuddin et al. 1998: 44）。

　また、『イクロ』の学習もしくはクルアーンの読誦学習においては、日々
の学習の成果を、生徒ひとりひとりの学習進度および学習成果カードに記録
している。教師によるクルアーン読誦に関する指導の後、教師は、生徒のカー
ドに日付と学習したページ数を記入し、サインを記した上でカードを生徒に
返却する。それによって生徒および生徒の親たちも、子どもの学習の進捗状
況を認識できる。つまり、日々の教師と生徒の学習の成果を、客観的に把握
できるような仕組みが導入されたのである。

②礼拝の実践と関連する知識の習得

　ムスリムが1日5回行う礼拝には、決まった動作があり、ひとつひとつの
動作の際に、唱えるべき文句がある。それらをすべて暗誦することもクルアー
ン幼稚園の段階から学ぶ。

　礼拝前の清めを行う前の祈り、清めの後の祈り、イフティタ（Do'a Iftitah、
礼拝開始の際、起立した状態で手を組んで唱える祈り）、クルアーンの第1章（開
端：アル・ファーティハ）の読誦、ルク（Ruku'、手を膝に置き、体を90度にまげて
立つ）の時に唱える文句、イティダル（I'tidal、両手を耳の横に置いて立つ）時に
唱える文句、スジュド（Sujud、膝まづいて、両手と顔を床につける）時に唱える
文句、スジュドの姿勢の後に座って再度スジュドの姿勢をとる時に唱える文
句などがある。礼拝前の清めや礼拝を実践するとともに、これらの礼拝の動
作に応じた文句を正しく唱えられるように学習を行う。

　クルアーン幼稚園の基礎科では、これらの礼拝実践および礼拝時に唱える
文句の学習についての復習の機会が多く設けられている（資料編表1を参照）。
礼拝の際に読誦する内容を学んだ翌週にはその内容の復習を行い、3学期は、
1、2学期に学んだ内容の復習が行われる。しかし小学生を対象とするクル
アーン児童教室の基礎科では、資料編の表3に示したように、礼拝時に行う
祈りや文句の1）〜10）までの項目の学習を一通り終えた後、復習に充てら
れる時間は、3学期の最終週にのみ設けられている[2]。日々の学習において

は、学習時間の前か後に、生徒たちが礼拝を実際に行う機会をもつことが多い。つまり、小学生を対象とするクルアーン児童教室の基礎科では、礼拝実践や礼拝時に唱える文句についての学習は、復習の時間を設けるよりも、日々の学習前後に行う礼拝の実践を通して身に着けるべき技能と位置づけられているといえる。

③クルアーンの章句の暗誦学習

　クルアーン幼稚園／クルアーン児童教室におけるクルアーンの章句の暗誦学習は2種類ある。ひとつは、スラット・ペンデック(短い章)の暗誦である。スラット・ペンデックとは、クルアーンの第30巻に相当するジュズ・アムマに含まれる章句を暗誦することである。ジュズ・アムマは、アッラーからムハンマドに下された啓示のうち、初期の頃のものであり、それぞれ短く、端的にイスラームの教えを説いている内容が多い。これらの章句の暗誦学習は、教師が一人一人の生徒の指導を行うほか、集団で暗誦をする時間も設けている。スラット・ペンデックは、礼拝時に唱える内容や礼拝の際に読誦するものとされる。

　クルアーン幼稚園の基礎科と本科を通して、ジュズ・アムマのうち、クルアーンの第102章から最終章の114章の暗誦学習を行う(資料編表1、表2)。他方、クルアーン児童教室の基礎科では、スラット・ペンデックとして、クルアーンの第93章から114章までの合計22章を暗誦すべき章句と位置付け、学修計画を構成している(資料編表3参照)。

　他方、クルアーン児童教室の本科では、アヤット・ピリハン(クルアーンから選択された章句)を主として暗誦する。アヤット・ピリハンは、イスラームの信仰(Aqidah)や法(Syari'ah)、倫理(Akhlaq)に関する規定が含まれる内容や、自然の摂理・神秘についての知識が含まれる(SyamsuddinMZ et al. 1998: 45)。アヤット・ピリハンに含まれる章句は、以下の通りである。第2章「雌牛(アル・バカラ：Al-Baqarah)」の284-286節、第48章「勝利(アル・ファトフ：Al-Fatah)」の28-29節、第23章「信者たち(アル・ムウミヌーン：Al-Mu'minuun)の1-11節、

第 62 章「合同礼拝（アル・ジュムア：Surah Al-Jumuah）」の 9-11 節、第 31 章「ル
クマーン（Luqman）」の 12-15（19）節、第 3 章「イムラーン家（アーリ・イムラー
ン：Ali-Imran）」の 133-136 節、第 55 章「慈悲あまねく御方（アッ・ラハマーン：
Ar-Rahman）の 1-12（16）節、第 16 章「蜜蜂（アン・ナフル：An-Nahlu）」の 65-69 節
である（Syamsuddin MZ et al. 1998: 45）。

　これらのアヤット・ピリハンの学習もまた、生徒一人一人の個別指導と集
団での暗誦学習を行う。アヤット・ピリハンの暗誦学習は、礼拝実践ととも
に行う学習ではなく、ノートに章句を書き写すなどして学習を進める。多く
の場合、教師が、生徒ひとりひとりのクルアーン読誦の指導を行う際、生徒
たちが自分の順番を待っている間に、各自のノートにクルアーンの章句をア
ラビア語で書く学習を行うことが多い。

3―補足科目の内容

　補足科目には、日々の生活において唱えるべき祈りと作法、イスラームの
教え、クルアーンに用いられる文字と数の書き方、地域性を考慮した学習
（Muatan Lokal）がある（Syamsuddin et al.1998: 46-50）。

　「日々の祈りと作法」には、恵みを受ける祈り、学習を始める際の祈り、
集いを終える際の祈りに加え、食事の前後、衣服を着るとき、鏡を見るとき、
寝る前、起床の際、トイレや沐浴の前後、乗り物に乗るとき、モスクに出か
けるとき、礼拝時を告げる呼びかけの文句（アザーン）を聞いたときに唱える
祈りなどの暗誦が含まれている。これらの暗誦を通して、日々の生活におけ
る礼儀や作法を学ぶ。これらの学習は、クルアーン幼稚園の基礎科および本
科、クルアーン児童教室の基礎科で学ぶ。

　「イスラームの教え」は、クルアーン児童教室の本科で学ぶ。この科目では、
礼拝や日々の祈り、クルアーンの読誦などで学ぶ内容と関わっており、信仰、
法、倫理からなるイスラームの教えの基礎的な知識を学ぶ。集団学習の形態
で行われ、質疑応答や課題への取り組みなどを通して、実践的に学ぶ。

　「アラビア文字の書き方」学習は、クルアーン幼稚園およびクルアーン児

童教室のそれぞれの基礎科と本科で行われる。この学習は、生徒の能力に応じて行うため、クルアーン幼稚園では、アラビア文字の絵を書いたり、ぬり絵などを使用する。黒板、ノート、鉛筆や色鉛筆を用いてアラビア文字やアラビア数字を理解するための学習としている (Syamsuddin et al. 1998: 49-50)。

　「地域性を考慮した学習 (Muatan Lokal)」は、各学習施設によって異なるが、教師の能力や地域住民の要望によって、アラビア語のほかに、英語や芸術、護身術などの内容を設定することも可能としている。この科目は、標準的な科目を中央本部が決定するものではない。したがって、資料編の表3および表4に示したクルアーン児童教室の基礎科および本科のように、「地域科」で行う科目名や各科目の学修計画は、明確に決定されておらず、各教室で判断し、科目を設定する自由が与えられている。

3) まとめ：プンガジアン・クルアーンの標準化とフォーマル教育への配慮

　1990年代以降のインドネシアでは、従来からのプンガジアン・クルアーンは、クルアーン幼稚園やクルアーン児童教室での学習として行われる方向にむかった。

　表7-4は、プンガジアン・クルアーンからクルアーン学習施設での学習が行われるようになったことで、対象年齢、学習内容、学習形態、修了証明などに見られた変化を示したものである。

　対象年齢は低年齢化し、就学前の子どもから学習が提供されるように変化したことがわかる。学習内容は、ほとんど変わらないが、クルアーン学習施設では、ひとつひとつの学習内容を詳細に項目化し、年間の学修計画が作成されることで、クルアーン学習施設における学習内容の標準化が図られた。また、学習指導の形態については、クルアーンの読誦学習は個別学習や集団での学習が、旧来のプンガジアン・クルアーンと同様に行われる。他方で、子どもが楽しみながら学習できるように心がけることが、手引書等で指摘されている。例えば、クルアーンのタジュウィードについて指導する際、子どもたちが興味を持つゲームや歌を含む教材を活用することを認めており、ま

表 7-4　従来のプンガジアン・クルアーンとクルアーン学習施設の学習内容・形態

	Ａ 従来のプンガジアン・クルアーンの状況	Ｂ BKPRMI によるクルアーン学習施設（クルアーン幼稚園 TKA・クルアーン児童教室 TPA）
場所	小規模礼拝施設（ランガル、スラウ）、教師宅など	モスクやその他の財団が営む学習施設（クルアーン幼稚園など）。多くの場合、モスクやスラウに併設。
対象年齢	6 歳〜 10 歳位	4-5 歳（幼稚園児）〜小学生
学習内容	1) アラビア文字、クルアーンの読誦、2) 礼拝実践、3) 信仰、4) 倫理	1) アラビア文字、クルアーン読誦、2) クルアーンの一部の章句の暗記、3) 礼拝実践、4) 信仰や倫理についての基礎、5) アラビア文字の書き方など
学習形態	教師による個別指導および集団での学習	年齢別のクラス、さまざまな教材の使用可。
修了証明	ハタマン・クルアーン（クルアーン読誦を祝う儀式）	修了試験、修了証書の授与

（出所：筆者作成 [3]）

　たアラビア文字の書き方学習においては、クルアーン幼稚園では、ぬり絵などを用いる。

　かつては、年齢を配慮したクラス分けをするプンガジアン・クルアーンは主流ではなかった。しかし、『イクロ』をクルアーン読誦学習に用いることで、就学前の子どもも、プンガジアン・クルアーンに取り組めるようになった。つまり、これまでのプンガジアン・クルアーンでは前例がない、幼児期の子どもが学習に参加し、知識や技能を身につける機会を創出することにつながったといえる。学習者である幼い子どもが学びやすい方法や環境を整え、「遊びながら学ぶ」ことをプンガジアン・クルアーンの営みに取り入れた。このようなジョグジャカルタのアスアド・フマムと AMM の斬新な試みは、BKPRMI が全国にクルアーン学習施設を普及する上でも尊重された。

　また、BKPRMI は、クルアーン学習施設の生徒の多くが通うフォーマルな幼稚園や小学校の学期制に配慮し、クルアーン学習施設の個々のレベルの学

修計画を整えてきた。資料編の表 1、表 2、表 3、表 4 は 1997 年当時の学修計画である。1997 年当時、インドネシアのフォーマルな学校教育は 3 学期制をとっており、それに合わせてクルアーン学習施設においても学修計画が練られていた。その後 2006 年のカリキュラム改訂において、クルアーン学習施設のカリキュラムは、フォーマルな学校のカリキュラムにおけるセメスター制への変更に合わせ、改訂された。

　つまり BKPRMI は、フォーマルな学校の学事日程に合わせた学修計画を立て、年齢や学習のレベルに応じた内容を提供した。BKPRMI は、フォーマルな学校教育機関との良好な関係性を維持することに努め、従来から営まれてきたプンガジアン・クルアーンを現代に適した形態に変えて、各地で維持できるよう、標準カリキュラムを整えていたことがわかる。

第 3 節　クルアーン学習施設の運営方法

1) BKPRMI と各クルアーン学習施設との関係

　クルアーン幼稚園／クルアーン児童教室の大半は、従来からクルアーン学習が行われてきた地域社会のモスクに開設され、モスク内を学習場所として運営される例が多い。教師は従来からのクルアーン学習の教師らが担当するのが一般的である。より多くの生徒を集め、発展をめざす場合は、モスクと関わりの深い人物らによる寄付に頼り、校舎を建設するケースもある。正式に BKPRMI の傘下に入るためには、BKPRMI の LPPTKA への登録手続きが必要となる。

　BKPRMI は、中央事務所をジャカルタに設け、各州事務所、各州内に県／市レベルの事務所を設置している。1990 年以降、クルアーン幼稚園等を全国普及することが決定した後、クルアーン学習施設の教育や運営を専門に担当する LPPTKA もまた、本部をジャカルタに置き、各州事務所、県／市事務所を設けてきた。図 7-2 は、BKPRMI の LPPTKA 側と、LPPTKA による認定を受けたクルアーン学習施設との関係を示したものである。日常的な学習指導とその運営は、各クルアーン学習施設が主体的に行うが、随時、BK-

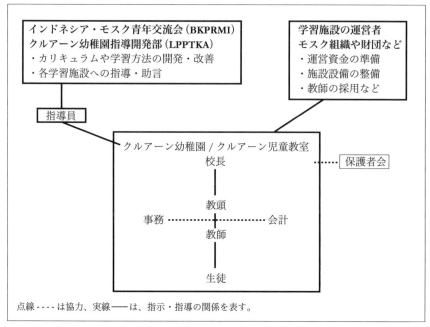

図7-2　「クルアーン幼稚園／クルアーン児童教室の運営の仕組み」

（Mamsudi Abdulrahman（1999: 23-24）を参考に、筆者作成）

PRMI の LPPTKA が、指導方法や運営に関する研修を開催し、個々の教室の運営や教師による指導をサポートする仕組みになっている。LPPTKA の役割は、クルアーン幼稚園／クルアーン児童教室のカリキュラムの実施や運営方法の改善、さらに、カリキュラムや各教室の運営のための手引き書の発行や教師のための研修などを行うことである。LPPTKA 県／市事務所に登録された各学習施設には、クルアーン学習施設のための指導員を派遣し、定期的に学習施設での学習および運営状況を監督し、指導するシステムとなっている。

2) クルアーン学習施設の開設の条件および教師や親、地域社会の役割

　クルアーン学習施設が、LPPTKA からの認定を得るには、満たすべき条件があり、一定の手続きが必要となる。資料編—資料 A「クルアーン幼稚園／

クルアーン児童教室、継続クルアーン学習会に関する諸規則」は、クルアーン幼稚園／クルアーン児童教室に加え、継続クルアーン学習会も開設されることが決定した後、1995 年 10 月に、LPPTKA ジャカルタ特別州事務所が定め、作成した内容である。ここでは、ジャカルタ特別州およびその周辺地区（Khusus Ibukota Jakarta & Sekitarnya）を対象にまとめた規定を手がかりに、BKPRMI が求める各学習施設の運営者や教師、生徒の親や地域社会との関係を整理する。

1―各学習施設の開設の条件

　BKPRMI は、クルアーン幼稚園やクルアーン児童教室などのクルアーン学習施設を運営するための規則を設けている。個々の学習施設の運営は、あくまで運営者側に委ねられているが、学習施設の運営に関する一定のルールが設けられている。

　資料編―資料 A に示したように、BKPRMI のもとでクルアーン幼稚園等を開設する際、「学習活動は、学校（フォーマル教育）の授業時間外で、礼拝時に近い時間に行う。」（第 1 条第 4 項）としている。第 2 節で既述したように、1997 年時は 3 学期制だったクルアーン幼稚園／クルアーン児童教室のカリキュラムが、2006 年以降、2 学期制となったのは、フォーマルな学校教育において、2 学期制が採用されたことに対応したものだった。

　クルアーン幼稚園は就学前の 4〜6 歳児、クルアーン児童教室は 7〜12 歳児、継続クルアーン学習コースは 14 歳児までを対象年齢とし、個々の生徒の発達段階に応じた学習環境を整えることになっている。第 8 条によれば、学習施設を BKPRMI の LPPTKA 認定校とする場合は、一定の人数の生徒を確保してから、少なくとも 3 ヶ月間以上経っていなければならない。生徒数は、クルアーン幼稚園／クルアーン児童教室は 30 人以上、継続クルアーン学習コースは 15 人以上を条件としている。

2―教師の条件および役割

　資料編―資料 A の第 2 条および第 5 条は、教師に関する規定が定められ

ている。第2条第2項では、教師は、「読誦の規則の知識に基づいてクルアーンを正しく読むことができ、正しくアラビア語を書くことができること、また、教育者としての精神を持ち、創造的で革新的であること」としている。また、第2条第1項では、「各学習施設長および一般の教師のうち、少なくとも60％は、BKPRMIのLPPTKAによる研修の参加証明書、もしくは他の組織が開催する同等の内容の研修への参加証明書を保持していること」とある。クルアーンの読誦の規則やイスラームの知識を身につけていることだけではなく、学習指導の方法や教室運営に関する研修を受けることが教師には求められる。クルアーン幼稚園／クルアーン児童教室の次段階に相当する、継続クルアーン学習会の校長や教師陣には、「クルアーン幼稚園／クルアーン児童教室の本科で教えた経験があり、クルアーン幼稚園／クルアーン児童教室の本科および継続クルアーン学習会の、BKPRMIのLPPTKAによる研修の参加証明書、もしくは他の組織が開催する同等の内容の研修への参加証明書を保持していること」（第5条第1項）とある。

　こうした規定からもわかるように、LPPTKAによって認定された学習施設の教師は、LPPTKAが主催する様々な研修に参加することが求められる。クルアーンの読誦や朗誦についての知識だけでなく、それを教授すること、また学習施設の運営に関する研修を受けることが求められる。その際、BKPRMI以外の組織が提供するクルアーン学習施設の教師研修に参加することを容認しており、他の組織における教師研修に参加経験がある者に対しても寛容であることがわかる。

3―親や地域社会の役割

　民間組織が主体となって営む教育は、地域の人々のさまざまな支援が不可欠である。そのため、BKPRMIのLPPTKAに認定されたクルアーン学習施設は、地域社会の人々との連携を大切に考えている。資料Aにおける第7条では、学習施設は父母会の設置も教室運営の条件としている。また第11条では、効果的な学習方法や組織的な運営に関して、地域住民との関わりの

重要性を指摘している。教室運営を進めるうえで、良好な関係を築くべき対象として、ウラマー (イスラーム知識人) や活動資金の出資者や政府機関などが、例として挙げられている (第 11 条第 5 項)。

　BKPRMI の認定校は、開校式を開催し、生徒や保護者だけでなく、地域の人々も招き、学習施設の目的を広く一般に知らせることが奨励されている (第 11 条第 1 項)。学習施設を開設することを多くの人に知ってもらい、父母会に加え、地域のウラマーをはじめとする地域の有力者らの協力を得て、日々の学習活動を展開していくことが期待されている。

3) 開かれた教師研修と全国規模のコンテスト

1―教師研修会の柔軟な姿勢

　BKPRMI の LPPTKA は、クルアーン学習施設の運営者や教師らを対象とした研修会を実施している。『イクロ』の活用の仕方をはじめとするクルアーン学習施設の学習や運営に関する研修は、1990 年以降、各地で行われてきた。研修では、プンガジアン・クルアーンについてだけでなく、一般的な幼児教育の方法や子どもの心理や発達についての講義も行われることも少なくなかった。

　1990 年代以降、『イクロ』とともにクルアーン幼稚園／クルアーン児童教室に対する人々の関心は高まり、BKPRMI は、全国各地の教育組織関係者から、研修を依頼されることが多かったという[4]。1991 年以降、研修はバンドン市に限らず、様々な地域で実施された。

　クルアーン幼稚園／クルアーン児童教室の運営や『イクロ』を用いた学習指導の研修の様子は、大学の卒業論文や大学教員による社会貢献活動報告からうかがうことができる。バンドン教育大学 (現インドネシア教育大学) の卒業論文 (例えば Sri Hana Rahayu1996) には、BKPRMI の LPPTKA が主催したクルアーン幼稚園／クルアーン児童教室の運営に関する研修会について考察したものがある。その研修会には、主として LPPTKA のメンバーが講義等を行い、研修会への参加者は、多くが、10 代後半から 30 歳くらいであり、女性が多い。

大学教員らも積極的に関わり、『イクロ』を広めていく上での大きな役割を果たした。大学教員の中には、『イクロ』活用の指導員として研修の実施にあたった者も少なくない (Udin Supriadi 2001: 13-16)。BKPRMI によるクルアーン学習施設での学習や運営に関する研修は、大学教員の社会奉仕活動として実施されることもあった (例えば Dedi Surana et al. 1995, Ikin Askin, Ernawulan1997)。その際、一般的な教授方法や児童の発達についての講義も行われた。効果的なイスラーム学習の方法であることに加え、早期教育という点からも、クルアーン幼稚園およびクルアーン児童教室の重要性が強調された。

　BKPRMI の LPPTKA による研修は、LPPTKA が単独で開催するものが主である。しかし、上述のように、幼児教育を専門とする大学教師とともに研修が開催される場合、BKPRMI に登録されたクルアーン学習施設の運営者や指導者に限らず、より広く参加者を募ってクルアーン学習施設での学習指導や運営の方法を一般の人々に提供していた。

　以下で示す**表7-5**と**表7-6**は、バンドン・イスラーム大学 (UNISBA) の教員による社会貢献活動として実施されたクルアーン幼稚園／クルアーン児童教室の研修内容 (表7-5) とその参加者数や参加者の所属 (表7-6) を示したものである (Ikin Askin, Ernawulan 1997: 10-13)。

　1996 年 11 月 30 日に実施されたクルアーン幼稚園／クルアーン児童教室の教師研修は、バンドン市内のアルバロカ (Al-Barokah)・モスクのクルアーン幼稚園で開催されたものである。同研修を社会貢献活動として企画した 4 名のインドネシア・イスラーム大学教員と、BKPRMI の LPPTKA のメンバー 3 名が講義を行った (表7-5 参照)。表7-5 に示したように、研修の内容は、教授方法や教材として用いる『イクロ』についての理解や、クルアーン学習施設における教育と運営に関する内容である。また講義の前後に、『イクロ』を用いるクルアーン学習指導や子どもの指導に関連する知識について自己評価を行うテストを実施している。

　興味深いのは、この研修の参加者の内訳である。表7-6 に示したように、研修への参加者の合計は、64 名であり、女性が大半である。そのうち会場

表 7-5　クルアーン幼稚園／クルアーン児童教室の教師研修の内容

場所：バンドン市内アル・バロカモスク内クルアーン幼稚園／児童教室 日時：1996 年 11 月 30 日		
時間	内容	講義担当者
08: 00-08: 15	開会	研修実行委員会
08: 15-08: 30	プレ・テストの実施	エルナウラン　（女性） （バンドン・イスラーム大学）
08: 30-10: 00	教授 - 学習のストラテジー	イキン・アシキン（男性） （バンドン・イスラーム大学）
10: 00-12: 00	『イクロ』1 巻〜 6 巻について	ダダン（男性）、アデ・ブンヤミン（男性） （BKPRMI の LPPTKA）
12: 00-13: 00	休憩・礼拝・昼食	研修実行委員会
13: 00-14: 00	クルアーン幼稚園／児童教室の運営 について	ナン・ロホミナウィティ　（女性） （バンドン・イスラーム大学）
14: 00-15: 00	遊ぶこと、話すこと、歌うこと	ニア K.S（女性） （BKPRMI の LPPTKA）
15: 00-15: 30	礼拝、休憩	研修実行委員会
15: 30-16: 30	クルアーン幼稚園における子どもの 発達心理学の導入について	アエップ　サエフディン　（男性） （バンドン・イスラーム大学
16: 30-17: 00	テストの実施	エルナウラン　（女性） （バンドン・イスラーム大学）
17: 00-17: 15	閉会	研修実行委員会

（Ikin Askin , Ernawulan（1997: 10-11）を参照し、筆者作成）

となったアルバロカ・モスクやクルアーン幼稚園等の関係者は 4 名だけである。それ以外は、他のモスクやクルアーン学習施設からの参加者と学生らである。所属機関がなく、「学生」として参加したのは女性 12 名、男性 1 名であり、大学名を記している大学関係者は女性 1 名、男性 1 名だった。彼らは、どこのモスクで学習指導に従事しているのかは不明であるが、学生や大学関係者を除く参加者の多くは、バンドン市内のさまざまなモスクやクルアーン学習施設から参加したことがわかる。そのほか、私立幼稚園や私立小学校の関係者に加え、特に所属がない者も参加者に含まれた。BKPRMI において、こうした研修は、LPPTKA に登録したクルアーン学習施設の運営者や教師に

表7-6　クルアーン幼稚園／クルアーン児童教室の教師研修への参加者

所属機関	性別・人数
Al-Hasyimi クルアーン幼稚園／児童教室・継続クルアーン学習会	女性：3 名
大学生	女性：12 名、男性：1 名
大学関係者	女性：1 名、　男性：1 名
Al-Hikma クルアーン幼稚園／児童教室	女性：1 名
Al-Muhajirin モスク組織委員会	女性：2 名、　男性：3 名
Al-Wahdah クルアーン幼稚園／児童教室	女性：3 名
Nurul Iman クルアーン幼稚園／児童教室	女性：2 名
Al-Muhyi Arcamanik モスク組織委員会	女性：1 名
Al-Muttaqin モスク組織委員会	女性：1 名
Al-Miftah モスク組織委員会	男性：1 名
Nurussalam クルアーン幼稚園／児童教室	女性：3 名
Al-Barokah クルアーン幼稚園／児童教室	女性：2 名、　男性：1 名
Hikmat Bdg クルアーン幼稚園／児童教室	女性：2 名、　男性：1 名
Hajjah Multazam 幼稚園	女性：1 名
Al-Islamiyah クルアーン幼稚園／児童教室・継続クルアーン学習会	女性：1 名
Al-Huda クルアーン幼稚園／児童教室	女性：3 名、　男性：1 名
Al-Hudori クルアーン幼稚園／児童教室	女性：1 名
YPIA クルアーン幼稚園／児童教室	女性：1 名
アンタパニ地区ムハマディヤー第7小学校	女性：1 名
Baitul Mu'min クルアーン幼稚園／児童教室	男性：1 名
Dinamika クルアーン幼稚園／児童教室	女性：3 名、　男性：1 名
Al-Barokah モスク組織委員会	男性：1 名
Al-Hasyimi クルアーン幼稚園／児童教室	女性：1 名
Al-Hamid クルアーン幼稚園／児童教室	男性：1 名
Baiturrohim クルアーン幼稚園／児童教室	女性：1 名
所属なし	女性：5 名

（Ikin Askin , Ernawulan（1997: 12-13）を参照し、筆者作成）

対して、参加する権利を与えている (資料編—資料 A の第 10 条第 4 項)。しかし、表 7-5 と表 7-6 で示した研修は、バンドン・イスラーム大学の教員の社会奉仕活動として実施されたため、BKPRMI の LPPTKA に登録したクルアーン学習施設以外の者たちにも開かれた研修となったといえる。

　このように、クルアーン学習施設の学習や運営方法は、モスクでのプンガジアン・クルアーンの指導に携わっている者や関心のある者たちとともに共有することを容認していたといえる。

2—全国規模のコンテストの開催とその役割

　BKPRMI に登録されたクルアーン学習施設の生徒たちだけを対象として開催されるイベントとして、アナック・サレ・フェスティバル (Festival Anak Shaleh) がある。クルアーン学習施設での学習内容と関連のある内容の全国規模のコンテストが 3 年に 1 度開催される。このコンテストは、市もしくは県レベルの地方予選から始まる。コンテスト内容は、**表 7–7** に示した。主として、表 7-2 および表 7-3 で示したクルアーン学習施設における学習内容に関するものである。クルアーン読誦のコンテストに限らず、礼拝時のアザーンの暗誦、男女各 2 名と礼拝導師イマーム役 1 名の合計 5 名で行う集団礼拝のコンテスト、歌やクイズ、イスラーム関連の絵画なども競われる。

　2005 年にジャカルタで開催されたアナック・サレ・フェスティバルは、9 月 8 日〜 11 日まで 4 日間行われた。**表 7–8** は、アナック・サレ・フェスティバル開催期間中のスケジュールである。各州レベルの大会での優勝者たちが、引率の教師たちとともにフェスティバル会場に宿泊し、4 日間行動を共にする。全国大会の会場までの旅費やその他の経費は、参加者側の負担となる。しかし多くの場合、各州の関係者からの助成を受けている。4 日間は、各州から参加した者たちと礼拝と寝食を共にし、同じ州から参加する子ども同士の交流を深めるとともに、別の州から参加する人々との交流の機会も設けられている。学習内容が標準化されたクルアーン幼稚園やクルアーン児童教室、継続クルアーン学習会で学ぶ生徒たちが共に集う機会となっている。

表 7-7　アナック・サレ・フェスティバルにおけるコンテスト項目

レベル	コンテスト項目
クルアーン幼稚園 (TKA)	1. クルアーン読誦 2. 礼拝への呼びかけ (Adzan dan Iqomat) 3. 礼拝実践 4. イスラームの教えに関する歌 (Nasyid) 5. クルアーンについての詩などの朗読 6. クルアーンに関するクイズ 7. ぬり絵
クルアーン児童教室 (TPA)	1. クルアーン読誦 2. 礼拝への呼びかけ 3. イスラームの教えに関する歌 4. クルアーンについての詩などの朗読 5. クルアーンに関するクイズ 6. クルアーンの訳の朗読 7. 絵画
継続クルアーン学習コース (TQA)	1. クルアーンの朗誦の仕方 2. ジュズ・アムマの暗誦 3. クルアーンの章句の語彙とその訳の朗読 4. 演劇 5. アラビア語のカリグラフィー 6. アラビア語会話 7. 英会話

（Panitia FASI VI (2005: 2-3) を参照し、筆者作成）

　コンテストの審査は、MUI 関係者のほか、高等教育機関の専門家も担当する。2005 年の全国大会では、クルアーンの朗誦や暗誦、礼拝のコンテストにおいては、ジャカルタ国立大学 (UNJ: Universitas Negeri Jakarta)、クルアーン学専門大学校 (PTIQ: Perguruan Tinggi Ilmu Al-Qur'an) などの関係者が審査を担当した。絵画や演劇の審査には、ジャカルタ芸術大学 (IKJ: Institut Kesenian Jakarta) の関係者が担当した (Panitia FASI VI 2005: 16-19)。絵画やアラビア語のカリグラフィーの成果は、審査されると同時に、フェスティバル会場内に展示される。会場内には、各地の物産店も開催され、参加者が集い、交流して楽しめるような工夫も多かった。

表 7-8　2005 年アナック・サレ・フェスティバルの日程

2005 年 9 月 7 日
　14：00-24：00　受付、会場 (アスラマ・ハジ) へのチェックイン等
　17：00-20：00　休憩、礼拝、夕食
　22：00-04：00　就寝

2005 年 9 月 8 日
　4：00-5：30　夜明けの礼拝 (Shalat Subuh)、夜明けの学習 (Kuliah Subuh)
　5：30-6：30　運動、体操、沐浴
　6：30-7：30　朝食
　7：30-8：00　コンテストの準備
　8：00-11：30　開会式
　8：00-12：30　展示物のコンテスト

2005 年 9 月 9 日
　4：00-5：30　夜明けの礼拝と講話 (Kultum[5])
　5：30-6：30　運動、体操、沐浴
　6：30-7：30　朝食
　7：30-8：00　コンテストの準備
　8：00-17：00　コンテスト
　　コンテストの内容：クルアーン読誦、礼拝への呼びかけ、礼拝実践、イスラームの
　　　　　　　　　　　教えに関する歌、クルアーンの内容についての詩などの朗読、ぬり絵
　　　　　　　　　　　など

2005 年 9 月 10 日
　4：00-5：30　夜明けの礼拝と講話
　5：30-6：30　運動、体操、沐浴
　6：30-7：30　朝食
　7：30-8：00　コンテストの準備
　9：00-12：00　クルアーンに関するクイズ
　13：00-17：00　決勝戦
　19：30-22：00　閉会に関する夜の行事

2005 年 9 月 11 日
　4：00-5：30　夜明けの礼拝と講話
　5：30-6：30　運動、体操、沐浴
　6：30-7：30　朝食
　7：30-8：00　片付け
　8：00-12：00　チェックアウト

(Panitia FASI VI (2005: 15-17) を参照し、筆者作成)

4) まとめ：各学習施設の学習指導と運営の向上にむけて

　BKPRMI の LPPTKA は、クルアーン学習施設の学習指導と運営に関する標準モデルを構築し、広く普及することに努めてきた。BKPRMI の傘下のクルアーン学習施設を運営する場合、その学習施設の教師は、教師研修に参加することができる。また、教師および生徒は、BKPRMI が主催するクルアーン学習関連のコンテストや修了式に出席する機会を与えられる。また修了証とともに、クルアーンの読誦ができることを示す証明書も、BKPRMI から授与される。つまり、BKPRMI は、BKPRMI 傘下のクルアーン学習施設の教師や生徒が、クルアーン学習への取り組み方をより向上させる機会を提供していることがわかる。他方で、BKPRMI の傘下に入らずに、子どものためのクルアーン学習に関わる者に対しても、BKPRMI によるクルアーン学習施設での学習内容や運営方法についての情報を得る機会も設けてきた。BKPRMI は、標準的な運営方法を構築することで、自らの傘下のクルアーン学習施設を管理・統制するというよりも、自らが構築したクルアーン学習施設での学習と運営のモデルが、より多くの人々に活用され、個々の学習施設が自律して、クルアーン学習指導にあたることができるよう、機会を提供していたといえる。

第4節　小　括

　本章を通して、BKPRMI の LPPTKA によるクルアーン学習施設の学習指導と運営に関する標準モデルの内容を明らかにしてきた。従来からのプンガジアン・クルアーンでは、学習内容や運営方法は、教師の裁量に一任されていたが、そうした状況を大きく変えたのが BKPRMI だった。

　BKPRMI は、LPPTKA を通して、これまでのプンガジアン・クルアーンの学習内容や運営方法の組織化を図り、標準モデルを構築した。標準カリキュラムの構築において、学習内容や方法は、『イクロ』創案者のアスアド・フマムが尊重した学習者主体の学びを尊重した。クルアーン幼稚園においても、

クルアーン児童教室においても、子どもが関心を持ちやすいゲーム、歌、ぬり絵などの教材を使用することを容認した。

　また、学校教育が普及した社会において、旧来からの学習を組織的に運営するためには、個々のクルアーン学習施設での教授・学習の営みが、幼稚園や小学校に通う子供たちの負担にならぬよう配慮が欠かせない。フォーマルな学校教育の学期制に配慮した年間スケジュールの構築は、その点で重要だったといえる。標準的な学習カリキュラムや運営方法が整えられたこと、そしてそれらが多くの人々に開かれた研修活動を通して普及したことも、インドネシアにおけるプンガジアン・クルアーンの変容を促したといえる。その際、BKPRMI は、個々の学習施設の教師や生徒らがプンガジアン・クルアーンの学習へのモチベーションを高める機会を設けるとともに、より多くの人々と情報を共有する機会を提供することにも配慮した。

　BKPRMI によるクルアーン学習施設の全国展開が進められると、学生がこの展開に関わることは多かった。学生たちによるプンガジアン・クルアーンの組織化は、次第に地域住民主体の運営へと継承された展開（第 6 章）もみられた。それは、本章で明らかにしたクルアーン学習施設での学習指導や学習施設運営の標準モデルが広く普及し、個々の地域社会に根付いたことの表れともいえるだろう。

注

1　「地域科」は 1994 年以降、小学校カリキュラムに導入された科目である。地方の文化や芸能について学ぶ時間として設けられた。詳しくは中矢 (1995) を参照のこと。2013 年カリキュラムでは、「地域科」は科目としてはなくなったが、「芸術文化・技術」という科目で個々の地域の慣習や言語を学ぶ機会は維持されている。

2　Syamsuddin et al. (1998: 39-40, 41-42) および資料編表 1 ～表 4 より。

3　「A：従来のプンガジアン・クルアーンの状況」については Mahmud Yunus (1960 (1996): 34-41, 50-51)、Steenbrink (1974: 10-12)、Zamakhsyari Dhofier (1982: 19) を主として参照し、「B：BKPRMI によるクルアーン学習施設」の特徴については

Syamsuddin et al.（1998: 11-50）や Mamsudi Abdulrahman（1999: 19-34）、筆者によるク
ルアーン学習施設の観察結果に基づく。

4　筆者によるタシリフィン・タリムとのインタビュー（2005 年 9 月 27 日　バンジャ
ルマシン市内にて）。

5　Kuliah tujuh menit（7 分の講義）の略語。モスク等でのイスラーム学習における短
い講話のこと。

終　章

イスラーム基礎学習の組織的展開とその影響

第1節　『イクロ』創案とプンガジアン・クルアーンの組織化

1) プンガジアン・クルアーンの標準モデル構築のプロセスとその意義

　本書は、ジョグジャカルタで創案されたクルアーン読誦学習テキスト『イクロ』の創案と普及に関わった人物や団体の営みを分析することを通して、インドネシアのプンガジアン・クルアーンの組織化の経緯を明らかにしてきた。

　ジョグジャカルタのアスアド・フマムは、効果的に学習が進められるように、クルアーンの読誦学習に特化した『イクロ』の創案に取り組んだ人物である。『イクロ』が広く一般の人々に共有されることで、プンガジアン・クルアーンの営みが各地で充実・発展していくことを理想とした。他方、BK-PRMI は、1977 年にバンドンで結成された組織であり、全国に支部を持つ。ダッワを目的とする活動を理想とし、全国各地のモスクで活動する若者たちのネットワークを形成してきた。しかしインドネシアの政治・社会的影響により、特に 1980 年代は、政府による厳しい活動規制を受けた。そのため、BKPRMI が組織としての活動を復活させるためには、政府や社会全般から認められる活動に従事することが必要だった。

　1980 年代後半、ジョグジャカルタでアスアド・フマムとともに子どものプンガジアン・クルアーンに従事しながら、BKPRMI の活動にも関わっていたのが、ジャジールだった。ジャジールが、『イクロ』を活用するクルアーン幼稚園を、BKPRMI のメンバーや他の学生らに紹介したことがきっかけと

なり、ジョグジャカルタで創案された『イクロ』を用いるクルアーン学習施設が、BKPRMI のネットワークを通じて全国に普及した。こうした展開は、1990 年代以降のインドネシア社会全体のイスラーム活性化にともない、政府関係者らが彼らの活動を認めることになったことが大きく関わっているといえる。つまり、『イクロ』を活用するクルアーン学習施設は、社会・政治的な後押しのもとで、BKPRMI を通して全国規模での展開が実現した。それによって多くの人々が『イクロ』を知り、活用するようになったのである。本書では、このような経緯について、ジョグジャカルタとバンドンの二つの都市での展開を中心に考察を試みた。

　三部構成の本書は、「第Ⅰ部　ジョグジャカルタにおけるイスラーム教育の改革」(第1章、第2章)において、アスアド・フマムが、ジョグジャカルタで、クルアーン読誦学習テキスト『イクロ』を創案するに至った社会・文化的背景として、ジョグジャカルタにおけるイスラーム教育の改革の過程を考察した。

　第1章では、近代教育のシステムが 20 世紀初頭にオランダによって導入されたことに対し、ジョグジャカルタにおいて、プリブミのムスリムらは、それらを拒絶せず、むしろ積極的に近代的なシステムや新しい教育方法を導入していたことを明らかにした。ジョグジャカルタは 20 世紀初頭に、イスラーム改革派組織のムハマディヤーが結成された町として有名である。本章では、ムハマディヤーを結成したアフマド・ダハランも、伝統派の思想を重んじてきたプサントレン・クラピヤの運営者らも、新しい教育システムや方法を導入し、時代に合ったムスリムのための教授・学習の環境を整えることに努めていたことを論じた。

　独立直後のジョグジャカルタでは、1940 年代後半以降、プリブミのエリートたちによる初めての大学として、ガジャマダ大学とインドネシア・イスラーム大学が開設された。第2章では、二つの大学の開設と発展の経緯とともに、両大学が、開設当初から 1960 年代頃まで、インドネシア独立を象徴する意味が付与されたシュハダ・モスクを活用していたことを明らかにした。ジョグジャカルタでは、独立直後の大学開設時から、複数の大学の学生たちが一

つのモスクに集い、学習活動に従事する機会が設けられていたことを論じた。

「第Ⅱ部 クルアーン読誦学習テキスト『イクロ』創案の経緯」(第3章、第4章)では、アスアド・フマムが、学生などの若者たちとともに、既存のプンガジアン・クルアーンにおける学習と運営の組織化を試みるなかで、『イクロ』を創案し、『イクロ』を活用するクルアーン幼稚園を開設していく経緯(第3章)と、『イクロ』に先行して創案されたテキスト『キロアティ』と『イクロ』との比較によって、『イクロ』が、従来のクルアーン読誦学習では見られなかった、学習者中心の指導方法を導入したことについて考察した(第4章)。

まず第3章で、アスアド・フマムが『イクロ』とそれを用いて学習を行うクルアーン学習施設を開設するまでのプロセスにおいて、若者たちが重要な意味を持ったことを明らかにした。1980年代前半、アスアド・フマムが、クルアーンの学習指導を行う組織としてAMMを結成し、ジョグジャカルタおよびその周辺地域におけるプンガジアン・クルアーンの活性化の一役を担った。アスアド・フマムは、イスラームの教えや規範を重んじた企業活動に従事し、その利益を活用して『イクロ』を創案し、『イクロ』を用いて学習を行うクルアーン幼稚園を開設した。その際、ジョグジャカルタ内外で育ったAMMのメンバーらとともに、プンガジアン・クルアーンの改善と組織的な運営を試みた。個人のカリスマ性やリーダーシップ能力を尊重してきたプサントレンにおける学習の伝統とは異なり、アスアド・フマムは、若者の活力と彼らがもつネットワークを生かし、それをサポートすることで、クルアーン幼稚園をはじめとする新しいプンガジアン・クルアーンの形態を生み出した。

第4章では、アスアド・フマムが創案した『イクロ』と『キロアティ』の比較を行った。その結果、テキストの内容や構成に大きな違いは見られなくとも、両テキストの指導方針や教師の役割は大きく異なることを明らかにした。両テキストが創案された町の地域性や創案者の学習経験との関係をみると、『キロアティ』は、師から弟子への直接指導を重んじるジャワで発展したプサントレンにみられるようなイスラーム学習の伝統を尊重していた。他

方、『イクロ』は、新しい指導方法を積極的に取り入れ、学習者主体で学ぶことを奨励するテキストとして作成されていた。ジョグジャカルタには、第1章で明らかにしたように、20世紀初頭から、近代的な教育を積極的に取り入れてきた歴史がある。新しい要素をムスリムのための学習に早くから取り入れてきた地域性は、『イクロ』の指導方法や教師に求められる役割に反映されていることを、本章において論じた。

　「第Ⅲ部　プンガジアン・クルアーンの標準モデル構築とその経緯」(第5章、第6章、第7章)では、『イクロ』を活用するクルアーン学習施設がジョグジャカルタから全国規模で普及することに大きな役割を果たしたBKPRMIがバンドンで結成された経緯と、クルアーン学習施設の普及活動に多くの学生が関与したこと、さらにクルアーン学習施設における学習指導と運営の標準モデルが構築されたことの意義を論じた。

　第5章では、BKPRMIが、1977年にバンドンで結成された社会・政治的背景として、高等教育機関における宗教教育の必修化に関する課題や都市部でのダッワの展開を明らかにした。また、結成直後から1980年代に、組織としての活動の規制を受けたBKPRMIは、ジョグジャカルタの『イクロ』を活用するクルアーン学習施設の全国普及を組織全体の活動としたことで、反共の立場から宗教教育を重視した政府の支持を得て、組織活動を復活させた経緯を明らかにした。

　第6章では、BKPRMIによるクルアーン学習施設が都市部を中心に開設された経緯を明らかにした。1991年にBKPRMIによるクルアーン学習施設の学習指導に関する研修が、都市部を中心に行われた。西ジャワ州ではバンドン市で研修が開催され、これに参加した学生たちによって各地のモスクにクルアーン学習施設が開設されていった。第6章では、その実態をバンドンの二つのモスクを通して明らかにした。学生主体で開設されたクルアーン学習施設が、後に地域住民が主体となって運営する形態へと変化し、モスクでの学習活動が活性化したことは、事例から明らかになったことである。

　第7章では、1990年代にBKPRMIが作成したクルアーン学習施設におけ

る学習内容や指導方法および学習施設の運営に関する標準モデルの内容が、従来のプンガジアン・クルアーンと大きく異なることを論じた。クルアーン学習施設における学習の標準モデルにおいて、BKPRMI は、歌やゲーム、ぬり絵などのさまざまな教材を学習に取り入れることを認め、学習者が学びやすい指導方法を、状況に応じて奨励していた。また、フォーマルな学校での学期制に配慮した年間スケジュールを採用するカリキュラムを組み立てた。つまり、BKPRMI は、学校教育が普及した社会においても取り組みやすいクルアーン学習施設の標準カリキュラムを整えたのである。

　また、クルアーン学習施設の運営方法からは、個々の学習施設が自律して、教師たちがクルアーンの学習指導にあたることができることを促す仕組みが整えられたことが明らかとなった。具体的には、BKPRMI の傘下でクルアーン学習施設を運営する組織に対しては、学習プログラム修了者のための修了式典やコンテストの開催などを通して、個々のクルアーン学習施設の運営者や教師、生徒らがモチベーションを高めるうえで有益な機会を提供した。他方で、BKPRMI の傘下の外で営まれるクルアーン学習施設の運営者や教師らに対しても、広く情報が共有される機会が設けられていた。

　BKPRMI によって『イクロ』を用いたクルアーン学習施設が全国に広がり、クルアーン学習指導に関するモチベーションや情報を多くの人々と共有する機会が設けられたことで、さまざまな組織がプンガジアン・クルアーンの組織化を試みる方向にむかったといえる。

2) クルアーン学習施設の普及に対する政府の対応

　本書で対象としたクルアーン読誦学習などの学習を含むプンガジアン・クルアーンは、ムスリムが学ぶ基礎学習に相当する。BKPRMI は、1990 年代以降、『イクロ』を活用するクルアーン学習施設の開設を通して、従来からのプンガジアン・クルアーンの学習や運営を組織化した標準モデルの普及に努めた。BKPRMI によるクルアーン幼稚園が全国に増えていくと、それらは、民衆のニーズにもとづいた幼稚園教育の展開として認識されるようになった

(Dedi Supriadi 2000: 365-368)。その後、BKPRMI が、クルアーン幼稚園をはじめとするクルアーン学習施設での学習や運営の在り方について、常にイニシアティブをとる存在とはいえなくなるほど、さまざまな教育団体が、プンガジアン・クルアーンの組織的運営に取り組み、教育機会の拡大と充実に関わる方向に向かった。つまり、クルアーン読誦をはじめとする、従来のプンガジアン・クルアーンにおける学習が、ムスリムの次世代の育成に欠かせないことが人々に認識され、時代に合った形態で営まれることで、ムスリムの教育の充実が目指されるようになったといえる。

そうした展開は、民間の動きにとどまらなかった。教育文化省が、基礎教育（初等教育・前期中等教育）の充実を図るため、幼児教育に力を入れるようになったのは 2000 年以降である。オルタナティブな幼稚園 (TK Alternatif)、つまり正規の幼稚園以外にも、個々のニーズや状況に応じて幼児教育を提供しうる学習施設として、クルアーン幼稚園が含まれるようになった (Departmen Pendidikan Nasional 2001)。さらに、教育文化省だけでなく宗教省も、BKPRMI によるクルアーン学習施設を、ノンフォーマル教育に位置づけるようになった。2007 年政令第 55 号では、ノンフォーマルな宗教教育施設の一例として、プサントレンやマドラサ・ディニヤーなどとともに、クルアーン学習施設も含まれた。宗教省のイスラーム教育総局の宗教教育およびポンドック・プサントレン担当部署が発行したクルアーン幼稚園／クルアーン児童教室の運営の手引書 (Pedoman Penyelenggaraan TKQ/TPQ) では、インドネシアにおけるクルアーン学習の場として、幼稚園児を対象とするクルアーン幼稚園や小学生を対象とするクルアーン児童教室、さらに中学生を対象とする継続クルアーン学習会およびこれらと同等の学習施設が、インドネシア各地で開設されていることを指摘している。このように、政府がクルアーン学習施設をノンフォーマル教育として国民教育体系に位置付けるようになった背景には、『キロアティ』を創案したダハラン・サリム・ザルカシや『イクロ』を創案したアスアド・フマムのような、子どもたちのためのクルアーン読誦学習の改善に貢献した人物らの存在や、BKPRMI の組織的な取り組みが背景にあったことを、

宗教省は指摘している（Direktorat Pendidikan Diniyah dan Pondok Pesantren, Direktorat Jenderal Pendidikan Islam Departmen Agama RI 2008: 1-3）。また、『イクロ』は、インドネシア国内でのみ活用されるテキストとして普及したわけではなく、『キロアティ』など、インドネシアで創案された他の学習テキストとともに、隣国マレーシアやブルネイなどでも普及している（Nakata 2009: 31-32）。したがって、『イクロ』とクルアーン学習施設は、インドネシアに限らず、東南アジアのムスリムの子どもたちが、クルアーンの読誦学習に取り組みやすいきっかけを提供することにも貢献したといえる。

第2節　『イクロ』の創案と普及によるイスラーム基礎学習の変容と課題

1)『イクロ』の普及とその影響の捉え方

　『イクロ』を用いるクルアーン学習施設の学習と運営の標準モデルは、多くの人々に開かれたものであり、それは、インドネシアのプンガジアン・クルアーン、すなわちムスリムにとって欠かせない基礎学習の充実と発展を支えてきたといえる。他方で、『イクロ』を用いる学習方法に対して、まったく批判がないわけではない。あるモスクのクルアーン教師は、『イクロ』を用いて効果的にクルアーンが読めるようになる一方で、アラビア文字の名称や母音などの発音記号の名称の習得がないがしろにされがちなこともあると指摘していた。しかし、それは、学習指導の過程で補うことは可能であるという見方もある。

　クルアーン学習施設が開設され、学習の組織化、標準化が進み、学習の修了要件などが構築されたことは、生徒たちの学習意欲の向上に役立つ部分は大きかっただろう。しかし、かつてのプンガジアン・クルアーンとは異なり、組織的に管理された学びのなかで、教師の個性を生かした指導が可能な部分はあるのだろうか。管理された学習時間になじめない子どもがいた場合、どのように対応しているのか。

　本書では、時代や社会の変化のなかで、イスラーム基礎学習の内容が標準

化され、各学習施設が組織的に営まれるようになった経緯を明らかにしてきた。しかし、組織化されることによって、重視されなくなった学びなどがあるのかどうか、教師と生徒の関係性に関する課題は生じることがあるのかどうかについては、十分に考察することはできなかった。今後は、そうした側面も考慮した研究は必要であろう。

2) 今後のイスラーム基礎学習についての研究の視点

　本書では、『イクロ』を用いるクルアーン学習施設がジョグジャカルタで創設され、それが全国的に普及していく 2000 年代前半頃までの状況について主として論じた。したがって BKPRMI が監督・指導するクルアーン学習施設の、2000 年代後半以降の状況や地方における展開に関する実態や課題の解明は十分にできていない。

　BKPRMI によるクルアーン学習施設の標準モデルについての情報は、一般に開かれ、多くの人々が共有することができたため、2000 年以降、『イクロ』を参考にした新しいクルアーン学習用テキストを創案する例は多く見られた。自ら学習テキストを創案し、それを用いる学習施設も各地で創設されていった。したがって、BKPRMI によるクルアーン学習施設が、すでにインドネシア各地に普及した 2000 年代以降を主に対象とする研究においては、さまざまな組織や団体が、BKPRMI と同様のクルアーン学習施設を独自に運営している実態を認識した上での調査方法や分析枠組みを構築することが必要となる。その際、世代ごとに宗教活動への関わり方の変化がどのように表れているのかということも考慮する必要があると考える。

　本書で扱ったクルアーン幼稚園などのクルアーン学習施設の普及に関わった若者たちは、1970 年代から 1990 年代にかけて、都市部の大学内外のモスクでの活動を担ってきた者たちが多い。2000 年以降、当時の学生たちは社会人となり、大学や教育機関、省庁のほか、民間企業などにおいて、重要な職に就いている。今後の研究においては、さまざまな分野で活躍するようになった彼らが、フォーマルな教育機関やノンフォーマルな学習の場において

果たす役割を考察していくと同時に、それに続く世代が、どのようにこれま
での経験や歴史をふまえ、インドネシアのムスリムのための基礎学習の充実
と発展を担っていくのか、明らかにしていくことも必要となる。そうした取
り組みは、今後のインドネシアにおけるイスラームの教授・学習の全体像を
描く上でも重要であると考える。

資料編

年齢	一般高等教育機関 (Perguruan Tinggi Umum) / 研究・科学・高等教育省 (Kementerian Riset Teknologi dan Perguruan Tinggi)	イスラーム高等教育機関 (PTAI:Perguruan Tinggi Agama Islam) / 宗教省 (Kementerian Agama)	他の宗教の教育学習施設
24-26	一般高等教育機関 (Perguruan Tinggi Umum)：総合大学 (Universitas)、専門大学 (Institut)、単科大学 (Sekolah Tinggi)	イスラーム高等教育機関 (PTAI:Perguruan Tinggi Agama Islam)：国立イスラーム大学 (UIN：Universitas Islam Negeri)、国立イスラーム宗教大学 (IAIN：Institut Agama Islam Negeri)、国立イスラーム宗教単科大学 (STAIN：Sekolah Tinggi Agama Islam Negeri)、その他の私立イスラーム高等教育機関	
22-23			
19-21	研究・科学・高等教育省 (Kementerian Riset Teknologi dan Perguruan Tinggi)：ポリテクニク (Politeknik)、アカデミー (Akademi)		
16-18	パッケージC (Paket C)（高校レベルの教育プログラム）／一般高校 (SMA:Sekolah Menengah Atas)：社会科学 (IPS) プログラム、自然科学 (IPA) プログラム、語学 (Bahasa) プログラム、宗教 (Keagamaan) プログラム／職業高校 (SMK: SekolahMenengah Kejuruan)	イスラーム高校 (MA: Madrasah Aliyah)、職業イスラーム高校 (MK: Madrasah Kejuruan)	イスラーム宗教高校 (MDU: Diniyah Ula)
13-15	パッケージB (Paket B)（中学校レベルの教育プログラム）／一般中学校 (SMP : Sekolah Menengah Pertama)	イスラーム中学校 (MTs: Madrasah Tsanawiyah)	イスラーム宗中学校 (MDU: Madrasah Diniyah Ustha)
7-12	パッケージA (Paket A)（小学校レベルの教育プログラム）／一般小学校 (SD : Sekolah Dasar)	イスラーム小学校 (MI: Madrasah Ibtidaiyah)	イスラーム宗教小学校 (MDA:Madrasah Diniyah Awaliyah)／イスラーム私塾 (TQA: Ta'limul Qur'an)
4-6	一般幼稚園 (TK: Taman Kanak-Kanak)	イスラーム幼稚園 (RA: Raudatul Atfal／BA:Bustanul Atfal)	継続クルアーン幼稚園 (TPA: Taman Pendidikan Al-Qur'an)
0-3	プレイグループ (Ketompok Bermain)／託児所 (Taman Penitipan Anak)		クルアーン幼稚園 (TKA: Taman Kanak-kanak Al-Qur'an)
	ノンフォーマル教育 (Pendidikan Non-formal)／フォーマル教育 (Pendidikan Formal)／教育文化省 (Kementerian Pendidikan dan Kebudayaan)	フォーマル教育 (Pendidikan Formal)／ノンフォーマル教育 (Pendidikan Non-formal)／宗教省 (Kementerian Agama)	

図0　インドネシアの国民教育体系図

（服部 2007: 7 を参照し、筆者が加筆修正）

表1　クルアーン幼稚園基礎科（PaketA）の学修計画表

学習プログラム	1学期				2学期				3学期			
	1	2	3	4	1	2	3	4	1	2	3	4
主要科目												
1.『イクロ』の読習												
1)『イクロ』第1巻	●	●	+									
2)『イクロ』第2巻			●	●	+							
3)『イクロ』第3巻					●	●	+					
4)『イクロ』第4巻							●	●	+			
5)『イクロ』第5巻									●	●	+	
6)『イクロ』第6巻											●	●
2. 礼拝時の祈りや文句の暗誦												
1) 清め（ウドゥ）前の祈り	●	+							+	+	+	+
2) 清め（ウドゥ）後の祈り	●	+							+	+	+	+
3) イフティタの動作の時の文句		●	+						+	+	+	+
4) クルアーン第1章開端（アル・ファーティハ：Al Fatihah）の暗誦	●	+										
5) ルクの動作の時の文句			●	+					+	+	+	+
6) イティダルの動作時の文句				●	+				+	+	+	+
7) スジュドの動作時の文句			●	+					+	+	+	+
8) 座位で2回スジュドの動作時の文句						●						
9) タシャウドの文句						●	+		+	+	+	+
10) 礼拝後の文句							●	+	+	+	+	+
3. スラット・ペンデックの暗誦												
1) 第112章「純正（アル・イフラース：Al-Ikhlash）」	●	+								+	+	+
2) 第108章「潤沢（アル・カウサル：Al-Kautsar）」		●	+							+	+	+
3) 第103章「時間（アル・アスル：Al-Ashr）」		●	+							+	+	+
4) 第110章「援助（アン・ナスル：An-Nashr）」			●	+						+	+	+
5) 第111章「棕櫚（アル・マサド：Al-Masad）」				●	+					+	+	+
6) 第113章「黎明（アル・ファラク：（Al-Falaq））」					●	+				+	+	+
7) 第114章「人間（アン・ナース：An- Nas）」					●	+				+	+	+
8) 第109章「不信者たち（アル・カーフィルーン：Al- Kafiruun）」						●	+			+	+	+
9) 第107章「慈善（アル・マーウーン：Al-Ma'un）」								●	+	+	+	+

188

4. 礼拝の練習

	1	2	3	4	1	2	3	4	1	2	3	4
1) ウドゥの練習				●	●	●	●	●	●	●	●	●
2) 礼拝の練習					●	●	●	●	●	●	●	●
3) アザーンの練習									●	●	●	●
	1学期				2学期				3学期			

補足科目	1	2	3	4	1	2	3	4	1	2	3	4
1. 日々の祈りと作法												
1) 恵みを受ける祈りと作法	●	+										+
2) 学習を始める際の祈りと作法	●	+										+
3) 話を始める際の祈りと作法		●	+									+
4) 会合を終える際の祈りと作法			●	+								+
5) 食事の前の祈りと作法				●	+							+
6) 食事の後の祈りと作法					●	+						+
7) 衣服を着るときの祈りと作法						●	+					+
8) 鏡を見るときの祈りと作法							●	+				+
9) トイレに入るときの祈りと作法								●	+			+
10) トイレから出るときの祈りと作法									●	+		+
11) 寝る前の祈りと作法										●	+	+
12) 寝起きの祈りと作法											●	+
2. アラビア文字の書き方(真似て書く／色を塗る)												
1) 文字における縦線、横線、斜め線、右曲がりの線の書き方を真似る			●	+								
2) 文字の頭、中間、語尾に位置する文字における縦線と右曲がりの線の書き方を真似る				●	+							
3) ギザギザの線や左曲がりの曲線のある文字の書き方を真似る。					●	+						
4) 文字の語頭、語中、語尾において、ギザギザの線や左曲がりの線がある文字の書き方を真似る。						●	+					
5) アラビア数字の書き方を真似る。							●	+				
6) 文字を繋げて、2語、3語、4語を書く。							●	+				
7) 文字を繋げて、5語、6語、7語を描く。								●	+			
8) 文字のぬり絵とお絵かき									●	●	●	●

●＝学習時間　＋＝復習の時間

表2　クルアーン幼稚園本科 (PaketB) の学修計画表

学習プログラム	1学期				2学期				3学期			
主要科目	1	2	3	4	1	2	3	4	1	2	3	4
1. クルアーンの輪読／読誦												
1) 第1ジュズ（巻）～第4ジュズ	●	●	●	●								
2) 第5ジュズなど					●	●	●	●	●	●	●	●
2. 礼拝時の祈りや文句の暗誦												
1) ウドゥの前の祈り	+									+	+	+
2) ウドゥの後の祈り	+									+	+	+
3) イフティタの動作の時の文句		+								+	+	+
4) クルアーン第1章開端（アル・ファーティハ：Al-Fatihah）の暗誦		+								+	+	+
5) ルクの動作の時の文句			+							+	+	+
6) イティダルの動作時の文句			+							+	+	+
7) スジュドの動作時の文句				+						+	+	+
8) 座位で2回スジュドの動作時の文句				+						+	+	+
9) タシャウドの文句					+					+	+	+
10) 礼拝後の祈りの文句						+	+	+	+	+	+	+
3. スラット・ペンデックの暗誦												
1) 基礎科でのスラット・ペンデック	+	+	+	+		+	+	+				
2) 第105章「象（アル・フィール：Al-Fil）」	●	+										
3) 第106章「クライシュ族（Quraisy）」		●	+									
4) 第104章「中傷者（アル・フマザ（Al-Humazah）」			●	+								
5) 第102章「蓄積（アッ・タカースル：At-Takatsur）」				●	+	+	+	+				
4. 礼拝の実践												
1) 清めの実践	+	+	+	+	+	+	+	+	+	+	+	+
2) 日々の集団礼拝の実践	+	+	+	+	+	+	+	+	+	+	+	+
3) アザーンの指導					+	+	+	+	+	+	+	+
補足科目												
1. 日々の祈りと作法												
1) 家を出るときの祈りと作法	●	+									+	+
2) 乗り物に乗る時と座る時の祈りと作法		●	+								+	+
3) モスクへ出かけるときの祈りと作法			●	+							+	+
4) アザーンを聞く時とアザーン後の祈りと作法					●		+				+	+
5) 優れた心身を得るための祈りと作法						●	+				+	+
6) 両親に謝るときの祈りと作法							●	+			+	+

学習プログラム												
7) 病気の時の祈りと作法							●	+		+	+	
8) 病人を見舞うときの祈りと作法								●	+	+	+	
9) よい終末を迎えるための祈りと作法									●	+	+	
10) 困難な終末から遠ざかるための祈りと作法									●	+	+	
2. アラビア文字の書き方												
1) 第1章「開端（アル・ファーティハ：Al-Fatihah）」の書写	●											
2) 第112章「純正（アル・イクラース：Al-Ikhlash）」の書写		●										
3) 第108章「潤沢（アル・カウサル：Al-Kautsar）」の書写			●									
4) 第103章「時間（アル・アスル：Al-ʻAshr）」の書写				●								
5) 第109章「不信者たち（アル・カーフィルーン：Al-Kafirun）」の書写					●							
6) 礼拝時の唱える内容の書写						●	●					
7) ハディースや格言の書写								●	●			
8) 書き方やお絵かき										●	●	●

表3　クルアーン児童教室基礎科 (PaketA) の学修計画表

学習プログラム	1学期				2学期				3学期			
主要科目	1	2	3	4	1	2	3	4	1	2	3	4
1.『イクロ』の読誦												
1)『イクロ』第1巻	●	+										
2)『イクロ』第2巻		●	+									
3)『イクロ』第3巻			●	●	+							
4)『イクロ』第4巻					●	●	+					
5)『イクロ』第5巻							●	●	+			
6)『イクロ』第6巻									●	●	+	
2. 礼拝時の祈りや文句の暗誦												
1) 清め（ウドゥ）前の祈り	●											+
2) 清め（ウドゥ）後の祈り	●											+
3) イフティタの動作の時の文句		●										+
4) 第1章開端（アル・ファーティハ：Al-Fatihah）の暗誦		●										+
5) ルクの動作の時の文句			●									+
6) イティダルの動作時の文句			●									+

7) スジュドの動作時の文句			●									+
8) 座位で2回スジュドの動作時の文句			●									+
9) タシャウドの文句					●	●						+
10) 礼拝後の文句							●	●	●	●	●	+
3. スラット・ペンデックの暗誦												
1) 第112章「純正（アル・イフラース：Al-Ikhlash）」	●	+										
2) 第108章「潤沢（アル・カウサル：Al-Kautsar）」	●	+										
3) 第103章「時間（アル・アスル：Al-'Ashr）」		●	+									
4) 第110章「援助（アン・ナスル：An-Nashr）」		●	+									
5) 第111章「棕櫚（アル・マサド：lahab/Al-Masad）」			●	+								
6) 第113章「黎明（アル・ファラク：Al-Falaq）」			●	+								
7) 第114章「人々（アン・ナース：An-Nas）」				●	+							
8) 第109章「不信者たち（アル・カーフィルーン：Al-Kafiruun）」				●	+							
9) 第107章「慈善（アル・マーウーン：Al-Ma'un）」					●	+						
10) 第105章「象（アル・フィール（Al-Fil）」						●	+					+
11) 第106章「クライシュ族（Quraisy）」						●	+					+
12) 第104章「中傷者（アル・フマザ：Al-Humazah）」							●	+				+
13) 第102章「蓄積（アッ・タカースル：At-Takatsur）」							●	+				+
14) 第93章「朝（アッ・ドハー：Adh-Dhuha）」								●	+			+
15) 第94章「胸を広げる（アッ・シャルフ：Al-Insyirah）」								●	+			+
16) 第95章「無花果（アッ・ティーン：At-Tin）」									●	+		+
17) 第97章「みいつ（アル・カドル：Al-Qadar）」									●	+		+
18) 第99章「地震（アッ・ザルザラ:Al-Zilzalah）」										●	+	+
19) 第100章「進撃する馬（アル・アーディヤート：Al-'Adiyat）」										●	+	+
20) 第101章「恐れおののく章（アル・カーリア:Al-Qori'ah）」											●	+

21) 第96章「凝血（アル・アラク：Al-'Alaq）」											●	+
22) 第98章「明証（アル・バイイナ：Bayyinah）」												●
4. 礼拝の実践												
1) 清めの実践	+	+	+	+	+	+	+	+	+	+	+	+
2) 一日五回の礼拝の実践	+	+	+	+	+	+	+	+	+	+	+	+
3) アザーンの実践	+	+	+	+	+	+	+	+	+	+	+	+
補足科目												
1. 日々の祈りと作法												
1) 恵を受ける祈りと作法	●											
2) 学習を始める際の祈りと作法	●											
3) 話を始める際の祈りと作法		●										
4) 会合を終える際の祈りと作法		●										
5) 食事の前の祈りと作法			●									
6) 食事の後の祈りと作法			●									
7) 衣服を着るときの祈りと作法				●	+							+
8) 鏡を見るときの祈りと作法				●	+							+
9) トイレに入るときの祈りと作法					●	+						+
10) トイレから出るときの祈りと作法					●	+						+
11) 寝る前の祈りと作法						●	+					+
12) 起床時の祈りと作法						●	+					+
13) 外出する際の祈りと作法							●	+				+
14) 乗り物に乗る時／座る時の祈りと作法							●	+				+
15) モスクへ出かけるときの祈りと作法								●	+			+
16) アザーンを聞く時とアザーンの後の祈りと作法								●	+			+
17) 優れた心身を得ることの祈りと作法									●	+		+
18) 両親に許しを請うときの祈りと作法									●	+		+
19) 病気の時の祈りと作法										●	+	+
20) 病人を見舞うときの祈りと作法										●	+	+
21) 良き終末を迎えるための祈りと作法											●	+
22) 困難な終末から遠ざかる祈りと作法											●	+
23) 死に近づく絶望から遠ざかるための祈りと作法											●	+
2. アラビア文字の書き方												
1) 文字と数字の書き方		●	+									
2) 文字の語頭、語中、語尾を書く			●	+								

学習プログラム	1	2	3	4	5	6	7	8	9	10	11	12
3) つなげて書かれた文字を書く。			●	+								
4) 第1章「開端(アル・ファーティハ：Al-Fatihah)」の書写				●	+							
5) 第112章「純正(アル・イクラース：Al-Ikhlash)」の書写					●	+						
6) 第108章「潤沢(アル・カウサル：Al-Kautsar)」の書写						●	+					
7) 第109章「不信者たち(アル・カーフィルーン：Al-Kafirun)」の書写							●	+				
8) 第107章「慈善(アル・マーウーン：Al-Mau'n)」の書写								●	+			
3.　地域性を考慮した学習(選択自由)												
1) アラビア語	※教室ごとに決定する内容のため、空欄になっている。											
2) 英語												
3) 創作芸術												
4) スポーツ												
5) 護身術												
6)＿＿＿＿＿												

表4　クルアーン児童教室本科(PaketB)の学修計画表

学習プログラム	1学期				2学期				3学期			
主要科目	1	2	3	4	1	2	3	4	1	2	3	4
1.　クルアーンの輪読／読誦												
1) 第1ジュズ(巻)〜第4ジュズ	●	●										
2) 第5ジュズなど			●	●	●	●	●	●	●	●	●	●
2.　クルアーン読誦の規則(タジュウィード)												
1) 文字の発音方法	●	+									+	+
2) ヌン・マティ (nun mati: アラビア文字ヌーンの無母音) およびタンウィン (tanwin: 名詞の語末に n 音を加える) の法則		●	+								+	+
3) ミム・マティ (mim mati: アラビア文字ミームの無母音) の法則		●	+								+	+
4) イドガームの法則[1] イドガーム　ムターマスィライン、ムターカーリバーニー、ムタージャーニサイン (Idgham Mutamatsilain, Mutaqaribain, Mutajanisain)			●	+							+	+
5) シャムシア (Syamsiah) の文字とコマリア (Qomariyah) の文字				●	+						+	+

	1	2	3	4	5	6	7	8	9	10	11
6) カルカラ (Qalqalah) の文字			●	+						+	+
7) タフヒーム[2] とタルキーク[3] (dibaca tebal dan tipis) の文字				●	+					+	+
8) マッド (Mad: 文字や記号の組み合わせによって長く母音を伸ばす) のさまざまな誦み方					●					+	+
9) アラビア文字サード (shad) をシン (sin) と誦む場合					●	+				+	+
10) イマラー (Imalah), イシュマーム (Isymam), ナクル (Naql), タシール (Tashil), サクタ (Saktah) のそれぞれの法則に従った特定の誦み方							●	+		+	+
11. ワクフ Waqaf (休止) を示すさまざまな記号								●	+	+	+
12. アラビア文字の特徴								●	●	+	+
3. アヤット・ピリハンの暗誦											
1) 第2章「雌牛 (アル・バカラ :Al-Baqarah)」284-286 節		●	+							+	+
2) 第3章「イムラーン家 (アーリ・イムラーン : Ali-Imran)」133-136 節			●	+						+	+
3) 第16章「蜜蜂 (アン・ナフル : An-Nahlu)」第65-69 節				●	+					+	+
4) 第23章「信者たち (アル・ムウミヌーン :Al-Mu'minuun)」1-11 節					●	+				+	+
5) 第31章「ルクマーン (Luqman)」12-15 節						●	+			+	+
6) 第48章「勝利 (アル・ファトフ：Al-Fatah)」28-29 節							●	+		+	+
7) 第55章「慈悲あまねく御方 (アッ・ラハマーン：Ar-Rahman)」1-16 節								●	+	+	+
8) 第62章「合同礼拝 (アル・ジュムア：Al-Jumuah」9-11 節									●	+	+
4. 礼拝の実践											
1) 日々の礼拝の実践および短い章句の暗誦	+	+	+	+	+	+	+	+	+	+	+
2) アザーンおよびイマーム (礼拝の導師) の実践指導	●	●	●	●	+	+	+	+	+	+	+
補足科目											
1. イスラームの教え											
1) イスラームの教えとイスラームを表すさまざまな名称の理解	●	+								+	+
2) 宗教および日常のシステムとしてのイスラームの教えの位置づけと素晴らしさ		●	+							+	+
3) イスラームの教えの概要とその諸要素			●	●	+	+				+	+

4) 信仰および六信についての理解					●	●	+	+		+	+
5) イスラームおよび五行についての理解						●	●	+	+	+	+
6) 善行と信仰およびイスラームとの関係の理解								●	●	+	+
2. アラビア文字の書き方											
1) 礼拝時に唱える文句の書写	●	●									
2) 有名なハディースと格言の書写			●	●							
3) 特定の短い章句の書写					●	●					
4) 特定の選択された章句の書写							●	●			
5) 特定の日々の祈りの文句の書写								●			
6) カリグラフィーの基礎の理解									●	●	●

3. 地域性を考慮した学習（選択自由）	
1) アラビア語	※教室ごとに決定する内容のため、空欄になっている。
2) 英語	
3) 創作芸術	
4) スポーツ	
5) 護身術	
6)＿＿＿＿＿	

1　無母音の文字を有母音の文字の間にはさむことによって、その二文字が、シャッダ（発音記号のひとつ）を伴う後の文字（一文字）となること（ムハンマド・ブン・シャハーダ・アル＝ガウル 2003: 75）
2　音を太く発音し、音を口のなかで響かせること（ムハンマド・ブン・シャハーダ・アル＝ガウル 2003: 66）
3　音を細く発音し、口内で音を響かせないこと（ムハンマド・ブン・シャハーダ・アル＝ガウル 2003: 66）

（表 1, 2, 3, 4 は、Syamsudin MZ., Tasyrifin Karim , Mamsudi AR（1998: 51-62）を参照し、筆者が作成）

資料A：クルアーン幼稚園／クルアーン児童教室、継続クルアーン学習会に関する諸規則（ジャカルタ市内およびその近郊）

クルアーン幼稚園／クルアーン児童教室及び継続クルアーン学習会の開設に関する諸規則
第1章　はじめに　（省略）

第2章　クルアーン幼稚園／クルアーン児童教室及び継続クルアーン学習会の設立条件
第1条.
1. クルアーン幼稚園／クルアーン児童教室及び継続クルアーン学習会は、イスラーム教徒のためのものであり、それらの学習施設の設立組織／運営組織の下に設置される。設立組織および運営組織は、財団やモスク、イスラーム学習会（マジュリス・タクリム）、イスラーム組織や社会組織などの管理者とする。
2. 1で示した設立組織／運営組織とは、学習施設長や職員、教員からなる学習施設の人事を含む施設・設備の準備をする責任者を指す。
3. 学習活動は、教室や学習に適した場所で実施される。学習の場とは、モスクやムソラー、イスラーム学習会が開催される場所、個人所有の建物等を意味する。
4. 学習活動は、学校（フォーマル教育）の授業時間外で、礼拝時に近い時間に行う。
5. 学習施設の所在地は、ジャカルタ首都特別州及びその近郊地域とする。
第2条.
1. 各学習施設長および一般の教師のうち、少なくとも60％は、BKPRMIのLPPTKAによる研修の参加証明書、もしくは他の組織が開催する同等の内容の研修への参加証明書を保持していること。
2. 教師は、読誦の規則（タジュウィード）の知識に基づいてクルアーンを正しく読むことができ、正しくアラビア語を書くことができること、また、教育者としての精神を持ち、創造的で革新的であること。そのため、教師は、特定の選抜によって採用されることが望ましい。
第3条.
1. クルアーン幼稚園の対象は、4〜6歳児以上、クルアーン児童教室の対象は、7〜12歳児とする。
2. 生徒の受け入れは、適用されている規定に従って登録および正確な記録によって、行う。
第4条.
1. クルアーン幼稚園／クルアーン児童教室の同一の場所に位置する継続クルアーン学習会は、同じ設立組織／運営組織の下で営まれる。
2. 継続クルアーン学習会は、学習施設長を中心とする、独自の組織構造を持つこと。
3. 学習施設長を定めるのが困難な場合は、クルアーン幼稚園／クルアーン児童教室の学習施設長が、継続クルアーン学習会の学習施設長を兼任し、副学習施設長を、日々の学習活動の責任者として定めなければならない。
4. 継続クルアーン学習会の学習場所、時間、所在地についての規定は、基本的にはクルアーン幼稚園／クルアーン児童教室に関する第一条の第3項、4項、5項と同じものとする。
第5条.
1. 継続クルアーン学習会の学習施設長をはじめとする教師陣は、クルアーン幼稚園

／クルアーン児童教室の本科で教えた経験があり、クルアーン幼稚園／クルアーン児童教室の本科および継続クルアーン学習会の、BKPRMI の LPPTKA による研修の参加証明書、もしくは他の組織が開催する同等の内容の研修への参加証明書を保持していること。
2.　担当の教師陣は、公正な選考によって選ばれ、現行のカリキュラムに基づくさまざまな指導方法をよく理解する者とする。

第 6 条.
1.　継続クルアーン学習会の生徒は、クルアーン幼稚園／クルアーン児童教室を修了した者（関連する学習施設からの修了証書や修了証明書で証明されること）であり、少なくとも 1 回は、クルアーンのハタム（クルアーン読誦を修了すること）を行うこと。
2.　生徒の受け入れは、適用されている規定等に沿って、登録、選抜、正確な記録によって行われる。

第 7 条.
1.　クルアーン幼稚園／クルアーン児童教室、および継続クルアーン学習会の各教室では、父母会(POS:Persatuan Orang Tua Santri)を組織し、少なくとも会長 1 名、庶務 1 名、会計 1 名を置くこと。
2.　父母会の人事は、話し合いによって生徒の親から適任者を決定する。
3.　父母会の活動は、学習施設長すなわち父母会の指導者の指導を受けて、学習施設での活動の発展を補助することである。

第 3 章　学習施設の申請と認定の手続きについて
第 8 条.
第 1 章で規定された条件に沿って開設されたクルアーン幼稚園、クルアーン児童教室、および継続クルアーン学習会は、以下の手続きを行うことで、認定を得られる。
1.　組織管理者／運営組織が署名した申請書を提出する。また関連する LPPTKA の市／県 (Daerah) 事務所からの推薦により、その申請は確実なものとなる。
2.　上述の申請書は、以下の書類を添付し、州 (Wilayah) 事務所長に提出する。
　　2・1.　BKPRMI の LPPTKA ジャカルタ市事務所が準備した書類への登録学習施設の記入.
　　2・2.　教室運営メンバーの構成.
　　2・3.　学習施設長、教師、職員の履歴書と写真 (3cm × 4cm).
　　2・4.　必要とされる証書／研修などの参加証明の写し.
　　2・5.　クルアーン幼稚園／クルアーン児童教室および継続クルアーン学習会の生徒の名簿.
　　2・6.　学習施設の位置
3.　申請書類を提出する際、学習施設はすでに開設され、少なくとも 3 ヶ月以上、学習活動を実施していること、また、一定以上の生徒の参加があることとする。以下の規定を参照のこと。
　　3・1.　クルアーン幼稚園／クルアーン児童教室の生徒は、少なくとも 30 人以上いること。
　　3・2.　継続クルアーン学習会の生徒は、15 人以上いること。
4.　教室の登録申請には、州事務所と県／市事務所の事務手続きのため、15.000Rp. の

申請料を支払う。

5. 申請者は、該当する市／県事務所職員を通して、もしくは関連する市／県事務所からの推薦状を入手した後、直接、州事務所職員に申請書類一式を提出する。

第9条.

1. 学習施設の承認は、州事務所長による決定文書を通じて行う。
2. 州事務所が学習施設登録の申請書類の受理後、2週間以内に州事務所長による決定文書が作成される。
3. 上記の決定文書は、申請者に送られ、その写しは、県／市事務所に送られる。

第4章 クルアーン幼稚園／クルアーン児童教室および継続クルアーン学習会の権利と義務

第10条.

クルアーン幼稚園／クルアーン児童教室および継続クルアーン学習会として承認をえた学習施設は、以下の権利を有する。

1. 州事務所また県／市事務所および派遣される指導員からは、直接もしくは間接的な指導や助言、監督などのサービスを受けられる。指導に関するサービスとは、個々の組織の権限や能力の範囲内での、教育方法や運営方法に関するものとする。
2. 州もしくや県／市の拠点施設において、学習活動に必要な備品に関するサービスが受けられる。ここでの学習活動のための備品とは、指導書や運営の手引書、教材、制服、補助教材、生徒の評価に必要な備品などであり、各学習施設の運営状況に応じて対応する。
3. ジャカルタ市近郊のクルアーン幼稚園・児童教室及び継続クルアーン学習会の質の向上のため、県／市事務所及び州事務所を通して、良質なアイデアや実践等が伝授される。
4. 教師／学習施設関係者を、上級レベルの様々な研修やセミナー等の活動に、州、県／市事務所もしくは、結成された運営委員会からの招待を受けて参加させる。
5. 生徒を、県／市レベル、州レベルで開催されるコンテストや課外活動、県／市や州の事務所もしくは結成された運営委員会が開催する修了試験、修了式典等に参加させる。
6. 県／市事務所及び州事務所を通じて、政府及び非政府組織による助成が得られる。
7. 各学習施設の成績や独創性、卓越性は、県／市事務所、州事務所もしくは中央事務所、もしくは他の組織／特定の委員会から評価され、それらを賞する証明などが授与される。

第11条.

クルアーン幼稚園／クルアーン児童教室および継続クルアーン学習会として承認された学習施設は、以下の義務を有する。

1. 学習施設の開校式を行うこと。この式典は、地域の人々に提供し、参加者との親睦や学習施設での活動や目的を周知するために行う。式典の日取りは、イスラームまたは国家の祝祭日に行う。
2. 適用されている手引き書や政策に基づく組織運営や、カリキュラムに関する規定は、追って整備する。
3. 以下の規定に従って、学習施設への月ごとの月謝 (IBU:Infaq Bulanan Unit) を納

める。
　　3・1．月謝額は、教室の生徒数によるが、平均して一人の生徒に付き 100Rp. とする。
　　3・2．月謝の支払いには、州事務所が作成したカードを利用する。
　　3・3．月謝の集金と分配は、州及び県／市事務所員の合意の下で行う。
4．州及び県／市事務所が開催する定例会議や定期会議、臨時会議などの会議に出席
　する。
5．州及び県／市事務所の指導に基づき、学習施設での活動を保護し、その可能性
　の発展に努める。そのためには、設立組織／運営組織、父母会／生徒の保護者、
　地域のウラマー、活動資金の出資者、政府機関等などとの良好な関係が重要とな
　る。
6．課外活動を、独自にもしくは、他の学習施設と合同で実施すること。他の学習施
　設が参加する課外活動は、県／市事務所に報告し、許可を得、州事務所にも正式に
　報告することが望ましい。
7．生徒に必要な備品の調達や教育設備の開発については、組織の規則を遵守すること。
　学習施設もしくは他の立場にある者が、以下のことを行うことを禁止する。
　　7・1．中央事務所及び州事務所による制服や出版物などの製品や、他の組織による
　　製品を、組織に無断で独自に製作すること。
　　7・2．組織のパートナーとなった仕入先との直接の金銭的な取引を、無断で行う
　　こと。

第5章　制裁
第12条
1．クルアーン幼稚園／クルアーン児童教室および継続クルアーン学習会に登録され
　た学習施設としての承認を得ていても、この規定を留意せず、または意図的に違反
　する場合、組織側は、関連する教育施設に対して制裁を科す権利を有する。
2．上述した制裁は、違反のレベルに応じて課され、以下の方法で実行される。
　　2・1．口頭および文書によって、該当する学習施設長に対して直接警告される。
　　2・2．該当する学習施設を有する設立組織／運営組織の責任者を通して警告される。
　　2・3．該当する学習施設長に対して、召喚状が発行される。
　　2・4．学習施設に対して、除籍通知が発行される。
3．上記の制裁は、州事務所もしくはその代理、あるいは州事務所の理解と賛同のも
　とで、県／市の地方事務所よって実行される。

第6章　追加規定（省略）

　ジャカルタにて決定。
　1995 年 10 月 10 日／ヒジュラ暦 1416 年 5 月（ジュマーダ・アル・ウーラー）15 日

出典）Tata Tertib Keanggotaan Unit TK/TP Al-Qur'an dan Ta'limul Qur'an Lil Aulad BKPRMI DKI JAKAR-
TA, Syamsuddin MZ (1999:42-54).

写真資料

写真1 『イクロ』全6巻①

各巻表紙の色は異なる。

写真2 『イクロ』全6巻②

各巻30ページ程度で、第6巻を修了すると、クルアーンを直接読誦する学習に入る。
重要な発音の仕方の学習の際は、インドネシア語で学習者向けの言葉がアルファベッ
トで添えられている。

写真3　クルアーン学習施設での学習の様子①

写真4　クルアーン学習施設での学習の様子②

写真 5　クルアーン学習施設での学習の様子③

写真 6　クルアーン学習施設での学習の様子④

写真7　アナック・サレ・フェスティバルにおける集団礼拝コンテスト

参考文献一覧

文献・論文

（和文献、五十音順）

秋葉淳・橋本伸也編(2014)『近代・イスラームの教育社会史　オスマン帝国からの展望』
　　昭和堂.

飯塚正人(2001)「ムスリム同胞団と新世代エリート　エジプトの復興運動のゆくえ」
　　小杉泰編『増補　イスラームに何がおきているか 現代世界とイスラーム復興』平
　　凡社、pp.100-117.

馬越徹(1993)「「地域研究」と比較教育学ー「地域(areas)」の教育的特質解明のための
　　比較研究ー」『名古屋大学教育学部紀要(教育科学)』第39巻、第2号(1992年度)、
　　pp.21-29.

馬越徹(2007)『比較教育学ー越境のレッスンー』東信堂.

大川玲子(2004)『聖典「クルアーン」の思想』講談社現代新書.

大塚和夫、小杉泰、小松久雄、東長靖、羽田正、山内昌之編(2002)『岩波イスラーム辞典』
　　岩波書店.

大塚豊(2005)「方法としてのフィールド　ー比較教育学の方法論検討の一視点ー」『比
　　較教育学研究』第31号、日本比較教育学会編、pp.253-263.

金井里弥(2014)「シンガポールの中学校における宗教理解学習の実態ー宗教理解の解
　　釈に着目してー」『比較教育学研究』第48号、日本比較教育学会編、pp.46-67.

河野明日香(2010)『「教育」する共同体ーウズベキスタンにおける国民形成と地域社会
　　教育』九州大学出版会.

久志本裕子(2014)『変容するイスラームの学びの文化ーマレーシア・ムスリム社会と
　　近代学校教育』ナカニシヤ出版.

黒田壽郎(1983)『イスラム辞典』東京堂出版.

小杉泰(2001)「脅威か、共存か？「第三項」からの問い」小杉泰編『増補イスラームに
　　何が起きているか 現代世界とイスラーム復興』平凡社、pp.16-41.

小杉泰(2009)『『クルアーン』語りかけるイスラーム』岩波書店.

小林寧子(2008)『インドネシア　展開するイスラーム』名古屋大学出版会.

土屋健治(1982)『インドネシア民族主義研究ータマンシスワの成立と展開ー』創文社.

土屋健治(1994)『インドネシア　思想の系譜』勁草書房.

戸田金一(1976)「インドネシア教育史」梅根悟監修・世界教育史研究会編『世界教育史

体系 6　東南アジア教育史』講談社、pp.20-145.

中田有紀 (2000)「インドネシアにおける学校教育普及の特質―公開中学校 (SLTP Ter-buka) を中心として―」『教育学研究集録』筑波大学大学院博士課程教育学研究科、第 24 集、pp.91-101.

中田有紀 (2002)「インドネシアにおける子どものためのプンガジアン (イスラーム教育) 活動の現代的特質―バンドゥン市におけるクルアーン幼児／児童教室 (TKA/TPA) の事例から―」『比較・国際教育』第 10 号, 筑波大学　比較・国際教育学研究室、pp.67-76.

中田有紀 (2005)「インドネシアにおけるイスラーム学習活動の活性化―大学生の関与とそのインパクト―」『アジア経済』第 46 巻第 1 号、アジア経済研究所、pp.35-52.

中田有紀 (2007)「プンガジアン・クルアーンからクルアーン幼稚園へ」西野節男・服部美奈編『変貌するインドネシア・イスラーム教育』東洋大学アジア文化研究所・アジア地域研究センター、pp.63-92.

中田有紀 (2008)「インドネシアにおけるクルアーン学習方法の改善―アスアド・フマムによる『イクロ』の開発とクルアーン幼稚園の展開―」『学術フロンティア報告書 2007 年度』東洋大学アジア文化研究所、pp.110 (117) -119 (108).

中田有紀 (2009)「インドネシアにおけるイスラーム教育およびイスラーム宗教専門教育の法的位置付け― 2007 年政令第 55 号の翻訳およびその解説を通して―」『学術フロンティア報告書 2008 年度』東洋大学アジア地域研究センター、pp.185 (98) -200 (83).

中田有紀 (2010)「私立インドネシア・イスラーム大学 (UII) の発展―旧秩序期 (1965 年以前) の大学経営における「宗教」と「一般」をめぐって」『アジア文化研究所年報 2009 年』第 44 号、（アジア文化研究所【東洋大学】）、pp.87 (134) -100 (121).

中田有紀 (2012)「現代インドネシアの教育改革とイスラーム化の歴史的背景―ジョグジャカルタにおけるイスラーム教育の展開に着目して―」『アジア文化研究所研究年報 2011 年』第 46 号、（アジア文化研究所【東洋大学】）、pp.92 (93) -103 (82).

中田有紀 (2016)「インドネシアにおけるクルアーン読誦学習―『キロアティ』と『イクロ』の比較から―」『アジア教育』第 10 号、アジア教育学会、pp.1-13.

中田有紀 (2018)「独立後のインドネシアにおける大学創設と国家との関わり―ジョグジャカルタの二つの大学と「場」の象徴性に着目して―」『比較教育学研究』第 57 号、日本比較教育学会、pp.157-178.

永積昭 (1980)『インドネシア民族意識の形成』東京大学出版会.

中村光男 (1994)「インドネシアにおける新中間層の形成とイスラームの主流化　ムスリム知識人協会結成の社会的背景」荻原宜之編『講座現代アジア 3　民主化と経済発展』東京大学出版会、pp.271-306.

中矢礼美 (1995)「インドネシアにおける「地域科」に関する研究―国民文化と民族文化

206

の調整を中心に―」『比較教育学研究』第 21 号、日本比較教育学会、pp.73-82.

鳴海邦碩、アルディ P. パリミン、田原直樹編著（1993）『神々と生きる村　王宮の都市バリとジャワの集住の構造』学芸出版社.

西野節男（1990）『インドネシアのイスラム教育』勁草書房.

西野節男（2007）「クドゥスにおけるポンドックとマドラサ―ヤンブール・クルアーン暗誦ポンドックに焦点を当てて―」西野節男・服部美奈編『変貌するインドネシア・イスラーム教育』東洋大学アジア文化研究所・アジア地域研究センター、pp.171-198.

西野節男（2008）「インドネシアにおける IAIN（国立イスラーム宗教大学）の発展とポンドック・プサントレン改革―中部ジャワの地域的性格の観点から―」『学術フロンティア報告書 2007 年度』、東洋大学アジア地域研究センター（東洋大学アジア文化研究所内）、2008 年、pp.33-50.

西野節男（2010）「アリ・マッスム（1915-1989）とムクティ・アリ（1923-2004）：インドネシアにおけるイスラーム教育制度化に対する貢献」西野節男編『東南アジア・マレー世界のイスラーム教育―マレーシアとインドネシアの比較―』東洋大学アジア文化研究所・アジア地域研究センター、pp.109-127.

西野節男（2011）「国際教育開発と比較教育学研究の可能性　―映画「ラスカル・プランギ」によせて―」『比較教育学研究』第 42 号, 日本比較教育学会編、pp.124-139.

日本比較教育学会編（2012）『比較教育学事典』東信堂.

日本ムスリム協会（1982）『日亜対訳・注解　聖クルアーン』

野中葉（2008）「インドネシアの学生ダアワ運動の原点　―サルマン・モスクにおけるイスラーム運動の展開」『Keio SFC Journal』8（2）、pp.147-160.

野中葉（2010a）「インドネシアの大学生によるタルビヤの展開　―大学ダアワ運動の発展を支えた人々とイスラーム学習―」『東南アジア研究』第 48 巻、第 1 号、pp.25-45.

野中葉（2010b）「インドネシアの大学におけるダアワ・カンプスの成立と拡大　―組織と活動家に対する調査を通じて―」『イスラム世界』75、pp.35-75.

野中葉（2011）「インドネシアの大学のダアワ運動黎明期におけるマシュミの残映」『東南アジア　歴史と文化』第 40 号、pp.100-125.

服部美奈（2001）『インドネシアの近代女子教育―イスラーム改革運動のなかの女性―』勁草書房.

服部美奈（2007）「曖昧化する境界　―マドラサの制度化とプサントレンの多様化―」西野節男・服部美奈編『変貌するインドネシア・イスラーム教育』東洋大学アジア文化研究所・アジア地域研究センター、pp.3-34.

三原礼子（2009）『オランダとベルギーのイスラーム教育　―公教育における宗教の多元性と対話―』明石書店.

見市建（2002）「民主化期におけるイスラーム主義の台頭―インドネシアのダーワ・カンプスと正義党」日本比較政治学会年報第4号『現代の宗教と政党―比較のなかのイスラーム』日本比較政治学会編、pp.97-129.

見市建（2004）『インドネシア　イスラーム主義のゆくえ』平凡社.

見市建（2007）「インドネシアのイスラム化と政治家―1999、2004年選出の地方議員プロフィールから―」『東南アジア研究』第45巻1号、pp.98-119.

ムハンマド・ブン・シャハーダ・アル＝ガウル（訳：ハビーバ・中田香織）（2003）『ブグヤ・イバード・アルラフマーン（慈悲あまねきお方のしもべの望み）―正しいタジュウィードのために―シャートビィアが伝えるハフスによるアースィムのタジュウィード』ムスリム新聞社.

（外国語文献、アルファベット順）

Achmad Farichi et al.（2004）*Agama Islam: Untuk kelas 1 Sekolah Dasar*（小学1年生用イスラーム教育）, Yudhistira.

Ahmad Adaby Darban（2000）*Sejarah Kauman :Menguak Identitas Kampung Muhammadiyah.*（カウマンの歴史：ムハマディヤーの発祥地のアイデンティティの解明）,Tarawang.

Ahmad Basuni（1956）*Peranan Masjid Sjuhada' selama empat tahun*（4年間のシュハダ・モスクの役割）Panitia penjelenggara buku peranan masdjid Sjuhada'.

Akh.Minhaji, M.Atho Mudzhar（1998）Prof. K. H. Fathurrahman Kafrawi ; Pengajaran Agama di Sekolah Umum, Azra, Azyumardi, Umam, Saiful eds. *Menteri-Menteri Agama RI, Biografi Sosial-Politik*（インドネシア共和国の宗教大臣たち、社会・政治的略歴）, Indonesian-Nedherlands Cooperation in Islamic Studies（INIS）, Pusat Pengkajian Islam dan Masyarakat（PPIM）, Badan Litbang Agama Departmen Agama RI, pp.37-51.

A.M.Luthfi（2002）Gerakan dakwah di Indonesia（インドネシアにおけるダッワ運動）, Asshiddiqie, Jimly et al. *Bang 'Imad, Pemikiran dan Gerakan Dakwahnya*, Gema Insani Press, pp.158-164.

As'ad Humam（1990）*Buku Iqro' Cara Cept Belajar Membaca AlQur'an*（クルアーン読誦の速習法テキスト、イクロ）, Balai Litbang LPTQ Nasional Team Tadarus "AMM" Yogyakarta. 第1巻～第6巻.

As'ad Humam（1995）"Hati Nurani（心得）".

As'ad Humam et al.（2001）*Pedoman Pengelolaan, Pembinaan & Pengembangan Membaca Menulis dan Memahami Al-Qur'an,*（クルアーンの読誦、書き方、理解のための運営、指導および開発の手引き）, （M3A）, Balai Litbang LPTQ Nasional, Team Tadarus "AMM" Yogyakarta.

Aseegaf, Abd. Rachman（2005）*Politik Pendidikan National, Pergeseran Kebijakan Pendidikan Agama Islam dari Praproklamasi ke Reformasi*（国家教育の政治、独立宣言前からレフォルマシまでのイスラーム宗教教育政策の変遷）, Kurnia Kalam.

Asshiddiqie, Jimly et al. (2002) *Bang 'Imad: Pemikiran dan Gerakan Dakwahnya* (バン・イマドゥ、思想とダッワ運動), Gema Insani Press.

Badruzzaman Busyairi (2002) *Setengah Abad Al-Azhar* (アル・アズハルの 50 年史), 7 April 1952- 7 April 2002, Yayasan Pesantren Islam Al-Azhar.

Bambang Purwanto, Djoko Suryo, Soegijanto Padmo eds. (1999) *Dari Revolusi ke Refoermasi, 50 Tahun Universitas Gadjah Mada*, (革命から改革へ：ガジャマダ大学 50 年史) Universitas Gadjah Mada.

Cummings, William K.,Salman Kasenda (1989) The Origin of Modern Indonesian Higher Education, Altbach, Philip G. and Selvaratnam V. eds. *From Dependence to Autonomy: The Development of Asian Universities*, Kluwer Academic Publishers, pp.143-166. (日本語訳：ウィリアム・カミングス、サルマン・カセンダ「インドネシア近代高等教育の起源」、P.G. アルトバック、V. セルバラトナム編、馬越徹、大塚豊訳 (1993)『アジアの大学―従属から自立へ―』玉川大学出版部、pp.199-232.)

Dachlan Salim Zarkasyi (1990) *Qiroati: Metode Praktis Belajar Membaca Al Qur'an* (キロアティ：クルアーン読誦の効果的な学習),Yayasan Pendidikan Al Qur'an Raudhatul Mujawwidin Semarang, 第 1 巻～第 6 巻.

Dedi Supriadi (2000) Antara Taman Kanak-kanak dan Sekolah Dasar : Di Balik Kebijakan Ada Konstruk Berpikir (幼稚園と小学校の間で：政策の背後にある思考の構造), Analisis CSIS, 2000, No.3, pp.347-369.

Dedih Surana et al. (1995) *Penataran Pengajaran Baca-Turis Al-Qur'an Melalui Metode IQRA' Bagi Guru-guru "Ngaji"Guru-guru Madrasah Ibtidaiyah dan Guru guru Madrasah Diniyah se-Kelurahan Sukanegla, Kecamatan Garut Kota, Kab.DT. II Garut* (ガルット県ガルット市スカネグラ村のクルアーン学習教師及びイスラーム小学校教師とイスラーム宗教学校教師のためのイクロによるクルアーンの読み書き指導に関する研修会), Lembaga Penelitian Dan Pengabdian Kepada Masyarakat Universitas Islam Bandung.

Deliar Noer (1980) *Gerakan Moderen Islam di Indonesia 1900 − 1942* (1900 年～ 1942 年におけるインドネシアのイスラームの近代的な運動) LP3ES.

Departmen Pendidikan Nasional (2001) *Pedoman Penyelenggaraan TK Alternatif model TK Al-Qur'an* (オルタナティブ幼稚園・クルアーン幼稚園モデルの運営の手引き書).

Dewan Keluaga Masjid At-Taqwa Komplek Perumahan Angkatan Darat (KPAD) Gegerkalong (1993) *Riwayat Singkat, Pertumubuhan dan Perkembangan Masjid At-Taqwa komplek perumahan Angkatan Darat Gegerkalong,Bandung,Menyambut Peringatan DWI WINDU (16tahun) Berdirinya Masjid At-taqwa KPAD Gegerkalong Bandung.20 Mei 1977-20 Mei 1993*, (概史―バンドゥン市ゲゲルカロン陸軍住宅区アッタクワ・モスクの設立とその発展、アッタクワ・モスク設立 16 周年記念にちなんで― 1977 年 5 月 20 日～ 1993 年 5 月 20 日).

Dewan Pengurus Pusat Badan Wakaf University Islam Indonesia (1955) *Buku Peringatan University*

Islam Indonesia 10tahun 7Radjab 1364- 27 Radjab 1374（インドネシアイスラーム大学 10 周年記念誌　1364 年ラジャブ月 7 日〜 1374 年ラジャブ月 27 日）.

Direktorat Pendidikan Diniyah dan Pondok Pesantren, Direktorat Jenderal Pendidikan Islam, Departmen Agama RI (2008) *Pedoman Penyelenggaraan TKQ/TPQ*（クルアーン幼稚園／クルアーン児童教室の運営の手引き）.

Djauhari Muhsin et al. (2002) *Universitas Islam Indonesia Sejarah dan Dinamika*（インドネシア・イスラーム大学 歴史と動態）, Badan Wakaf UII Yogyakarta..

Forum PADU (National Early Childhood Development Forum) (2004) *Potret Pengasuhan Pendidikan dan Pengembangan Anak Usia Dini di Indonesia*（インドネシアにおける幼児期の子どもの養育）.

FOSIPA Sektor Ⅰ (Kodya Bandung, Kab, Bandung Kotif Cimahi, Kab.Subang, Kab. Sumedang) (1993) *Selayan Pandang Forum Silaturrahmi Pengasuh Pengajian Anak-anak (FOSIPA)*（子どものためのプンガジアン指導者のためのフォーラムの概要）.

Gade, Anna M. (2004) *Perfection makes Practice, Learning, Emotiion, and the Recited Qur'an in Indonesia*, University of Hawai'i Press.

Harianto Oghie (2003) *Sketsa Gerakan, Refleksi dan Otokritik BKPRMI*（運動の概要：インドネシア・モスク青年交流会の内省と自己批判）, Pustaka Wacana.

Haryoto Kunto (1984) *Wajah Bandoeng Tempo Doeloe*（旧き時代のバンドンの諸相）, PT.Granesia.

Hawe Setiawan, Atep Kurnia, Amin R. Iskandar. (2009) *Ajengan Dalam Perubahan Zaman, Biografi Dr. (HC) .K.H.E.Z. Muttaqien*（変わりゆく社会におけるアジェガン（宗教指導者）, Dr.H.E.Z ムッタッキンの伝記）Cupumanik.

Hefner, Robert W. (2000) *Civil Islam: Muslims and Democratization in Indonesia*, Prinston University Press.

Hefner, Robert W., Zaman, Muhammad Qasim ed. (2007) *Schooling Islam; The culture and politics of Modern Education*, Princeton University Press.

ICG (International Crisis Group) (2004) Indonesia Backgrounder: Why Salafism and Terrorism Mostly Don't Mix, *ICG Asia Report*, No.83. https://www.crisisgroup.org/asia/south-east-asia/indonesia/indonesia-backgrounder-why-salafism-and-terrorism-mostly-dont-mix（最終アクセス 2019 年 3 月 24 日）

Ikin Askin, Ernawulan (1997) *Penyuluhan Proses Belajar Mengajar Metode Iqro Bagi Guru-guru TK/TP Al-Qur'an se-Kotamadya Bandung*（バンドン市全域におけるクルアーン幼稚園／クルアーン児童教室の教師を対象としたイクロ法の学習指導プロセスのカウンセリング）, Laporan Akhir Pengabdian kepada Masyarakat Lembaga Penelitian dan Pengabdian kepada Masyarakat Universitas Islam Bandung.

Indra, Hasbi (2003) *Pesantren dan Transformasi Sosial:Studi Atas Pemikiran K.H.Abdullah Syafi'ie dalam*

Bidang Pendidikan Islam (プサントレンと社会変革：イスラーム教育に関するアブドゥ
ルラー・シャフィイの思想), Penamadani.

Imam Bawani (1995) *Pesantren Anak-anak Sidayu, Gresik, Jawa Timur, Studi Tentang Sistem Pendidikan
dan Perkembangannya* (東ジャワ州グレシック、シダユにおける子どもプサントレン：
教育システムおよびその発展に関する研究), Disertasi (博士論文) IAIN Sunan Kali-
jaga Yogyakarta.

Kahin, George McTurnan (1952=2003) *Nationalism and Revolution in Indonesia,* Cornell Southeast
Asia Program Publications.

Kelabora, Lambert (1976) Religious Instruction Policy in Indonesia, *Asian Survey,* Vol.16, No.3,
pp.230-248

Latif, Yudi (2008) *Indonesian Muslim Intelligentsia and Power,* ISEAS Publishing.

Lee, Kam Hing (1995) *Education and Politics in Indonesia 1945-1965,* University of Malaya Press.

Lembaga Pembinaan dan Pengembangan Taman Kanak-kanak Al-Qur'an, Badan Komunikasi
Pemuda Remaja Masjid Indonesia (LPPTKA-BKPRMI) (1996) *Sekilas Catatan Perjalanan
LPPTKA* (クルアーン幼稚園開発指導部の歩み).

Lembaga Pengembangan Tilawatil Quran Tingkat Nasional (1994) *25tahun Musabaqah Tilawatil
Qur'an dan 17 tahun Lembaga Pengembangan Tilawatil Quran* (クルアーン読誦コンテスト 25
周年およびクルアーン読誦開発組織 17 周年).

Mahmud Yunus (1960=1996) *Sejarah Pendidikan Islam di Indonesia* (インドネシアにおけるイス
ラーム教育の歴史), P. T. Hidakarya Agung.

Makdisi, George (1981) *The Rise of Colleges, Institutions of learning in Islam and the West,* Edinburgh
University Press

Mangun Budiyanto (1999) *K.H.As'ad Humam Tokoh Pembaharu Sistem Pengajaran Baca Tulis Al-
Qur'an di Indonesia* (*Riwayat Hidup, Ide-ide, dan Perjuangannya*), (インドネシアにおけるクル
アーンの読誦、書き方システムの改善における指導者、アスアド・フマム (経歴
およびその思想と奮闘) Laporan Hasil Penelitian Individual, Fakultas Tarbiyah IAIN Su-
nan Kalijaga Yogyakarta,Edisi Perbaikan.

Mangun Budiyanto (2006) *K.H.As'ad Humam, Penyusun Buku "IQRO" dan Pelapor Gerakan TK Al-
Qur'an di Indonesia* (『イクロ』の創案およびインドネシアのクルアーン幼稚園運動
の担い手であるアスアド・フマム), Balitbang LPTQ Nasional, Yayasan Team Tadarus
"AMM" Yogyakarta.

Mamsudi Abdulrahman (1999) *Panduan Managemen dan Tata Tertib TK/TP Al-Qur'an LPPTKA
BKPRMI* (インドネシア・モスク青年交流会クルアーン幼稚園指導開発部のクル
アーン幼稚園／クルアーン児童教室の運営と規則の手引書) LPPTKA,BKPRMI.

M. Said. (1999) *Meniti Karier, Melaksanakan Amanah* (キャリアの追求、任務の遂行), Perce-
takan CV.Dinamis.

Moh. Amien Mansoer, SIP (1995) Pengajian Anak-anak yang Terlupakan (忘れられた子どもの
ためのプンガジアン), Brosur Lebaran, No.33, 1415-1995, pp.69-73.

Moh. Haitami Salim (2002) Gagasan dan Gerakan Pendidikan BKPRMI, Sebuah Fenomena Baru
Organisasi Kemasyarakatan Pemuda Islam pada Masa Orde Baru (インドネシア・モスク青年
交流会の理念と教育運動、新秩序時代におけるムスリム青年による社会組織の新
潮流), STAIN Pontianak Press.

Mochtar Buchori, Abdul Malik (2004) The Evolution of Higher Education in Indonesia, Altbach,
Philip G., Umakoshi Toru eds. Asian Universities: historical perspectives and contemporary challenges,
The Johns Hopkins University Press, pp.249-277 (ムフタル・ブホリ、アブドゥル・マ
リク「インドネシアにおける高等教育の発展」フィリップ G. アルトバック・馬越
徹編、北村友人監訳 (2006)『アジアの高等教育改革』玉川大学出版部).

Moh. Bahrul Ulum (2016) Peran KH.Makinun Amin Muhammad Dalam Pengembangan Pondok
Pesantren Mamba'ul Hisan Sidayu Gresik Tahun 1990-2015 (1990 年〜 2015 年における グ
レシック, シダユにおけるプサントレン・マンバウル・ヒサンの発展における
KH. マキヌン・アミン・ムハンマドの役割).Undergraduate thesis, UIN Sunan Ampel
Surabaya (http://digilib.uinsby.ac.id/12539/、最終閲覧日 2019 年 7 月 20 日).

Muhammad Jazir, ASP (1989) Panduan Mendirikan TK Alqur'an (クルアーン幼稚園開設のた
めの手引き), Forum Silaturrahmi Pengasuh Pengajian Anak-anak FOSIPA Nasional Ke-3
1409H, Masjid Besar Kauman Semarang, 2-5 Februari 1989.

Muslim Buchori (2000) Riwayat Tanah Wakaf (ワカフの土地の歴史).

Nakamura Mitsuo (1977) Professor Haji Kahar Muzakkir and the development of the Muslim
Reformist movement in Indonesia. Benedict R.O' G Anderson, Mitsuo Nakamura, Moham-
mad Slamet, Religioin and Social Ethos in Indonesia, Monash University, pp.1-20.

Nakamura Mitsuo (2012) The Crescent Arises over Banyan Tree: A Study of the Muhammadiyah Movement
in a Central Javanese Town, c.1910s-2010, 2nd Enlarged Edition, ISEAS Publishing.

Nakata Yuki (2009) Constructing New Stages of Education for Muslim Children : Impacts of
the dissemination of the Iqro' Method Textbook on Islamic education in Indonesia and
Malaysia, EDUCARE: International Journal for Educational Studies, Vol.2, No.1, ASPENSI,IKA
UPI,FKIP-UMP (Indonesia.) August, 2009, pp.25-34.

Nanay P. Patonah (1989) Tinjuan Historis Tentang IMAJID Miftahul Iman Negla RW4, Bandung
(バンドゥン市ネグラ地区 RW4 ミフタフールイマン・モスクにおけるモスク青
年会の歴史的考察), diajukan untuk memenuhi salah satu tugas dalam mata kuliah Pendi-
dikan Agama Islam (イスラーム教育の課題レポート), Pendidikan Kesejahteraan Kulu-
arga Fakultas Keguruan Teknologi Kujuruan IKIP Bandung (バンドゥン教育大学技術教
育学部家政科教育学科).

Nastion,S.(1994) Sejarah Pendidikan Indonesia,Bumi Aksara.

212

Nurhayati Djamas (1989) Gerakan Kaum Muda Islam Masjid Salman (サルマン・モスクに おけるカウム・ムダの運動）, Abdul Aziz, Imam Tholkhah, Soetarman S., *Gerakan Islam Kontemporer di Indonesia*（インドネシアにおける近年のイスラーム運動）Pustaka Firdaus, pp. 207-287.

Panitia FASI VI (2005) Buku Acara FASI VI , Festival Anak Shaleh Indonesia, Tingkat Nasional, Asrama Haji, 8-11 September 2005 (2005 年 9 月 8 － 11 日、アスラマ・ハジ、第 6 回 全国フェスティバル・アナック・サレ）.

Panitia Pendirian Masdjid Peringatan Sjuhada di Jogjakarta (1952) Kenang-kenangan "Masdjid Sjuhada"（"シュハダ・モスク"の思い出）.

Porter, Donald J. (2002) *Managing Politics and Islam in Indonesia*, Routledge Curzon.

Pradjarta Dirdjosanjoto (1999) Memilihara Umat , Kiai Pesantren-Kiai Langgar di Jawa （イスラー ム共同体の維持、ジャワにおけるプサントレンのキヤイ、ランガルのキヤイ）, LKiS Yogyakarta.

Purwadi (2008) *Babad Giyanti: Sejarah Pembagian Kerajaan Jawa*（ギャンティ記　ジャワの王国の 分割史）, Media Abadi.

Rosnani Hasim (2004) *Educational Dualism in Malaysia: Implications for Theory and Practice*, The Other Press, Second Edition.

Rosyad, Rifki (1995=2006) *A Quest for True Islam: A Study of the Islamic Resurgence Movement among the Youth in Bandung, Indonesia, Department of Archeology and Anthropology Faculty of Arts*, The Australian National University E press.

Sardjito (1953) *Laporan Tahunan Universitit Negeri Gadjah Mada bagi tahun pengadjaran 1952/1953*（1952 年／ 1953 年度ガジャマダ大学年報）, Jajasan Fonds Universitit Negeri Gadjah Mada di Jogjakarta.

Sardjito (1954) *Pidato 5tahun Mendjabat Ketua Senat dan Kemudian Presiden Universitit Negeri Gadjah Mada Jogjakarta pada Dies Natalis ke V tanggal 19 Desember 1954 di Sitinggil*（シティンギルで の 1954 年 12 月 19 日の第 5 回大学創設記念における 5 年間の大学評議会代表お よび大学長としての演説）, Jajasan Fonds Universitit Negeri Gadjah Mada di Jogjakarta.

Seno Joko Suyono et al. (2015) *Seri Buku Tempo,Hamengku Buwono* IX (テンポ書籍シリーズ ハメンクブウォノ 9 世）,Tempo.

Smail, John R.W. (2011) *Bandung Awal Revolusi: 1945-1946,Ka Bandung*, (Bandung in the Early Rev- olution 1945-1946, Ithaca, NY: Cornell Modern Indonesia Project, Southeast Asia Program 1964).

Soemardjan, Selo (2009) *Perubahan Sosial di Yogyakarta*（ジョグジャカルタにおける社会変容）, Komunitas bamboo (Gadjah Mada University Press,1981).

Sri Hana Rahayu (1996) *Persepsi Peserta Terhadap Program Penataran Pengelola Pendidikan Taman Kanak- kanak dan Taman Pendidikan Al-Qur'an di LPPTKA BKPMI Kecamatan Sukasari Kodya Bandung*

（バンドン市スカサリ郡におけるインドネシア・モスク青年交流会クルアーン幼稚園指導開発部のクルアーン幼稚園およびクルアーン児童教室運営の研修プログラムに対する参加者の見解）, Skripsi（卒業論文）Jursan Pendidikan Luar Sekolah Fakultas Ilmu Pendidikan Institut Keguruan dan Ilmu Pendidikan Bandung.

Steenbrink, Karel A. (1986) *Pesantren, Madrasah, Sekolah: Pendidikan Islam dalam kurun Modern*（プサントレン、マドラサ、学校：近代におけるイスラーム教育）. LP3ES.

Supardi et al. (1997) *Setengah Abad UII, Sejarah Perkebangan Universitas Islam Indonesia 8 Juli 1945M-10 Januari 1994 M, 27 Rajab 1364H.- 27 Rajab1414H*（インドネシア・イスラーム大学の半世紀：インドネシア・イスラーム大学の発展史　西暦1945年－1994年、ヒジュラ暦1364年から1414年）, UII Press.

Suratmin (2001) *Mengenal Selintas Masjid Syuhada Yogyakarta*（ジョグジャカルタのシュハダ・モスクの概要）, Masyarakat Sejarawan Indonesia (MSI) Cabang Yogyakarta.

Surjomihardjo, Abdurrachman (2008) *Kota Yogyakarta Tempo Doeloe, Sejarah Sosial 1880-1930*（旧き時代のジョグジャカルタのまち、1880年〜1930年の社会史）Komunitas Bambu.

Sutaryo (2016) *Sejarah Fakultas Kedokteran UGM-Rumah Sakit UGM/RSUP Dr.Sardjito*（ガジャマダ大学医学部および大学病院の歴史）, Puspagama.

Syahidin (2001) Pengembangan Pendidikan Agama Islam di Perguruan Tinggi Umum ;Studi Kasus di IKIP Bandung Tahun 1966-1999（一般高等教育機関におけるイスラーム宗教教育の発展：1966年〜1999年におけるバンドン教育大学の事例：博士論文）, Institut Agama IslamNegeri Syarif Hidayatullah Jakarta.

Syahidin (2002) Pendidikan Agama Islam di Universitas Pendidikan Indonesia（バンドンのインドネシア教育大学におけるイスラーム宗教教育）, Syahidin, Ajat Sudrajat, Kaelany HD., Mujilan, Izharman LM., Zurmaizarna *Pelaksanaan Pendidikan Agama Islam di Perguruan Tinggi Umum*（一般高等教育機関におけるイスラーム宗教教育の実践）, Direktur Perguruan Tinggi Agama Islam Departmen Agama RI, pp.1-80.

Syamsuddin MZ (1999) *Kebijaksanaan Umum & Kiat Sukses Pengelolaan TK/TP Al-Qur'an*（クルアーン幼稚園/クルアーン児童教室の一般的施策と円滑な管理運営の要領）, LPPTKA BKPRMI DKI Jaya.

Syamsuddin MZ, Tasirifin Karim, Mamsudi AR (1998) *Panduan Kurikulum & Pengajaran Taman Kanak-Kanak Al-Qur'an (TKA) Taman Pendidikan Al-Qur'an (TPA)*（クルアーン幼稚園およびクルアーン児童教室のカリキュラムおよび指導の手引き）, LPPTKA BKPRMI Pusat.

Tim Penyusun buku 5 tahun TK Al-Qur'an Badan Komunikasi Pemuda Remaja Masjid Indonesia (BKPRMI) Kalimatan Selatan (1994) *Sejarah dan Kiprahnya*（歴史とその取り組み）, Sekretariat TK Al-Qur'an BKPRMI Kalimantan Selatan.

Thomas, R.Murray (1973) *A Chronicle of Indonesian Higher Education: The first half century, 1920-1970*,

Chopmen Enterprises.

Udin Supriadi (2001) Pendidikan dan Pelatihan Cara Cepat Membaca dan Menulis Al-Qur'an Methode "Universitas" Bil-Hikmah Bagi Guru Agama SD& SLTP di Kotamadya Bandung ,Laporan Pelaksanaan Pengabdian Kepada Masyarakat (社会奉仕活動報告書：バンドゥン市内における小・中学校宗教教員のためのクルアーン読み書き速習法、「大学用」ビル・ヒクマ法の教育と研修), Jursan MKDU FPIPS, Lembaga Pengabdian kepada Masyarakat,Universitas Pendidikan Indonesia Bandung.

Wardiman Djojonegoro (1996) Lima Puluh Tahun Perkembangan Pendidikan Indonesia(50 年間のインドネシア教育の発展),Departmen Pendidikan dan Kebudayaan.

Widyaningsih (2010) Managemen Pembelajaran Tahfidz Al-Qur'an, Pondok Pesantren Al-Munawwir Komplek Q Krapyak Yogyakarta (ジョグジャカルタにおけるポンドック・プサントレン・アルムナウィール　コンプレック Q クラピヤのクルアーン暗誦学習の運営), Tesis (修士論文), UIN Yogyakarta.

Zamakhsyari Dhofier (1982) *Tradisi Pesantren: Studi tentang Pandangan Hidup Kyai* (プサントレンの伝統：キヤイの人生観についての研究), LP3ES.

執筆者不明 (1997) Selayang Pandang Taman Pendidikan Al-Qur'an (TPA) "Raudhatul Qur'an" Kauman Semarang (スマラン市カウマンにおけるクルアーン児童教室"ラウダトゥル・クルアーン"の概要) Desember,1997.

新聞・雑誌記事、その他

Dokumentasi Balai Litbang LPTQ Nasional di Yogyakarta

発行年不明 Lekaman Lensa, Derap TKA-TPA, Dalam Mensukseskan Gerakan M3A (Membaca, Menulis dan Memahami Al-Qur'an) (レンズの記録、クルアーンの読み書き理解の展開の成功におけるクルアーン幼稚園／クルアーン児童教室の歩み).

Gatra

1996 As'ad Humam, Pahlawan dari Pohon Jambu (アスアド・フマム、ジャンブーの木からの英雄), 24 Februari 1996.

Panjimas

1996 K.H. As'ad Humam, Pencipta Metode Iqro' itu Telah Tiada (イクロ・メソッド創案者、アスアド・フマムの死去), No.849, 15-29 Februari 1996.

法律関係

Keputusan Menteri Pendidikan Nasional Republik Indonesia (インドネシア共和国国民教育大臣決定 Nomor.087/U/2002 Akreditasi Sekolah (学校認定))。

Keputusan Presiden Republik Indonesia No.56 tahun1951（1951 年第 56 号インドネシア共和
　　国大統領令, https: //jdihn.go.id/files/4/1951kp056.pdf, 最終閲覧日 2021 年 7 月 6 日）.

Peraturan Pemerinta No.55 tahun2007 tentang tentang Pendidikan Agama Dan Pendidikan Kea-
　　gamaan　（宗教教育および宗教専門教育に関する 2007 年政令第 55 号, https: //
　　peraturan.bpk.go.id/Home/Details/4777/pp-no-55-tahun-2007, 最終閲覧日 2021 年 6 月
　　30 日）

統計資料

Badan Pusat Statistik

Angka Partisipasi Murni（APM）menurut Provinsi, 2011-2019（2011-2019 の小学校の純就学
　　率に関するデータ（https: //www.bps.go.id/dynamictable/2015/12/22/1052/angka-parti-
　　sipasi-murni-apm-menurut-provinsi-2011-2018.html, 最終閲覧日 2021 年 7 月 13 日）

Direktorat Jenderal Pendidikan Islam, Kementerian Agam RI

2012 Buku Statistik Pendidikan Islam Tahun Ajaran 2011-2012　（http: //www.pendis.kemenag.
　　go.id/index.php?a=artikel&id2=bukustat20112012, 最終閲覧日 2021 年 7 月 13 日）

Depag Kotamadya Bandung, Pemerinah Daerah Kotamadya DT, II Bandung

1998 Data Tempat Peribadatan Umat Islam（Masjid, Langgar dan Mushalla）di Kotamadya Band-
　　ung tahun 1998（1998 年バンドゥン市におけるムスリムの礼拝施設（モスク、ラン
　　ガル、ムソラ）の統計資料）, Bandung.

Ministry of Education and Culture

2012 Indonesia Educational Statistics in Brief 2011/2012, https: //www.kemdikbud.go.id/kem-
　　dikbud/dokumen/BukuRingkasanDataPendidikan/Final-In-Brief-1112.pdf から閲覧（最終
　　閲覧日 2021 年 7 月 13 日）.

Pemerintah Kota Bandung

2001 Daftar Rekapitulasi Jumlah PendudukKota Bandung, September 2001, Kecamatan Sekasari
　　（バンドゥン市人口統計概要資料・2001 年 9 月スカサリ郡）, Bandung.

ウェブサイト

アフマド・ダハラン大学のウェブサイト（https: //uad.ac.id/id/sejarah-universitas-ah-
　　mad-dahlan/ 最終閲覧日 2021 年 7 月 6 日）

バンドン工科大学ウェブサイト内の大学史（https: //www.itb.ac.id/sejarah, 最終閲覧日
　　2021 年 7 月 13 日）

ジョグジャカルタ国立第 2 職業高校のウェブサイト（http: www.smk2-yk.sch.id/index.
　　php/tentang/search（最終閲覧日 2021 年 6 月 30 日）

216

ジョグジャカルタ第 3 高等学校ウェブサイト（https: //sma3jogja.sch.id/sejarah-seko-lah-dan-padmanaba/, 最終閲覧日 2021 年 6 月 30 日）

プサントレン・アルムナウィール・クラピヤウェブサイト（http: //www.almunawwir.com/, 最終閲覧日 2021 年 6 月 30 日）

サルジャナウィヤタ・タマンシスワ大学ウェブサイト内の大学史（https: //www.ustjog-ja.ac.id/id/sejarah-ust, 最終閲覧日 2021 年 7 月 30 日）

あとがき

　本書は、2019年11月に名古屋大学大学院教育発達科学研究科に提出した学位請求論文「インドネシアのイスラーム基礎学習の組織化　─クルアーン読誦学習テキスト『イクロ』の創案と普及に着目して─」に、加筆・修正を加えたものである。同論文は、2019年12月に受理され、2020年7月に学位授与された。審査に当たられたのは、名古屋大学大学院教育発達科学研究科の服部美奈教授（主査、比較教育学）、松下晴彦教授（副査、人間形成学）、松本麻人准教授（副査、比較教育学）、西野節男名誉教授（比較教育学）の諸先生方であった。刊行にあたってタイトルは一般的なものに変更し、内容も若干の修正を加えた。

　本書を執筆するにあたって、多くの方々の励ましとお力添えを頂いた。その方々のご厚意がなければ、本書は仕上げることはできなかっただろう。
　玉川大学、筑波大学大学院、名古屋大学大学院で出会い、お世話になった諸先生および先輩方、院生時代をともに過ごした仲間に恵まれたこと、また東南アジア地域の教育研究に従事する方々との交流の機会も、私に実り多い時間をくださったことに感謝の気持ちでいっぱいである。
　玉川大学での恩師である田中義郎先生には、大学院でインドネシア教育研究を目指す私の背中を押していただいた。筑波大学大学院に進学後は、比較・国際教育学研究室で、故・天野正治先生、村田翼夫先生、嶺井明子先生のご指導を賜った。比較教育学として研究を進めるうえでの基本や、フィールドワークで大切なことなどを丁寧に教えていただいた。研究室の諸先輩方には、研究テーマのことで悩む私を、いつも温かく励ましていただいた。名古屋大学大学院でイスラーム教育研究に取り組むことになった後も、筑波大学の先生方や諸先輩方には、共同研究などでご一緒させていただき、多くを学ばせ

218

ていただいている。また、インドネシアの教育研究を志して間もない頃には、京都大学東南アジア研究センター（当時）の故・西村重夫先生に、インドネシア教育研究におけるフィールドワークの大切さと面白さを教えていただいたことは、とても貴重でありがたいことだった。

　インドネシアへの留学中に、モスクでのプンガジアン・クルアーンに魅了された私は、博士後期課程から、名古屋大学大学院教育発達科学研究科で学ぶことになった。故・馬越徹先生、西野節男先生、服部美奈先生にご指導いただいたことは、とても幸運だったと感謝している。

　特に、論文のテーマ設定、調査、執筆に関しては、「オモロイと思うことに取り組んだらいいんですよ」と温かく、細かく、指導してくださった西野先生、私のこだわりを、辛抱強く見守りながら、的確にご指導くださった服部先生に多くのことを学ばせていただいた。

　大学院で学んだ後は、東洋大学の法学部助教（任期付）として、その後は、同大学アジア文化研究所の客員研究員として在籍している。研究を継続できるのは、東洋大学の後藤武秀先生をはじめとするアジア文化研究所の諸先生方、東洋大学研究推進課の方々の助言やサポートが大きく関わっている。この場を借りて、感謝申し上げたい。また、名古屋を離れても、博士論文をなかなか仕上げられない私を激励してくださった、名古屋大学高等教育センターの夏目達也先生にも、この場を借りて感謝申し上げたい。

　日本だけでなく、私のもう一つのふるさとであるインドネシアにも私の研究を支え、励ましてくださった先生方や友人たちがたくさんいる。出会えたこと、そして今も交流を継続させていただいていることに感謝申し上げたい。

　インドネシア留学は、経団連の国際文化教育交流財団の奨学生として、2000年、私はインドネシアのバンドンに足を運び、インドネシア教育大学の聴講生／研究生となった。国際文化教育交流財団の事務を担当されていた方々に丁寧に対応していただき、留学することができた。留学の手続きなど

には、インドネシア教育文化省の方々やインドネシア大使館の疋田さんに色々教えていただきながら準備をし、インドネシア教育大学への留学を実現することができた。大学の授業よりも、モスクでの学習活動のフィールドワークに没頭できたのは、ハミッド・ハサン先生の温かいサポートとご指導のおかげである。ハミッド先生は、留学後、何度かインドネシアを再訪するたびに、また来日なさるたびにお会いし、研究の進捗状況を聞いていただいた。なかなか博士論文を仕上げられない私を、いつも励ましてくださった。また、留学後、再度インドネシアでの資料収集を行う際には、ディポネゴロ大学のイェクティ先生やシンギ先生、ロファ先生、スブラスマレット大学のムルニ・ラムリ先生にも大変お世話になった。お忙しいなか細やかに対応していただいたことは、とてもありがたかった。

　また、留学中およびその後のフィールドワークでは、モスクに集い、学ぶ、生真面目で親切で、温かい人柄のムスリムの方々と過ごす時間がとても好きだった。異教徒であるが、モスクでの学習に関心を示し、色々と何度もたずね、行事に参加する私を快く受け入れてくださった方々に感謝申し上げたい。

　『イクロ』創案者アスアド・フマム氏のご家族やブディヤント氏をはじめとする AMM の関係者、また、ジャジール氏をはじめ、ハイラニ・イドゥリス氏、タシリフィン・カリム氏、シャムスディン氏、マムスディ氏など、BKPRMI でクルアーン学習施設の運営や普及に関わってこられた方々、『キロアティ』創案者ダハラン・サリム・ザルカシ氏のご家族、その他さまざまなモスクでの学習指導や運営に従事する方々など、現地での多くの方々のご協力がもととなり、本書を執筆することができた。

　研究を深め、見聞を広げるうえで貴重な機会となったのは、2005 年に日本財団 API フェローとして、インドネシアとマレーシアでの調査の機会をいただいたことだった。API の事務局の方々や、東南アジア研究をご専門とされる諸先生方、インドネシアの LIPI の研究者の方々にも多くのご協力をいただいた。API フェローとして滞在中に、本書で扱った BKPRMI のことや『イクロ』創案者のアスアド・フマム氏への理解を深める貴重な機会となっ

220

た。ここに深く感謝の意を表する次第である。

　本書は、日本学術振興会令和 3（2021）年度科学研究費助成事業（科学研究費補助金）（研究成果公開促進費）の助成（課題番号 21HP5166）を受けて刊行された。この拙い研究の刊行を快諾してくださった東信堂の下田勝司社長には心から感謝を申し上げたい。大変お世話になったことに、厚くお礼申し上げます。

　最後に、私事ではあるが、研究を続ける私を、応援してくれている家族に感謝したい。元気に育ってくれている子どもたち、助けが必要な時に駆けつけてくれる母、好きなことばかり取り組む私のわがままをそっと見守ってくださる義理の両親には、大変感謝している。

　また、私は歩みを止めず、本書を書き上げることができたのは、いつも私をサポートし、励まし、冷静なコメントをしてくれる夫がいてくれたおかげである。いつもありがとう。

　また、論文がなかなか書き進められない間に他界した父に本書をささげたい。父は、耐震工学や防災などを専門としていたが、自らの専門分野とは異なる私の研究をいつも応援してくれていた。「インドネシアの研究を通じて出会った人たちは、貴重な宝物だね。なにものにも代え難い」と理解を示してくれたことは、私の支えとなっていた。この場を借りて感謝したい。

2022 年 2 月

中田有紀

各章における既発表論文

本論文は、以下の既発表論文を加筆・修正した内容を含んでいる。

- 「インドネシアにおけるイスラーム教育およびイスラーム宗教専門教育の法的位置付け－ 2007 年政令第 55 号の翻訳およびその解説を通して－」『学術フロンティア報告書 2008 年度』東洋大学アジア地域研究センター、2009 年 3 月、pp.185（98）-200（83）.　　　　　　　　　（序章、終章）
- 「現代インドネシアの教育改革とイスラーム化の歴史的背景―ジョグジャカルタにおけるイスラーム教育の展開に着目して―」『アジア文化研究所研究年報　2011 年』（アジア文化研究所【東洋大学】）第 46 号、2012 年 2 月．pp.92（93）-103（82）.　　　　　　　　　（第 1 章、第 3 章）
- 私立インドネシア・イスラーム大学（UII）の発展―旧秩序期（1965 年以前）の大学経営における「宗教」と「一般」をめぐって－』『アジア文化研究所研究年報　2009 年』（アジア文化研究所【東洋大学】）第 44 号、2010 年 2 月、pp.87（134）-100（121）.　　　　　　　　　　　　　（第 2 章）
- 「独立後のインドネシアにおける大学創設と国家との関わり―ジョグジャカルタの二つの大学と「場」の象徴性に着目して―」『比較教育学研究』第 57 号　日本比較教育学会編、2018 年 8 月、pp.157-178.　　（第 2 章）
- 「インドネシアにおけるクルアーン学習方法の改善―アスアド・フマムによる『イクロ』の開発とクルアーン幼稚園の展開―」『学術フロンティア報告書　2007 年度』東洋大学アジア地域研究センター、2008 年 3 月、pp.110（117）-119（108）.　　　　　　　　　　　　（第 4 章）
- Constructing New Stages of Education for Muslim Children : Impacts of the dissemination of the Iqro' Method Textbook on Islamic education in Indonesia and Malaysia. EDUCARE：International Journal for Education Studies , Vol2, No.1 , ASPENSI, IKA UPI, FKIP-UMP（Indonesia.）, 2009, pp.25-34.　　　（第 4 章）
- 「インドネシアにおけるクルアーン読誦学習―『キロアティ』と『イク

222

ロ』の比較から─」『アジア教育』第 10 号、アジア教育学会、2016 年 10 月、
pp.1-13.（査読有） (第 4 章)

- 「インドネシアにおけるイスラーム学習活動の活性化─大学生の関与
とそのインパクト─」『アジア経済』第 46 巻第 1 号、アジア経済研究所、
2005 年 1 月、pp.35-52.（査読有） (第 5 章、第 6 章)

- 「プンガジアン・クルアーンからクルアーン幼稚園へ」西野節男・服部
美奈編『変貌するインドネシア・イスラーム教育』東洋大学アジア文化
研究所・アジア地域研究センター、2007 年 3 月、pp.63-92.

(第 6 章、第 7 章)

事項索引

人名索引

著者紹介

中田　有紀（なかた　ゆき）

1974年、東京都生まれ。博士（教育学）
玉川大学文学部教育学科、筑波大学大学院教育学研究科を経て、名古屋大学大学院教育発達科学研究科単位取得後退学。2020年、名古屋大学より博士（教育学）取得。
現在 東洋大学アジア文化研究所客員研究員、立教大学兼任講師。
主要著作に、「インドネシアにおけるイスラーム学習活動の活性化―大学生の関与とそのインパクト―」『アジア経済』第46巻第1号、2005年、「インドネシアにおけるクルアーン読誦学習―『キロアティ』と『イクロ』の比較から―」『アジア教育』第10号、2016年、「独立後のインドネシアにおける大学創設と国家との関わり―ジョグジャカルタの二つの大学と「場」の象徴性に着目して―」『比較教育学研究』第57号、2018年、「インドネシアにおける幼児教育の機会拡大―2000年以降の動向に着目して―」『比較教育学研究』第63号、2021年などがある。

インドネシアのイスラーム基礎学習の組織的展開
──学習テキストの創案と普及──

2022年2月28日　　初　版第1刷発行　　　　　　　　　　〔検印省略〕
定価はカバーに表示してあります。

著者ⓒ中田有紀／発行者 下田勝司　　　　　　印刷・製本／中央精版印刷

東京都文京区向丘1-20-6　　郵便振替 00110-6-37828
〒113-0023　TEL (03)3818-5521　FAX (03)3818-5514
Published by TOSHINDO PUBLISHING CO., LTD.
1-20-6, Mukougaoka, Bunkyo-ku, Tokyo, 113-0023, Japan
E-mail : tk203444@fsinet.or.jp http://www.toshindo-pub.com
発　行　所
株式会社 東信堂

ISBN978-4-7989-1750-4 C3037　ⓒ NAKATA, Yuki

東信堂

〒113-0023　東京都文京区向丘 1-20-6　　　TEL 03-3818-5521　FAX03-3818-5514　振替 00110-6-37828
Email tk203444@fsinet.or.jp　URL:http://www.toshindo-pub.com/

※定価：表示価格（本体）＋税

東信堂

東信堂

〒 113-0023 東京都文京区向丘 1-20-6　　TEL 03-3818-5521　FAX03-3818-5514　振替 00110-6-37828
Email tk203444@fsinet.or.jp　URL:http://www.toshindo-pub.com/

※定価：表示価格（本体）＋税

	著者	価格
多言語教育に揺れる近代日本——「一外国語主義」浸透の歴史	下 絵津子	三三〇〇円
近代日本の英語科教育史——職業系諸学校による英語教育の大衆化過程	江利川春雄	三八〇〇円
日本の異言語教育の論点——「ハッピー・スレイヴ症候群」からの覚醒	大谷泰照	二七〇〇円
旧制東京高等師範学校及び東京文理科大学八〇年のあゆみ——大学の未来と理想の人間像を求めた人々	山田宣夫	一四〇〇〇円
大学教育の在り方を問う	山田宣夫	二三〇〇円
転換期を読み解く——潮木守一時評・書評集	潮木守一	二六〇〇円
大学再生への具体像〔第2版〕	潮木守一	二四〇〇円
フンボルト理念の終焉？——現代大学の新次元	潮木守一	二五〇〇円
新版 昭和教育史——天皇制と教育の史的展開	久保義三	一八〇〇〇円
高等女学校における良妻賢母教育の成立と展開——教育理念・修身教科書・学校生活の総合的研究	姜 華	五二〇〇円
成瀬仁蔵の帰一思想と女子高等教育——比較教育文化史的研究	大森秀子	三三〇〇円
多元的宗教教育の成立過程——アメリカ教育と成瀬仁蔵の「帰一」の教育	大森秀子	三六〇〇円
文字と音声の比較教育文化史研究	周 一川	六〇〇〇円
近代中国人日本留学の社会史——昭和前期を中心に	添田晴雄	四八〇〇円
空間と時間の教育史——アメリカの学校建築と授業時間割からみる	宮本健市郎	三九〇〇円
大正新教育の実践——交響する自由へ	橋本美保編著	四二〇〇円
大正新教育の受容史	橋本美保編著	三七〇〇円
大正新教育の思想——生命の躍動	橋本美保編著・田中智志	四八〇〇円
人格形成概念の誕生——近代アメリカの教育概念史	田中智志	三六〇〇円
社会性概念の構築——アメリカ進歩主義教育の概念史	田中智志	三八〇〇円

東信堂

- オックスフォード キリスト教美術・建築事典　P&L・マレー著　中森義宗監訳　三〇〇〇〇円
- イタリア・ルネサンス事典　J・R・ヘイル編　中森義宗監訳　七八〇〇円
- 美術史の辞典　P・デューロ他　中森義宗・清水忠訳他　三六〇〇円
- 涙と眼の文化史――中世ヨーロッパの標章と恋愛思想　徳井淑子　三六〇〇円
- 青を着る人びと　伊藤亜紀　三五〇〇円
- 社会表象としての服飾――近代フランスにおける異性装の研究　新實五穂　三六〇〇円

- 書に想い　時代を讀む　河田悌一　一八〇〇円
- 日本人画工　牧野義雄――平治ロンドン日記　河村錠一郎　五四〇〇円
- イギリスの美、日本の美――ラファエル前派と漱石、ビアズリーと北斎　河村錠一郎　二六〇〇円
- 美を究め美に遊ぶ――芸術と社会のあわい　荻江純光紀・田中厚志編著　二八〇〇円
- バロックの魅力　小穴晶子編　二六〇〇円
- 新版 ジャクソン・ポロック　藤枝晃雄　二六〇〇円
- 西洋児童美術教育の思想　前田茂監訳　三六〇〇円
- ドローイングは豊かな感性と創造性を育むか？　要真理子　二六〇〇円
- ロジャー・フライの批評理論――知性と感受性の間で　要真理子　四二〇〇円
- レオノール・フィニ――境界を侵犯する新しい種　尾形希和子　二八〇〇円

【世界美術双書】

- バルビゾン派　井出洋一郎　二〇〇〇円
- キリスト教シンボル図典　中森義宗　二〇〇〇円
- パルテノンとギリシア陶器　関隆志　二三〇〇円
- 中国の版画――唐代から清代まで　小林宏光　二三〇〇円
- 中国の仏教美術――後漢代から元代まで　久野美樹　二三〇〇円
- 象徴主義――モダニズムへの警鐘　中村隆夫　二三〇〇円
- セザンヌとその時代　浅野春男　二三〇〇円
- 日本の南画　武田光一　二三〇〇円
- 画家とふるさと　小林忠　二三〇〇円
- ドイツの国民記念碑――一八一三―一九一三年　大原まゆみ　二三〇〇円
- 日本・アジア美術探索　永井信一　二三〇〇円
- インド、チョーラ朝の美術　袋井由布子　二三〇〇円
- 古代ギリシアのブロンズ彫刻　羽田康一　二三〇〇円

〒113-0023　東京都文京区向丘 1-20-6
TEL 03-3818-5521　FAX03-3818-5514　振替00110-6-37828
Email tk203444@fsinet.or.jp　URL:http://www.toshindo-pub.com/
※定価：表示価格（本体）＋税